D1868296

Eduard Gugenberger

Boten der Apokalypse

Visionäre und Vollstrecker des Dritten Reichs

UEBERREUTER

Die Deutsche Bibliothek – CIP-Einheitsaufnahme

Gugenberger, Eduard:
Boten der Apokalypse : Visionäre und Vollstrecker des Dritten Reichs /
Eduard Gugenberger. - Wien : Ueberreuter, 2002
ISBN 3-8000-3840-4

Alle Urheberrechte, insbesondere das Recht der Vervielfältigung, Verbreitung und öffentlichen Wiedergabe in jeder Form, einschließlich einer Verwertung in elektronischen Medien, der reprografischen Vervielfältigung, einer digitalen Verbreitung und der Aufnahme in Datenbanken, ausdrücklich vorbehalten.
Covergestaltung: Zembsch' Werkstatt, München
Copyright © 2002 by Verlag Carl Ueberreuter, Wien
Druck: Druckerei Theiss, A-9400 Wolfsberg
7 6 5 4 3 2 1

Ueberreuter im Internet: www.ueberreuter.de

Inhalt

Danksagung

Wie keine andere politische Bewegung hat der Naionalsozialismus mythische, »esoterische« Bereiche aufgegriffen und zur eigenen Machtentfaltung eingesetzt. Nach »Hitlers Visionären« ist dies der zweite Band, der sich mit diesem Themenbereich in Form von Lebensgeschichten auseinandersetzt. Geschichten von Visionären, die Ideen lieferten, und von Vollstreckern, die solche Ideen aufgriffen und praktisch umsetzten. Der hier behandelte Themenkomplex bietet naturgemäß reichlich Stoff für Kontroversen da er die politischen Seiten mancher angeblich so unpolitischen esoterischen Bewegung aufzeigt.

Mein Dank gilt vorweg all jenen, die zum Entstehen dieses Buches beigetragen haben: meinem alten Kompagnon und wissenschaftlichen Wegbegleiter Roman Schweidlenka, meiner langjährigen Projektleiterin Erika Weinzierl sowie dem stillen Förderer unser beider Forschungsarbeiten, Kollegen Raoul Kneucker. Besonderen Dank aussprechen möchte ich auch all jenen, die in unterschiedlicher Weise am Entstehungsprozess des vorliegenden Buches beteiligt waren: das Dokumentationsarchiv des österreichischen Widerstandes, Kevin Coogan, Jürgen Czwienk, Franz Mandl, Franko Petri, Werner Pieper, Ilse Schindlegger und viele andere, die mündlich oder brieflich Auskunft gaben. Dank auch an das Bildarchiv der Österreichischen Nationalbibliothek, UllsteinBild und dem Bundesarchiv in Koblenz für die zur Verfügung gestellten Bilder.

Dieses Buch wäre in der vorliegenden Form nicht zu Stande gekommen ohne die Vorarbeit einzelner Autoren zu speziellen Themen, allen voran Brigitte Nagel (Hörbiger), Ulrich Linse (Haeusser), Hans-Adolf Jacobsen und Helmut Hilper (Haushofer), Roland Häke und Michael H. Kater (Wirth), Andreas Molau (Alfred Rosenberg), Kurt Pätzold (Heß), Bradley F. Smith und Richard Breitman (Himmler) sowie Joachim Fest, Guido Knopp, Harald Steffahn und anderen (Hitler).

Warth, im Januar 2002 *Eduard Gugenberger*

Vorwort

Ich stöbere in einer renommierten Buchhandlung. Die Abteilung für Esoterik und Geheimwissen ist umfassend, wie so oft. Ein farbig gestalteter Band zieht mich an. Es geht um die Legende von Atlantis und Prophezeiungen bezüglich der Endzeit, die 2011 dann endlich überwunden sein soll, glaubt man dem Autor. Ich blättere das aufwändig gestaltete, nicht gerade billige Buch durch. Bilder von mysteriösen Orden, UFOs, Außerirdischen, verbunden mit magischen Symbolen und Schwarz-Weiß-Fotos aus der Nazizeit. Eine interessante Mischung. Ich kaufe das Buch.

Beim Lesen wird mir etwas schwindlig. Da wird ein Szenario entworfen, in dem gute, lichte »arische« Bünde seit Urzeiten gegen schwarzmagische böse Orden kämpfen. Unterstützt werden beide Seiten von Außerirdischen, die in ihren UFOs durch den Kosmos schwirren, um dem Kampf auf der Erde mit einer Supertechnologie unter die Arme zu greifen. Doch damit nicht genug. Auch unter der Erde geht das Gemetzel weiter, denn, wer hätte das geahnt, unsere Erde ist innen hohl. Und in so viel Hohlheit wohnen die wunderlichsten Wesen: Giganten und andere übermenschliche Rassen.

Hochsaison dieses irdisch-kosmischen Spektakels war während des Dritten Reichs und – glaubt man dem Schreiberling – auch heute sind wir wieder in der Zeit des irdisch-kosmischen Endkampfes angelangt. Gut gegen Böse. Das Muster ist einfach gestrickt. Erstaunlich dabei ist, dass Adolf Hitler und seine Mannen auf der Seite der Guten in das Ragnarök-Gemetzel ziehen, während die Alliierten als die bösen Buben aufscheinen. Das Dritte Reich und die SS werden okkult rehabilitiert. Außerirdische und irdische »Arier« erscheinen als das Waschmittel, das allen Schmutz – Umweltzerstörung, Korruption und geheime Weltverschwörer, die eine Weltregierung gebildet haben, um uns alle zu verdummen und spirituell zu knechten – wieder wegwäscht. Eine neue okkulte Sauberkeit ist angesagt.

Forschungsprojekte und Studien, die Eduard Gugenberger gemeinsam mit mir unter der Leitung von Erika Weinzierl durchführte, haben gezeigt, dass das oben kurz skizzierte Buch kein Einzelfall ist. Literatur,

die von rechtsextremen oder neonazistischen Kräften unter das Volk gestreut wird und in der SS und Adolf Hitler als die reinen Okkultisten des arischen Sonnenlichts auftreten, gibt es genug. Rund 300 diesbezügliche Werke, meist von kleinen, obskuren Verlagen herausgegeben, geistern durch Buchhandlungen und Versandfirmen. Auch auf technisch gut gemachten und spannenden Videos kann man sich die okkulte Rehabilitierung von Adolfs Mannen zu Gemüte führen.
Nach seinen viel beachteten »Hitlers Visionären« legt Eduard Gugenberger nun ein weiteres Buch zum Thema vor. Wie in seinem ersten Band folgt er mit wissenschaftlicher Akribie und Fachkompetenz den okkulten Spuren bedeutender Naziokkultisten. Hitler, Himmler, Rosenberg, Heß und andere werden vorgeführt. Was glaubten sie wirklich? Welchen Stellenwert hatten Okkultismus und »arisches Erberinnern« bei ihnen? Was kann gesichert ausgesagt werden und wo fängt die heute so populäre Mythenbildung bezüglich der magischen Unternehmungen der Nazis an? Es handelt sich hier um eine Thematik, die das Licht der Vernunft und der wissenschaftlichen Erkenntnisse bitter nötig hat. Das vorliegende Buch ist somit ein notwendiges Buch, dem weite Verbreitung zu wünschen ist.

Dr. Roman Schweidlenka
Leiter des ESO-Info-Service,
eine vom Land Steiermark und dem
Ministerium für soziale Sicherheit und Generationen
unterstützte Einrichtung

Hanns Hörbiger

Die Welteislehre macht Karriere

In Zeiten des Umbruchs altgewohnter gesellschaftlicher Verhältnisse neigen Menschen mehr als sonst dazu, sich neue Weltbilder und Welterklärungsmuster zurechtzulegen. In besonderem Maße geschah dies im so genannten Fin de Siècle gegen Ende des 19. Jahrhunderts – und von da ausgehend bis in die Zeit nach dem Ersten Weltkrieg. Die Frage nach dem Ursprung des Kosmos, nach der Entwicklung des Lebens, nach dem Aufbau der Welt und der Hierarchie der Schöpfung fand damals zum Teil obskure Antworten. Besonders nachhaltig wirkende Ideen kamen aus jener Weltanschauung, die gemeinhin als »Esoterik« bezeichnet wird. Unter diesem Begriff ist der eigentlichen Wortbedeutung nach das verborgene, geheime Wissen um die geistigen, spirituellen Bereiche des Daseins zu verstehen. Als eigenständige, im späten 19. Jahrhundert entstandene Strömung vermischte die moderne abendländische Esoterik wissenschaftliche Ansätze mit spirituellen Versatzstücken – und fand damit eine bis in die Zwischenkriegszeit hinein wachsende Anhängerschaft. Manche der in ihren Kreisen entstandenen Ideen fielen vor allem in deutschnationalem Umfeld auf besonders fruchtbaren Boden. Diese damals gesellschaftlich immer bedeutender werdende Bewegung nahm esoterische Weltsichten begierig auf, versah

ihre politischen Absichten mit kosmischen Bezugspunkten und beförderte die »arische Rasse« mit der »germanischen Unterrasse« an die Spitze der Schöpfung.
Der gelernte Maschinenkonstrukteur Hanns Hörbiger empfand sich ursprünglich weder als Esoteriker noch als Deutschnationalist. Aber als einer, der sich mit »kosmischen Visionen« gegen die zu seiner Zeit vorgegebenen Welterklärungsmodelle auflehnte, wurde er im esoterischen wie völkischen Lager als wegweisender Denker verehrt. Seine heute skurril wirkende Welteislehre war für eine elitäre Anhängerschar das letztgültige Ideengebäude – und zugleich eines, das eine Umordnung des gesamten Universums mit sich brachte. Von Gegnern als »kosmologische Fantasterei« abgetan, glaubten viele okkult interessierte Mitläufer des NS-Regimes, aber auch manche Nazi-Größen an die Wahrheit des Welteismodells. Durch seine politisch gewichtige Anhängerschaft bestärkt blickte Hörbiger am Ende seines Lebens »mit ruhiger Zuversicht« auf sein Werk zurück »in dem sicheren Bewusstsein einer festen Verankerung unserer neuen Anschauungen in dem zähen Boden schwergewichtiger Beobachtungstatsachen [...] Wohl dem, der nicht irre geworden, er genießt den göttergleichen Vorzug eines wenn auch noch menschlich unzulänglichen Verständnisses der sichtbaren Welt – eines schöpferischen Einblickes sondergleichen, wie ihn so wuchtig einheitlich und allumfassend noch kein menschlicher Verstand genießen durfte.«[1]
Hanns Hörbiger, der Erstgenießer dieses »schöpferischen Einblicks« in die Geheimnisse des Welteises, entstammte einer mittelständischen Familie, die ihre Herkunft auf Tiroler Wurzeln zurückführte. Ursprünglicher Wohnsitz seiner Vorfahren soll die »Hörbig« – angeblich eine dialektale Form des Wortes »Herberge« – gewesen sein, ein auf 1173 Meter Seehöhe gelegener Großbauernhof im Wildschönaugebiet Nordtirols. Der 1752 geborene Lambertus Hörbiger, ein »festknochiger und breitschultriger Hofherr«, gebot dort zu Beginn des 19. Jahrhunderts über zahlreiche Mägde und Knechte. Er besaß etliches Vieh, dazu Waldungen und Weideland, verfügte also über einen »geordneten Wohlstand«.[2] Im Gefolge der Franzosenkriege des Jahres 1809 verstreute sich die Familie dann jedoch in alle Himmelsrichtungen.
Einer der Abkömmlinge dieser Tiroler Sippschaft war Alois Hörbiger, der als Orgelbauer einiges Ansehen erlangte. Zu den Werken des weithin gerühmten Mannes gehörten Kirchenorgeln wie jene des steiri-

schen Benediktinerstiftes Admont und Auftragsarbeiten nobler Herrschaften. Alois nahm seinen Hauptwohnsitz zunächst in Lienz, später auf einem Hof bei Atzgersdorf im heutigen Wiener Bezirk Liesing. Ebendort brachte Alois' zweitjüngste Tochter Amalie am 26. November 1860 einen Sohn zur Welt, der auf den Namen Johann getauft wurde. Bezüglich des leiblichen Vaters hat sich die Mutter ihrem Spross gegenüber nur vage geäußert. »Sie meinte einmal in trauter Stunde, [ein] Verlobter sei wohl da gewesen, ein Künstler in Beinschnitzerei. Aber derselbe hätte die Vaterschaft entschieden abgelehnt.« Woraufhin sie ihn fortgeschickt habe, »obwohl der Betreffende sie zu ehelichen sofort bereit gewesen wäre.«[3]

Seine Kindheit und Jugend verbrachte Hanns hauptsächlich in Dellach im kärntnerischen Gailtal, der Heimat seiner Großmutter Viktoria Ertl. Im dritten Lebensjahr von der Mutter dorthin mitgenommen, »erwachte« er in der bergigen Landschaft »recht eigentlich erst zum Menschen«. Der Junge strich viel in der Natur umher, musste der Verwandtschaft aber auch tatkräftig zur Hand gehen. Je nach Jahreszeit hatte der »Binderstoff'n-Hansl«, wie er dem großmütterlichen Hofnamen nach genannt wurde, Kühe zu hüten, sie mitunter »auf die saftigsten Weiden zu führen«, beim Käsemachen zu helfen, Beeren zu pflücken und Pilze zu suchen. Im Zuge seiner bäuerlichen Hilfstätigkeiten kam er oft auf die Alm und lernte dort die »Jaucken-Geher«, traditionelle Erzsammler, kennen. Zu einem von ihnen, dem »Tischler-Simon«, entwickelte sich ein besonders enges freundschaftliches Verhältnis. Er war es auch, der den Jungen während einer nächtlichen Wandertour zum ersten Mal mit dem Sternenhimmel vertraut machte.[4]

Neben der Arbeit »kostete Hansl«, wie sein Biograf Hans Wolfgang Behm vermerkte, »an den unschuldigen Vergnügungen [...], die einem empfänglichen Gemüte offen stehen«. Eine dieser Vergnügungen war die »Bierkopfn-Nannerl«, die er einmal beim Baden im »Evaskostüm« überraschte – und deren aphroditischen Anblick er zeitlebens »nie mehr vergessen konnte«. Außer ihr gehörten der Wastel, der Brennerjörgl und der Schlossertoni, allesamt »harmlos verwegene, dunkelhaarige und dunkeläugige« Gestalten, zur kindlich-urigen Unterhaltungswelt des Hörbiger-Jungen. »Wie Laurin der Zwerg, der Berge versetzt«, lebte er laut Behm »dazwischen, die Erdverbundenheit seiner Genossen teilend, aber das unnahbar Geheimnisvolle einer sternenwärts wachsenden Seele stets bewahrend.«[5]

Gewachsen ist die Seele des Jungen zunächst allerdings weniger in Richtung Sternenhimmel als vielmehr in den irdischen Schoß der katholischen Kirche. Von seiner »treu besorgten«, tief gläubigen Mutter zu steter Gottesfürchtigkeit angehalten, absolvierte er zu Ostern 1867 seinen ersten Kommunionsgang und musste mehrfach Wallfahrten nach Maria Luggau im Lesachtal mitmachen. Ein wenig zur Dämpfung seines Gemüts trug neben der Kirche auch die schulische Erziehung bei. Ab Herbst 1867 besuchte Hanns die einklassige Volksschule von Dellach, zwei Jahre später wechselte er an die mehrklassige Volksschule von Kötschach.

Da die örtlichen Ausbildungsmöglichkeiten »nicht ausreichen konnte[n], dem begabten Hansl einen Höhenweg des Lebens zu eröffnen«, sah sich die »sorgende Mutter« alsbald nach chancenreicheren Bildungseinrichtungen um. Mit Hilfe eines aus Innsbruck stammenden Professors gelang es ihr schließlich, den Jungen in der Klagenfurter Realschule unterzubringen. Die Aufnahmeprüfung war für den hoch begabten Hansl kein Problem, die Kosten waren allerdings weniger leicht aufzubringen. Immerhin konnte der größte Brocken, das Quartiergeld, teilweise in Naturalien beglichen werden.

Ein Jahr lang wohnte der Junge bei einem Beamtenehepaar im Vorstadtbereich von Völkermarkt und fuhr von dort aus in die Schule nach Klagenfurt. Im Sommer 1872 übersiedelte er mit seiner Mutter nach Werschitz respektive Versecz im südungarischen Banat. In den Jahren zuvor hatten sich dort bereits andere Mitglieder des Hörbiger-Klans, darunter auch Opa Alois mit seiner Orgelwerkstätte, angesiedelt. Letzterer starb allerdings kurz nach Hansls Ankunft, und da niemand sein Orgelhandwerk weiterführte, bedeutete dies einen schweren finanziellen Rückschlag für die ganze Familie. Durch den Verkauf des Dellacher Anwesens hoffte man zunächst, dem jüngsten Spross auch weiterhin eine gute Schulbildung ermöglichen zu können. Der Ausbau des Werschitzer Anwesens verschlang jedoch derartige Summen, dass vom Verkaufserlös bald nichts mehr übrig war und die Familie sich so arg verschuldete, dass ein neues, im Bau befindliches Haus zwangsversteigert werden musste. Die Hörbigers fühlten sich durch das behördliche Vorgehen dabei hintergangen und kämpften jahrelang – bis 1888 – erfolglos um den verloren gegangenen Besitz.

Hanns, den man in der örtlichen Realschule untergebracht hatte, suchte dem rauen Alltag in dem ihm fremden Land durch immer intensive-

Hanns Hörbiger auf der Suche nach dem Welteis

re Beschäftigung mit fernen Sternenwelten zu entkommen. Als 13-Jähriger machte er mit Hilfe einer heimlich erworbenen Sternkarte ausgiebige Himmelsbeobachtungen und hatte dabei erste übersinnliche Erfahrungen in Form von Visionen kosmischer Unendlichkeit. Zurück in der realen Welt suchte er Anschluss an die jugendlichen Werschitzdeutschen, fand aber keine bleibenden Freunde unter ihnen. In Sorge um das materielle Auskommen der Familie ehelichte die Mutter unterdessen den aus Detta stammenden Baumeister Karl Franz. Ihre Hoffnungen, durch diese Heirat das finanzielle Tief zu überwinden, erfüllten sich jedoch nicht. Ihr Mann, der den Bau des zwangsversteigerten Hauses geleitet hatte, bekam kaum mehr Aufträge und wurde darob immer unausstehlicher. Zu schlechter Letzt beschwerte er sich lautstark, dass »der Hansl bei allem Elend noch die Realschule besucht[e] und nicht längst aus dem Hause« war.[6]

Eine Klage, die beim Betroffenen nicht ungehört verhallte. Nachdem er die Realschule mit gutem Erfolg abgeschlossen hatte, begann Hanns 1875 eine Lehre als Schmied. Versuche der Mutter, ihn im Konstruktionsbüro eines Eisenwerkes in Reschitza unterzubringen, scheiterten ebenso wie ihre Bemühungen, ihm einen höheren Schulbesuch in Szegedin oder Budapest zu ermöglichen. Bei seinem Lehrmeister, dem Schmied, Mechaniker und »Tierarzt« Anton Seiberth, erwies sich Hanns als handwerklich geschickt und technisch höchst interessiert. In Anbetracht seiner schöpferischen Veranlagung war er allerdings reichlich unterfordert. Dies erkannte auch sein Meister, aber alle Pläne, dem Jungen bessere Möglichkeiten aufzutun, waren auf Grund fehlender Finanzen von vornherein zum Scheitern verurteilt.
Als Ende 1877 Urgroßvater Ertl, der einen letzten Halt der familiären Gemeinschaft dargestellt hatte, starb, war dies für Hanns ein Grund mehr, sich aus Werschitz abzusetzen. Im Hochsommer 1878 zum Gesellen »freigesprochen«, beschloss er »in die Fremde zu gehen, sich allenfalls in Wien sesshaft zu machen« und das »mechanische Fach« weiterzuentwickeln.[7] Der junge Mann wanderte zu Fuß in die Hauptstadt des Habsburgerreichs und besuchte dort ab Oktober die Maschinenbauschule des Technischen Gewerbemuseums. Während der großen Ferien der beiden folgenden Jahre reiste er nach Kärnten, Triest und nach Werschitz zu seiner Mutter. Die konnte nach wie vor keine finanziellen Mittel für das beabsichtigte Hochschulstudium auftreiben, woraufhin Hanns versuchte, mit selbst angefertigten »bodenkulturellen Zeichnungen für einen holländischen Major« das nötige Geld aufzutreiben. Aber auch dieser Plan misslang und so nahm der junge Mann nach »musterhaftem« Abschluss seiner Maschinenbauausbildung im Sommer 1881 eine Stelle als Zeichner bei der Firma Alfred Kollmann – auch Collmann geschrieben – an. Seine Aufgabe in diesem Betrieb für Dampf- bzw. Präzisionsventilsteuerungskonstruktionen war es, »Steuerungszeichnungen für englische Lizenzen« anzufertigen.[8]
Abseits seiner beruflichen Arbeit fand Hanns Hörbiger zu jener Zeit ganz unerwartet privates Glück in Person der Schwester seiner neuen Quartiergeberin. Diese erwies sich nämlich als außergewöhnlich liebenswürdige – und überdies materiell gut situierte – Muse. Ihre Zuneigung beflügelte ihn auf allen Ebenen und Hörbiger genoss nicht nur ihre fraulichen Seiten, sondern ließ sich von ihr auch auf technischer Ebene inspirieren. Durch sie veranlasst, unternahm er erste Versuche,

»die Größen- und die Bahnverhältnisse der Körper des Sonnensystems« zeichnerisch darzustellen, konnte aber seine Studien nicht mehr vertiefen.[9] Denn nach nur zwei Monaten trauter Zweisamkeit berief ihn der Staat im Oktober 1881 zum Heeresdienst ein.

Trotz seiner Schmächtigkeit wurde der Jungtechniker für tauglich befunden und nach Ofen, dem Budapester Stadtteil am rechten Donauufer, eingezogen. Er diente dort als einfacher Rekrut, musste nebst Schießübungen auch strenge körperliche Zucht über sich ergehen lassen, konnte aber immerhin sein Ungarisch ein wenig aufbessern. Im April 1882 kam die ganze Kompanie nach Pilis-Csaba, wo man die Soldaten zum Lagerbau abkommandierte. Von der harten Arbeit überfordert wurde Hanns »schwermütig«, zog sich ein Augenleiden zu und kam ins Spital. Zwecks Ausheilung setzte man ihn zunächst auf Diät und schickte ihn schließlich nach Hause. Während seines dreimonatigen Genesungsurlaubs begab sich der augenkranke Soldat nach Hermannstadt in Siebenbürgen zu seinem Onkel Wilhelm Hörbiger. In dessen Orgelbauwerkstätte arbeitete er fleißig mit und hatte zuletzt auch noch Gelegenheit, seinem astronomischen Hobby zu frönen. Die Beobachtung des »Großen September-Kometen 82« vermittelte ihm, wie er später vermerkte, weitere Inspirationen auf dem Weg zur Welteislehre.

Nach einer neuerlichen Untersuchung endgültig dienstuntauglich geschrieben, begab sich Hörbiger zunächst zu seiner Mutter nach Südungarn. Von dort aus reiste er als Zitherspieler durchs Land und arbeitete dabei eine Zeit lang mit einem »Magier« namens Stanley zusammen, dessen »verblüffende Verwandlungskünste« er mit Musik untermalte. Im Juli 1883 gaben die beiden im südungarischen Apatin ihre letzte Vorstellung. Hanns Hörbiger machte daraufhin allein weiter, hatte von der »Heiterkeit der Kunst« aber bald genug und beschloss sich wieder seiner eigentlichen Profession, der Technik, zu widmen.

Im November 1883 reiste er nach Wien und fand kurzfristig Arbeit bei der Firma Kollmann, die ihn unter anderem mit der Erstellung von Steuerungsmodellen betraute. Seinen eigentlichen Wunsch, eine Stelle bei der Ersten Brünner Maschinen-Fabrikgesellschaft, konnte er erst im Herbst 1884 verwirklichen. Kurz bevor er diese neue Aufgabe in Angriff nahm, heiratete er im August die um ein Jahr ältere Leopoldine Janák. In einem Brief aus dem Jahr 1919 vermerkte er dazu: »Der alte Jehova« musste »damit, dass er mir eine reinrassige Slavin zur

Frau bestimmt hatte [...] seine ganz bestimmten Absichten verfolgt haben.« Absichten, die keinesfalls zu seinem Nachteil waren, denn sein »Mädchen« blieb ihm zeitlebens eine treu sorgende Geliebte und ein stets verlässliches »ganz herziges, molliges Frauerl!«. Sie konnte »sehr lieb sein, manchmal zur angenehmen Abwechslung auch ein wenig schmollen«.[10] An Kindern brachte »Hengi« – so Hörbigers Kosename für sie – insgesamt vier Buben zur Welt: 1885 Hans Robert, den später engsten Vertrauten und weltanschaulichen Erben des Vaters, 1891 Alfred, nachmals väterlicher Firmenkompagnon, 1894 Paul und 1896 Attila, die beide als Schauspieler Karriere machen sollten.

Kurz nach der Hochzeit übersiedelte das junge Paar nach Brünn. Über seinen Betriebsleiter Fiedler fand Hanns rasch gesellschaftlichen Anschluss, durchstreifte in sonntäglichen Ausflügen die mährische Landschaft und spielte Zither mit einem italienischen Kompagnon. Nach zweijähriger Dienstzeit rückte er im Frühjahr 1886 ins Konstruktionsbüro der Firma auf und bewährte sich dort beim Lösen kniffliger Aufgaben. Im folgenden Herbst erlaubte es ihm ein größerer Vorschuss, für seine Familie eine bescheidene Wohnung in Brünn einzurichten. Im Frühling 1887 lernte er über die Schlaraffier-Gemeinschaft, der er kurz zuvor beigetreten war, den »Ritterkollegen« Carl Löw kennen. Als Chef der Textilfirma Adolf Löw & Sohn verfügte dieser über Produktionsstellen in Brünn, Beranau und im Helenental bei Iglau.

Hörbiger sah in Löws Iglauer Firmendependance die besten Zukunftsmöglichkeiten für sich und wurde tatsächlich eingestellt. Höchst erfreut über diese Chance übersiedelte er sogleich ins Helenental und ließ ein halbes Jahr später seine Familie nachziehen. Der ihm zugeteilte Tätigkeitsbereich betraf zunächst die »Bauten, Maschinen und Vorrichtungen« in der Wollabteilung. Von dort kam er ins Konstruktionsbüro, wo er »an Verbesserungen von Dampfmaschinen« arbeitete. Da er sich bewährte, betraute man ihn »mit Kesselbauerweiterungen, einer Erweiterung des Maschinenhauses und der Aufstellung einer besonders schnell laufenden Dampfmaschine«. In Zusammenhang mit den Plänen zur Errichtung einer Tuchfabrik in Sillein im Süden Böhmens wurde Hörbiger schließlich nach Brünn versetzt, »um die Baupläne und Maschineneinrichtungen mitzugestalten«.[11] Im Frühjahr 1890 übertrug man ihm sogar die Leitung des Baus der Anlage. Dabei jedoch stellten sich bald ungeahnte Schwierigkeiten ein. So behinderten Lieferprobleme, ein schweres Augustunwetter, anhaltende Regengüsse, »verschiedene Ungelegenheiten mit den Arbeitern und sonstige Ungereimtheiten« die Arbeiten, und je langsamer die Sache voranging, desto unruhiger wurde die Firmenleitung. Hörbiger fühlte sich überfordert, erlitt einen Nervenzusammenbruch und verließ Sillein enttäuscht im November 1890.[12]

Für kurze Zeit lebte er daraufhin mit seiner Familie in Wien, übersiedelte im folgenden März aber wieder zurück nach Sillein, wo der zweite Sohn Alfred zur Welt kam. Der Versuch einer Rückkehr zu Alfred Löw & Sohn scheiterte jedoch und so zogen die Hörbigers im Mai weiter nach Budapest. Hanns nahm hier eine Stelle als »Konstrukteur für Dampfmaschinen und Gebläsebau« in der Lang'schen Maschinenfabrik an. Die Firma hatte damals von Siemens und Halske den Auftrag erhalten, vier Schnelllaufdampfmaschinen, die für die elektrische Beleuchtung in Wien eingesetzt werden sollten, zu konstruieren.[13] Eine Arbeit, die Hörbiger exzellent beherrschte. Er erlangte das Vertrauen der Firmenleitung, kam in ihrem Auftrag viel in Ungarn und Siebenbürgen herum und begann 1894 mit den Vorarbeiten zum Bau eines Hochofengebläses im staatlichen Eisenwerk Vajdahunyad, zu dem der Berliner Hochschulprofessor Riedler die zugehörigen Steuerungspatente lieferte. Da sich diese jedoch nicht eigneten und zu allem Übel auch noch ein Gebläseventil für Schnelllauf Probleme verursachte, schien die Arbeit in ihrer Gesamtheit gefährdet.

In dieser Situation wurde Hörbiger von der Werksleitung nach Metz geschickt, um im Hochofenwerk Maizières die dortigen Lederklappenventile zu begutachten. Zwecks besserer Spionagemöglichkeiten gab er sich als »fahrender Student« aus und schlich sich in den Saugklappenkasten des Werkes ein. Während seiner Beobachtungstätigkeit reifte in ihm jene Idee, die ihn berühmt machen sollte, nämlich »Lederklappen an Ventilen durch blank geschliffene Stahlblattringe, die an biegsamen Lenkern aufgehängt werden, zu ersetzen. Hörbiger wurde so zum Erfinder des massearmen, reibungsfrei geführten Plattenventils für Gebläse, Pumpen und Kompressoren.«[14] Zurück in Budapest fertigte er im Sommer 1894 die Patentzeichnungen zu dem später nach ihm benannten Ventil an, die Patentanmeldung erfolgte im Jahr darauf. In der Zwischenzeit arbeitete er an Schnellläufern für die Stromerzeugung der Budapester Untergrundbahn.

Von gesundheitlichen Problemen geplagt, beobachtete der einfallsreiche Ingenieur im September 1894 in einer schlaflosen Nacht mit seinem kleinen Fernrohr wieder einmal den Himmel. Da überkam ihn »blitzartig der Gedanke, dass die Mondoberfläche aus Eis bestehe«. Diese »ihm mit seherischer Kraft überkommene Eingebung drückte ihn fast zu Boden«. Seine Erfahrungen mit der Wärmetechnologie hatten es ihn schon vermuten lassen, nun aber erkannte er in einer grandiosen kosmischen Schau, dass Eis der »Weltenbaustoff« schlechthin wäre.[15] »Eis – Eis – überall [...] Ja, vom Eis kam dieses peinigende Licht, das jede Ruhe zerriss – vom Eis auf hohen Gipfeln – vom Eis – von einer Welt aus Eis ...«[16] Hörbiger war beglückt und bestürzt zugleich. »Nur etwa eine Woche nach jener Septembernacht des Jahres 1894, die mir die vollendete Lösung der Rätsel des Mondreliefs gebracht hatte, überfiel mich Wehrlosen die Erkenntnis der ausnahmslosen Eisnatur der Oberflächen sämtlicher oberen Planeten unseres Sonnensystems.«[17] Eine überwältigende Erkenntnis, die freilich in heftigem Widerspruch zu den gängigen wissenschaftlichen Lehrmeinungen stand.

Hörbiger litt schwer unter den Visionen, die in der Folgezeit noch des Öfteren ohne Vorwarnung über ihn herfielen. Seine Gesundheit wurde immer stärker angegriffen und er sah sich daher gezwungen, eine ruhige Stätte zur Erholung aufzusuchen. In der Hoffnung, »vor der über mich hereingebrochenen kosmologisch-wässerigen Gedankenflut flüchten zu können«, begab er sich auf den Riesenhof nach Linz-Urfahr.[18] Dort stand er unter der Aufsicht von Ärzten, die ihm verboten, weiter über die Sache nachzudenken. Hörbiger hielt sich jedoch nicht daran und begann zudem auch wieder für seine alte Firma zu arbeiten. Nebenbei beschäftigte er sich mit den Ideen von Alfred Thiersch, der eine Arbeit über die Physiognomie des Mondes verfasst hatte. Dadurch angeregt überkam ihn an einem Aprilmorgen des Jahres 1895 mit aller visionären Gewalt eine Eingebung: »Am unteren Ende eines am Wegastern befestigten Drahtseiles hing unsere Erde.« Lebhaft ausschlagend, kam das Seil »gar nicht mehr zurück, sondern bewegte sich [...] über die Milchstraße hinaus, einen Kreis um den weit außerhalb des Milchstraßengewölkes befindlichen Aufhängepunkt Wega beschreibend. Erst auf der anderen Seite kam dann das Pendelgewicht wieder zur Milchstraße zurück und bei Erreichen der ursprünglichen Ruhelage gebot ich dem Riesenpendel Halt.« Hörbiger zog aus dieser Vision den Schluss, dass »der Flug der Sonnenwelt dem Trägheitsgesetz folgt«. Warum »sollten die Gegenpole Glut und Eis nicht das ganze Weltge-

schehen tätigen, Sonnenreiche gebären, sich vollenden und absinken lassen«?[19]
Seine letzte Vision, »ein schweres seelisches Erlebnis«, hatte Hörbiger eigenen Angaben zufolge »im Eichenwalde oberhalb des Eisenwerkes Vajdahunyads« am 29. April 1895. Damals offenbarte sich ihm »der Schlussstein der Welteislehre samt der Schöpfungsgeschichte des Sonnen- und Milchstraßensystems«. Letzteres war, wie er feststellen musste, »nichts als Eis! Ist Heimstätte jener Eiskörper, die wir als Sternschnuppen sehen, die bald die Erde, bald die Sonne treffen!«[20] Hörbiger versuchte seine Erkenntnisse sogleich der etablierten Wissenschaft – allen voran Wilhelm Meyer, dem Gründer der Berliner Urania – nahe zu bringen, erntete aber für seine »fixe Mondesidee« nur Spott. 1896 schickte er dem Direktor der Sternwarte der Wiener Universität, Edmund Weiß, ein Manuskript mit dem Titel »Über die gebirgsbildenden Kräfte des Mondes und die merkwürdigen Vorgänge auf dem Mars im Lichte technischer Erfahrung«. Der betagte Professor gab Hörbiger nach der Lektüre »den väterlichen Rat, auf seiner schiefen Ebene schleunigst umzukehren, um nicht mit seiner Familie in den Abgrund zu stürzen, an dessen Rand er bereits stehe«.[21]
Angesichts dieser ablehnenden Reaktion – und zahlreiche weitere sollten in den nächsten Jahren noch folgen – begann sich Hörbiger als Märtyrer für seine Sache zu fühlen. Umso verbissener arbeitete er an technischen Werkstücken. 1895/96 leitete er »im Einvernehmen mit Lang und Löw den Bau des Ausstellungspavillons der Silleiner Tuchfabrik auf der Budapester Millenniumsausstellung«. Bei dieser Gelegenheit lernte er seinen späteren Kompagnon F. W. Rogler, einen leitenden Ingenieur bei Siemens & Halske, kennen. Mit ihm und Paul Molnár zusammen konstruierte er eine Flugmaschine, die am 14. Mai 1896 patentiert wurde. Erste Probeflüge über dem Neusiedlersee verliefen Erfolg versprechend, Finanzier aber fand sich keiner. Und so blieb Hörbiger bei seinem alten Metier, der »Gebläsesache«.[22]
Nach einiger Zeit der Ruhe – mit der Verbreitung seiner Welteislehre hielt er sich vorerst noch zurück – gründeten Hörbiger und Rogler im Jahr 1900 mit Unterstützung von Siemens & Halske in Budapest ein Konstruktionsbüro. Auf der Grundlage von Plänen Hörbigers rüsteten die findigen Ingenieure die Wiener Rohrpost mit Kompressoren und Vakuumpumpen aus, konstruierten Wasserwerks- und Grubenpumpen und nahmen 1902 den »ersten größeren Bergwerks-Verbund-Kom-

pressor« in Betrieb. Im Zuge der Firmenexpansion verkauften sie Hörbiger-Ventile ins Ausland und ließen ihre in der Betriebspraxis gemachten Erfahrungen in Verbesserungsarbeiten einfließen. 1903 übersiedelte das Konstruktionsbüro nach Wien in die Hadikgasse – die Hörbigers bezogen später eine Wohnung im Vorort Mauer. Die »Erfindungen und Konstruktionen der weiteren Jahre« waren »so glücklich, dass die Firma bisweilen kaum die Aufträge bewältigen« konnte. Man belieferte Fabriken mit Konstruktionen patentierter Ventile, mit Kompressor- und Gebläseregelungen und erfreute sich »in einschlägigen Berg- und Hüttenkreisen besten und bekannten Rufes«.[23]
Nach Jahren der Zurückhaltung nahm Hörbiger 1908 einen neuen Anlauf zur Verbreitung seiner Welteislehre. Er schickte Professor Weiß »ein aus Draht gefertigtes Sonnen- und Milchstraßen-Modell, um auf der Wiener Sternwarte vielleicht doch Verständnis für das Ungeheuerliche dieses Detailfundes« zu ernten. »Der Sternwarten-Direktor schickte ihm jedoch die Drahtmodelle zurück, ohne daran das geringste Interesse zu bekunden.« Damit nicht genug, versuchte ihn ein Eiszeit-Geologe während einer öffentlichen Diskussion dadurch lächerlich zu machen, dass er einen Arzt hinzuzog, der den »Eisnarr« für geisteskrank erklären sollte. Als Reaktion darauf wollte der verhärmte Hörbiger seine Ideen ganz offiziell »von einem Psychiater beurteilen lassen, um den Meteorologen, Astronomen und Geologen seine Seelenmarter schildern zu können«. Zu seinem eigenen Glück ließ er von dieser Sache wieder ab.[24]
Der einzige Seelenfreund, der ihm während dieser Zeit blieb, war Philipp Fauth. Am 19. März 1867 in Bad Dürkheim in der Pfalz geboren, hatte dieser auf Grund seiner Mondforschungen auch im Ausland anerkannte Astronom 1895 mit Hilfe der Preußischen Akademie der Wissenschaften auf dem Kirchberg bei Landstuhl einen Sternenturm bauen lassen. 1898 mit Hörbiger bekannt geworden, begeisterte er sich immer mehr für die Welteislehre und kämpfte mit ganzem Einsatz für deren Anerkennung. »Er war«, wie Hörbiger später zu Protokoll gab, »überhaupt mein Lebensretter, mein Erlöser aus den Qualen des Alleinwissens ungeheurer Dinge!«[25] Weltanschaulich im deutschnationalen Lager verankert, war Fauth auch Hörbigers Verbindungsmann zu jener Bewegung, die der Welteislehre später zu einem gewissen Durchbruch verhelfen sollte.
Vorerst aber waren noch gröbere Auseinandersetzungen durchzustehen

und Grundlagenarbeiten zu leisten. Zu diesem Zweck sammelten Hörbiger und Fauth Artikel und Bücher, durchstöberten Bibliotheken und suchten Kontakt zu Fachexperten, die sich jedoch – wie gehabt – ablehnend bis belustigt zeigten. So reihte sich »gleich Korn an Korn, das durch die Sanduhr rinnt, Enttäuschung an Enttäuschung«. Dies erzürnte den unter Verfolgungsängsten leidenden Hörbiger, der in seiner Notlage schließlich erklärte: »Hier muss man mit Gewalt kommen, mit Dynamit und Ekrasit; denn es handelt sich nicht so sehr darum, den Leuten die Welteiswahrheit glaubhaft zu machen, als vielmehr darum, die der Welteislehre den Weg versperrenden Grundirrtümer der kosmischen Voraussetzung in die Luft zu sprengen.«[26]
Eine erste teilweise Anerkennung fand die Welteislehre, kurz WEL, von Hörbiger selbst oft auch Kosmotechnik genannt, um 1910 bei einzelnen Technikern, die sich in ihrem Ansehen gegenüber der astronomischen Wissenschaft benachteiligt fühlten und von daher alles unterstützten, was den universitären »Fachidioten« gegen den Strich ging. Hörbiger brachte währenddessen unter tatkräftiger Mithilfe Fauths die »Glacial-Kosmologie« zu Papier und veröffentlichte sie kurz vor dem Weihnachtsfest 1912 in Kaiserslautern. Das Werk machte gerade auf Laien wegen der Unzahl an Fachbegriffen – die meisten davon stammten aus der Technik, etliche waren selbst erfunden – einen hochwissenschaftlichen Eindruck, erfüllte jedoch nur bedingt fachliche Kriterien. Die Ablehnungsfront seitens der etablierten Wissenschaft blieb demgemäß ungebrochen. Den diesbezüglichen Höhepunkt bildete die vernichtende Kritik des Bremer Astronomen Friedrich Nölke in »Petermanns Geographischen Mitteilungen« aus dem Jahr 1914. Immerhin gab es auch ein paar Experten, die genauere Nachforschungen verlangten, ehe sie sich konkret äußern wollten. A. Prey etwa vermerkte nach längerem Briefwechsel mit dem Autor: »Eine Kosmogonie hat nur dann einen Sinn, wenn sie sich auf der herrschenden Lehre aufbaut.« Sollte Hörbiger »mit seiner Theorie Recht haben, so werden ihn künftige Generationen als einen Dichter und Seher, aber nicht als Forscher ehren«.[27]
Von derartigen Ehren war freilich vorerst keine Rede. Im Sommer 1914 kam es zum lang erwarteten Krieg, und die vier Hörbiger-Sprösslinge rückten ein. Papa Hanns lobte seine »vier Leutnante« stets in höchsten Tönen, ohne je die Sinnhaftigkeit des Krieges in Frage zu stellen. Die »Völkerschlacht« war für ihn unumgänglich – und sie passte

als »kleiner Schauer« ja auch ganz gut ins Konzept seiner Welteislehre. Im Oktober 1917 schrieb Hörbiger, darauf Bezug nehmend: »Ich bin ein schwacher, sündhafter Durchschnittsmensch, aber durch einen ganz merkwürdigen Lebensweg herangezüchtet zu einem tüchtigen Medium für ganz ungeheuerliche, bisher verborgene, aber dennoch in der Heiligen Schrift zu findende göttliche Wahrheiten.«[28]
Ohne groß Werbung für seine Ideen zu machen, gewann der Visionär gerade während der Kriegszeit zahlreiche neue Verehrer, allen voran den 1895 geborenen und 1930 bei einem Raketenversuch ums Leben gekommenen Max Valier. Von 1915 an hielt dieser jugendliche Freund Hörbigers seinen Kameraden in den Schützengräben Vorträge über die Welteislehre und ab 1919 verfasste er als glühender Verfechter des verfemten Ideengebäudes zahlreiche Bücher dazu. In einem davon schrieb der junge Astronom: »Das Ziel muss sein, wieder eine Weltenschau aufzurichten, die die Harmonie zwischen ›Wissen und Glauben‹ herstellt. Vor allem gilt es, den krassen Materialismus hinauszuwerfen aus den Kammern unseres Gehirns« und an seine Stelle »eine wahrhaft unendliche Perspektive in das Absolute des Transzendentalen zu eröffnen. Wir müssen den Kosmos in reinem größten Sinne theozentrisch auffassen, zum Gottheitsbegriff zurückkehren. Dann wird es uns erst recht wieder möglich werden, [...] ihrer selbst bewusste Lebewesen hervorzubringen. [...] Das ist der Weg, das ist das Kreuz, der Kreuzungspunkt, in welchem unsere Gedanken sich finden müssen, soll uns aus dem Schnittpunkte seiner Balken der Strahl der Erlösung werden.«[29] Damit traf er genau jenen Punkt, auf den auch Hörbiger mit seiner Welteislehre zusteuerte. Und das war zugleich der Punkt, an dem er sich mit deutschnationalen Kreisen traf.
Zwischen 1919 und 1924 erschienen etwa zwanzig Bücher über die Welteislehre, von Heinrich Voigts »Eis, ein Weltenbaustoff« bis zu Valiers »Der Sterne Bahn und Wesen«. Die meisten von ihnen wurden von Hanns Fischer im Leipziger R. Voigtländer Verlag herausgegeben. Gleichzeitig entwickelte sich eine verschworene Gemeinschaft von Anhängern der Hörbiger'schen Weltsicht – in der Hauptsache Techniker, die meisten davon aus dem deutschnationalen Lager. Der Visionär erschien ihnen als kosmischer Heros, was sein Verehrer Hans Heyck mit den Worten kommentierte: »Gerade der Maulwurfskampf, den die ›Zunft‹ gegen die Welteislehre führt, beweist deren Bedeutung und macht begreiflich, warum Hörbigers ehrwürdige Gestalt uns heute

schon ins Mythische entrückt erscheint [...] Immerhin hat der Weltkrieg hier einigen Wechsel geschaffen und aus dem Chaos des Umsturzes richteten immer mehr wahrheitssuchende Deutsche ihre Blicke in den Weltraum, auf der Suche nach einem Weltbild, dessen Mystik sie emporzuheben, dessen Magie sie zu bannen vermochte.«[30]

1921 wurde von den Anhängern Hörbigers der »Aufruf zur Begründung eines deutschen Bundes zur Förderung der Welteislehre« verbreitet und ein Fonds gegründet, der zur Unterstützung der Arbeiten des »Meisters« und der Forschungen zur Welteislehre dienen sollte. In der Gründungsschrift dazu hieß es: »Viel haben wir Deutschen nicht mehr zu verlieren; ein geistiges Kapital aber, wie es in Hörbigers Welteislehre niedergelegt ist, zinslos zu lassen, ohne der Welt zu zeigen, dass wir ihr wenigstens noch neue Gedanken zu schenken in der Lage sind, müsste von der Nachwelt härter als manche unerfreuliche Erscheinung unserer Tage beurteilt werden.«[31]

Man wollte der Welt Hörbigers Welteislehre als betont deutsches Wissensgut und eine Art Erlösung vom Joch der erstarrten Wissenschaft präsentieren. Um sie besser verbreiten zu können, gründete der Kern der Anhängerschaft im Juni 1923 in Berlin den »Verein für kosmotechnische Forschung e.V.«, dessen Mitgliederzahl 1930 etwa 500 betrug. Von 1925 an, dem Erscheinungsjahr der zweiten Auflage von Hörbigers »Glazial-Kosmogonie«, gab der Verein eine eigene Zeitschrift heraus, die den sinnigen Namen »Schlüssel zum Weltgeschehen. Zeitschrift für Freunde der Welteislehre« trug.

In den Publikationen zur Welteislehre machten sich damals in zunehmendem Maße germanophile Töne breit. Ansätze dazu fanden sich schon bei Hörbiger selbst, wenn er etwa vom »weißen Mann« als dem »weisen Mann« sprach, von der »Heraufzüchtung des Ur- und Vormenschen« und einer »bewusst geschlechtliche[n] Zuchtwahl«, derzufolge der »schönbärtige Mann den höheren Gefallen des schönen, somit anspruchsvolleren Weibes erregte als das kahle Mannesgesicht. Dass aber durch künstliche Zuchtwahl an einzelnen Orten auch das beiläufige Gegenteil, die Erhaltung der Blondhaarigkeit und der weißen Haut angestrebt wurde«, war für Hörbiger-Fauth ein unverzichtbarer Bestandteil des in der »Schöpfung des ganzen Sonnen-Systems« niedergelegten Grundgedankens.[32]

Hörbigers Verdienst, urteilte einer seiner Anhänger, war, dass »er mit seiner Entdeckung den Menschen zugleich in den Zusammenhang mit dem kosmischen Schicksal stellte.« Hörbigers Welteislehre wäre demnach »eine ausgesprochen nordische Lehre. Abgeleitet von großen Prozessen der Weltraumkälte, von riesigen Sintfluten und heimlich zehrenden Kräften der Anziehung und Einschrumpfung der Mondbahnen begründet diese Lehre einen Typus Mensch, der [dem] Gesetz einer unerbittlichen Unentrinnbarkeit« unterworfen ist. Dieses »germanische Ideal eines besonderen Menschentyps [...] scheint mir alle Vorzüge des nordischen Charakters zu besitzen. Er blickt mit frischen, lebhaften und mutigen Augen in die harten und schroffen Erlebnisse einer dramatischen Natur.«[33] Der Wiener Theosoph Franz Spunda sah in Hörbiger den eigentlichen Entdecker dieses nordischen Menschentyps. Ihm, so meinte er, »blieb es vorbehalten, die Welt ohne die übernommenen Denkformen des Südens [...] zu schauen und zu gestalten [...] In ihm sind die Urkräfte der Edda lebendig geworden, sie fügen sich bewusst zu einem Weltganzen zusammen.« Hörbigers Lehre wäre insgesamt gesehen »die Gegenfuge zur südländischen Mythe. Dass er uns Licht aus dem Norden brachte, hat uns unerhört bereichert.«[34]

Einzelne Welteisspezialisten fühlten sich berufen, das rassische Entwicklungsmodell der Welteislehre noch weiter auszubauen. Besonders hervorgetan hat sich in dieser Hinsicht Georg Hinzpeter, der aus Hörbigers Ansätzen und einer angeblichen »Urüberlieferung« heraus eine eigene »Weltzeitalterlehre« entwickelte.[35] Walther von Etzdorf formte aus der Welteislehre eine umfassende »neue Lebenserkenntnis«, als deren Fazit er formulierte: »Die nordischen Menschen, die in der Eisnot ausharrten und durchhielten, fanden im unsäglich harten Kampfe um ihr Sein erst die volle Tiefe des Bewusstseins. Hier erwachte und erwuchs ihnen das Vertrauen in ihre schöpferischen Kräfte. Sie mussten [...] neu schaffen, um leben zu können. Anders bei den mittelländischen und tropischen Menschen, die diese Härte im Lebenskampf nicht kennen lernten. Ihnen blieb der Sinn für dieses ständige Neuschaffenmüssen, das schöpferische Ahnungsvermögen unerweckt. [Das] nordische Erbgut aus seiner schöpferischen ›fünfdimensionalen‹ Seelenhaltung« ist auch in uns Deutschen »vorhanden. Sie kommt gerade jetzt zum Erwachen, scheinbar äußerlich bedingt durch einen harten Kampf um unser Sein.« Dieses Erwachen ist aber vor allem »kosmisch bedingt«. Angesichts dieser Erkenntnis würde, wie der Autor abschließend vermerkte, »verständlich, von welch gewaltigen, umwälzenden Wirkungen das geniale Werk Hörbigers begleitet sein wird und muss. Hörbiger hat uns eine neue Weltschau geschenkt als sichtbaren Ausdruck einer kosmisch bedingten neuen seelischen Grundauffassung. Die Welteislehre als Weltschau wird das kommende Jahrtausend in allen seinen Gestaltungen bestimmen.«[36]

Hörbiger selbst stand der zunehmenden Vereinnahmung seiner Welteislehre durch Ideologen aus dem deutschnationalen bzw. nationalsozialistischen Lager mit ausdrücklichem Wohlgefallen gegenüber. Endlich hatte er ein weltanschauliches Umfeld gefunden, in dem er nicht schon von vornherein abgelehnt und verspottet wurde. Im Gegensatz zu vielen seiner Anhänger äußerte er sich jedoch nur sehr vorsichtig hinsichtlich »nordischer« Bezugspunkte. »Die Frage nach dem Zeitpunkte der Herausdifferenzierung des Menschenstammbaumes«, stellte er diesbezüglich fest, »können natürlich auch wir noch nicht beantworten.« Aber die Welteislehre konnte seiner Ansicht nach dazu dienen, »die heutige Rassenzerspaltung unseres Geschlechtes nach Statur, Haut-, Augen- und Haarfarbe sowie Gesichtstypus zu erklären.«[37]

Im Gegensatz zu den meisten seiner Anhänger engagierte sich Hanns Hörbiger nie in deutschnationalen Vereinigungen, äußerte aber immer wieder seine Sympathie mit ihnen und seine Abneigung gegenüber allem »Fremdrassigen«. 1921 etwa warnte er vor der »teutonischen Gutgläubigkeit« und der davon profitierenden Heuchelei der »Deutschenfeinde«: »Diese ganze plumpe Gerechtigkeitsheuchelei der Völkerhure! – Diese tödlich lächerliche Tapferkeit der Gallier unter Mithilfe aller möglichen coloured gentlemen! – Dieser sacro egoismo der Rinaldinileute! [...] Diese Völkerbundgründer! In alle Ewigkeit lächerlich vor Klios Richterstuhl, wenn sie nicht schleunigst die Flucht ergreifen, falls sie's verstehen sollten, was ihnen droht –«[38]

Derartige Hassorgien auf Deutschlands Feinde – und damit verknüpft gegen die Feinde seiner Lehre – waren keine Seltenheit. In diesem Zusammenhang zu sehen ist auch ein Brief, der im Sommer 1925 im Namen Hörbigers an deutsche Gelehrte verschickt wurde: »Es gilt jetzt zu wählen, ob man für oder gegen uns sein will. Zur gleichen Zeit, da Hitler die Politik säubern wird, wird Hanns Hörbiger die falschen Wissenschaften hinwegfegen. Die Welteislehre wird das Signal zur Erneuerung des deutschen Volkes sein. Nehmt euch in Acht! Bekennt euch zu uns, bevor es zu spät ist!«[39]

Abseits seines Welteisfanatismus betrieb Hörbiger weiter seine Firma und entwarf Neuerungen für das nach ihm benannte Ventil. Da sich in

den frühen 1920er-Jahren ein beachtlicher geschäftlicher Erfolg damit erzielen ließ, konnte er daran gehen, ein eigenes Familienfirmenimperium aufzubauen. 1925 gründete er zusammen mit seinen Söhnen Hans Robert und Alfred eine Firma, die nach fünfjähriger Anlaufzeit neben Hörbigers eigenen Ventilen ein Hochschub-Ventil auf der Grundlage eines von Alfred erworbenen Patents produzierte[40].
Gegen Ende der 1920er-Jahre zog sich Hanns Hörbiger aus seinen verschiedenen Tätigkeitsbereichen langsam zurück – mit gutem Gewissen, denn sein Geschäft lief ausgezeichnet und die Welteislehre hatte endlich eine tatkräftige Anhängerschar gefunden. Der Tod seines ersten Enkelkindes im März 1929 verursachte schwere Depressionen, die dazu führten, dass sich Hanns Hörbiger immer mehr abkapselte. Am 11. Oktober 1931 starb er im Familiendomizil in Mauer bei Wien. Der Leipziger Philosophieprofessor und Aktivist der Deutschgläubigen-Bewegung Ernst Bergmann erklärte in seinem Nachruf: »Hörbiger war ein Deutscher. Möge dieses stolze Wort den lauten Schmerz gewaltig übertönen. – Wieder hat, wie schon so oft in der Geschichte der Neuzeit, der deutsche Geist aus seiner unerschöpflichen Kraft und Tiefe heraus der Menschheit höchste Erkenntnisse erobert. Und an die lange Reihe der großen Denker und Dichter unseres Vaterlands schließt sich an ein neuer Seher der deutschen Geistesgeschichte.« Die abschließende Frage des Nachrufers, wann denn »das nationale Deutschland, das in unseren Tagen wiedererwacht, die einzigartige Bedeutung dieses Mannes« endlich anerkennen würde, sollte bald beantwortet werden.[41]
Dass die Welteislehre zu einem nationalsozialistischen Ideengut werden konnte, ist zunächst vor allem der Wühlarbeit seiner Anhänger zu verdanken. Professor Bergmann etwa lieferte 1933 eine Grundlagenarbeit über das nationalsozialistische Deutschland als »Bildungsland der neuen Menschheit« ab und pries Hörbiger darin als wichtigen Wegweiser des Nationalsozialismus.[42] Und Rudolf von Elmayer-Vestenbrugg stellte in NS-Zeitschriften Hörbiger als »Kopernikus des 20. Jahrhunderts« dar.[43] Jenseits derartiger Wertungen stützte Hörbigers Welteislehre, wie in spekulativen Schriften betont wurde, »die Esoterik des Nationalsozialismus, sie lieferte den Nachweis der Verbindung zwischen Mensch und Kosmos [...] Sie war angetreten gegen die seelenlose abendländische Wissenschaft, angetreten, sie zu erschüttern und zu zerstören, damit die Magie, der einzig wirklich dynamische Wert, wieder zum Leben erwachen könne.«[44] Das esoterische Autorenduo Pau-

wels/Bergier mutmaßte von daher, dass »das geistige Klima« des Nationalsozialismus durch Hörbiger wesentlich mitgeprägt worden wäre. »Seine Theorie ist ein wirksamer Gärstoff für die nationalsozialistische Magie [...] Sie fügt den Eingebungen Haushofers blitzartige Erkenntnisse hinzu, sie verleiht der schwerfälligen Arbeit Rosenbergs Flügel und sie beschleunigt und vertieft die Intuitionen Hitlers.«[45]

Eine führende Rolle hat die Welteislehre im Dritten Reich freilich nie gespielt. Immerhin aber fand sie nach der Machtübernahme der Nazis in deren Führungsriege zahlreiche Anhänger und Förderer. Neben Alfred Rosenberg, dem Naturforscher Edgar Dacqué und Reichsbauernführer Richard Walter Darré sollen auch Hermann Göring und Adolf Hitler Anhänger der Ideen Hörbigers gewesen sein. Stararchitekt Hermann Giesler berichtete, dass Hitler geplant hatte, in Linz eine Würdigungsstätte Hörbigers einzurichten. Noch weiter reichende Verehrung erfuhr der Welteisvisionär aber durch Reichsführer-SS Heinrich Himmler. Dieser ließ in dem 1935 eingerichteten, der SS beigegliederten Verein »Deutsches Ahnenerbe«, von dem an gegebener Stelle noch näher die Rede sein wird, im Rahmen einer »Pflegestätte für Wetterkunde« eigene Forschungen über die Welteislehre durchführen. Hörbigers Sohn Hans Robert wurde sogar eine eigene »Abteilung für Welteislehre« zugesichert.[46] Führender Welteisforscher aber blieb Hörbigers engster Mitarbeiter Philipp Fauth, der im Dezember 1936 ins Ahnenerbe aufgenommen wurde und dort von 1938 bis zu seinem Tod am 4. Januar 1941 eine Forschungsstätte für Astronomie betreute.

Die Grundlage der Beschäftigung mit der Welteislehre im NS-Staat bildete das so genannte Bad Pyrmonter Protokoll vom 19. Juli 1936, in dem es hieß: »Die Unterzeichneten sind überzeugt, dass Hanns Hörbigers Welteislehre (Wel) in ihrer grundsätzlichen Gestaltung das geistige Geschenk eines Genies ist, das von hohem Wert für die ganze Menschheit in praktischer und weltanschaulicher Hinsicht ist, für uns Deutsche als ein echt arisches Gedankengut aber von ganz besonderer Bedeutung ist.« Die Unterzeichneten – Fauth, Voigt, Alfred Hörbiger, der Germanenforscher und Baurat Edmund Kiß, der Verleger Hermann von Hase und der Wetterkundler Hans Robert Scultetus – stellten sich »zum Zweck der einheitlichen und geordneten Durchführung der geplanten unter der Schirmherrschaft des Reichsführers-SS stehenden Aufgaben zur Verfügung.«[47]

Zur Zeit der Abfassung des Protokolls brauten sich jedoch schon dunkle

Wolken über dem Hörbiger'schen Ideengebäude zusammen. Der angesehene Forscher und Nobelpreisträger Philipp Lenard führte als bekennender Nationalsozialist die Front der Gegner der »Volksverdummung« an. Die Ablehnung der Welteislehre durch NS-Wissenschaftler führte dazu, dass sie 1938 aus dem Ahnenerbe ausgesondert und nur noch inoffiziell weitergepflegt wurde. Himmler stand dennoch zu Hörbigers Ideen und ließ eine Zeit lang Gegner der Welteislehre innerhalb der SS als »Verräter« brandmarken. Offizielle Förderungen aber blieben aus und so hofften die Anhänger Hörbigers auf die Zeit nach dem Krieg. Baurat Maximilian Soeser etwa schrieb 1941: »Ein siegreiches Großdeutschland wird von ganz anderem Blickpunkte aus vor Hoerbigers Welteislehre treten und aus der weithinreichenden Menge seiner Mittel« den Versuch unterstützen, »die Richtigkeit der neuen Lehre zu beweisen«.[48]

Die Ideen Hörbigers wurden zu jener Zeit nur noch von einem kleinen Kreis gepflegt. In Mauer bei Wien bestand seit Beginn der 1930er-Jahre ein Hörbiger-Institut mit eigener Sternwarte. Von 1933 bis 1944 wurden von dieser im NS-Staat ab 1939 zunächst geförderten Einrichtung die »Beiträge zur Physik des Kosmos und der Erde, zur Geologie und zur Meteorologie auf Grund der Welteislehre von Hanns Hörbiger« herausgegeben. Abseits des Instituts existierten noch die Hörbiger-Gesellschaft sowie einige kleinere Gruppen, die im Verlauf des Krieges jedoch allesamt ihre Tätigkeit einstellen mussten.

Nach 1945 entstanden neben dem von der alten Garde geführten Wiener Hörbiger-Institut in mehreren Ländern neue Gesellschaften, die sich mit der Welteislehre befassten, so zunächst 1947/48 zwei von Egerton Sykes gegründete Vereinigungen in London und Rom. Angeblich sind seit damals rund 300 Institutionen gegründet worden, die sich mit Hörbigers Welteislehre beschäftigen, darunter als bedeutendste das Atlantis Research Center (ARC) in Brighton. Seit den 1990er-Jahren finden die Hörbiger'schen Welteisideen vor allem in rechtsextremen Kreisen im Umfeld des so genannten esoterischen Hitlerismus wieder mehr Gehör. In Wien wird das Andenken des Visionärs durch den Namen einer Gasse, der Johann-Hörbiger-Gasse in Mauer, hochgehalten. Außerdem ist im Bezirksmuseum Liesing eine Büste von ihm ausgestellt. Trotzdem sich Hanns Hörbigers These, dass der Mond aus Eis bestünde, nicht halten ließ, erinnert heute der Name einer Örtlichkeit auf dem Erdtrabanten an ihn.[49]

Jakob Wilhelm Hauer

Das Christentum wird deutsch

Deutschnationale Kreise hatten seit jeher große Vorbehalte gegen das Christentum als religiöser Grundlage für ihre Bewegung. Doch konnten sie die Tatsache nicht ignorieren, dass es im Volk tief verwurzelt und daher wohl oder übel irgendwie mit einbezogen werden musste. In dem 1890 erschienenen, immer wieder neu aufgelegten, weltanschaulich wegweisenden Buch »Rembrandt als Erzieher« merkte dessen Autor Julius Langbehn an, dass das deutsche Volk wohl vorerst »beim Christenthum beharren müsse«, solange es »keine bessere Basis für sein geistiges Dasein besitzt«.[1] Das »grimme Lachen der alten deutschen Helden« aber war schon da, um an der »deutschen Wiedergeburt gleichmäßig Antheil« zu haben und das deutsche Volk im »Parademarsch, im Kugelregen, bei klingendem Spiel [...] durch die Welt« zu führen.[2]

Während die nach Langbehns Buch so genannten »Rembrandtdeutschen« an den christlichen Grundprinzipien weitgehend festhielten, verschärften die Alldeutschen unter dem 1842 in Wien geborenen Gutsbesitzer Georg Ritter von Schönerer den Ton. Nachdem der »Ritter« 1888 wegen gewaltsamen Einbruchs in die Redaktion des »Wiener Tageblattes« zu vier Monaten Haft verurteilt und seines Adelstitels für verlustig erklärt wurde, gab er in den 1890er-Jahren unter anderem das »Alldeutsche Tageblatt« heraus. Darin umriss er die Grundlagen für ein neues religiös-politisches Weltbild. Seine Losung »Ohne Juda, ohne Rom wird erbaut Germaniens Dom!« wurde zum Kampfruf einer deutschnationalen Bewegung, die unter dem Namen »Los von Rom« in Österreichs politischer Szene für Unruhe sorgte.[3]

Schönerer, der von 1897 bis 1907 als Abgeordneter im Wiener Parlament saß, sah in einem betont deutschen Protestantismus die ideale Religion für das Volk. Radikalere Denker stellten freilich das ganze »Judäo-Christentum« in Frage und suchten nach Wegen zu einer deutschnationalen Untermauerung und Umwandlung des gesamten Glaubenssystems. Sie wollten »zurück zu den Göttern, zurück zu Blut und Rasse der Völker« und glaubten, die Rettung Europas könne nur durch die Rückkehr zu den heidnischen Wurzeln geschehen.[4] Einer, der sich bezüglich der weltanschaulichen Neugestaltung des Christentums in diesem Sinne besonders hervortat, war Jakob Wilhelm Hauer.

Der Vater des späteren Deutschglaubensstifters, Jakob Hauer, war Abkömmling eines alten Bauern- und Handwerkergeschlechts mit starkem Traditionsbewusstsein. Er stammte aus Tumlingen im Schwarzwald und kam in den 1870er-Jahren nach Ditzingen, einem kleinen Dorf im Oberamt Leonberg bei Stuttgart. Hier fand er Arbeit als Gipser, übernahm bald das Geschäft seines Meisters und ehelichte 1878 Gottliebin Friederike Mayer, die Tochter eines Kesselschmieds. Mit ihr zusammen bezog er ein Haus im Ditzinger Ortsteil Bompelhof, wo die junge Frau zunächst vier, nach längerer Pause noch zwei weitere Kinder zur Welt brachte. Jakob Wilhelm war der zweitälteste der Hauer-Sprösslinge. Am 4. April 1881 geboren, erkrankte er in frühen Kinderjahren an Scharlach, überlebte nur knapp, musste aber mit ansehen, wie zwei seiner Schwestern an der gleichen Krankheit starben. In Sorge um ihren Nachwuchs gelobten die der lutherischen Kirche angehörenden Eltern damals, die überlebenden Kinder »in den Dienst Gottes« zu stellen.[5]

Jakob Wilhelm besuchte die Volksschule von Ditzingen und musste nebenbei im väterlichen Geschäft mitarbeiten. Der geplante Übertritt in die nahe gelegene Korntaler Lateinschule war nicht möglich, da die materiellen Mittel nicht reichten – die Eltern hatten aus finanzieller Not sogar ihr Haus verkaufen müssen. Da sich Jakob Wilhelm dennoch in Latein und anderen Gegenständen ein wenig weiterbilden wollte, wandte er sich an den Pfarrer des Bauerndorfes, Johann Jakob Kämpf, der ihm in der Folgezeit zu einem väterlichen Ratgeber wurde.

Mit 15 Jahren begann der Junge eine Lehrlingsausbildung im väterlichen Gipsergeschäft – und er hatte dort hart zu arbeiten. »Es kam mir [aber] nie in den Sinn«, schrieb er später, »mit meinem Schicksal zu hadern. Vor mir stand das Vorbild meiner Eltern, das meinen Willen früh stählte und mich zur selbstverständlichen Pflichterfüllung erzog.«[6] Wenn sein Job es zuließ, strich der junge Jakob Wilhelm durch die Natur, forschte im Gelände des »Strohgäu« nach urzeitlichen Resten, floh in Gedanken in eine heroische Vergangenheit und erkannte: »Da also, wo unsere Häuser standen und unser Korn wuchs, ruhten gefallene Helden.« Diese Sicht seiner näheren Umwelt vermittelte ihm ein trautes Heimatgefühl. »Nicht dass ich Visionen gehabt hätte oder erschütternde Gefühlserlebnisse. Es war vielmehr ein ganz stilles Verbundensein, so selbstverständlich, dass es die Gegenwart gar nicht störte. Der Boden, auf dem ich lebte, nahm mich so in seine Gemeinschaft auf.«[7]
Mit der Zeit wurde das Erleben intensiver und es überkamen ihn »klare Stimmungs- und Lichterlebnisse in der Natur«, die er später als »erste religiöse Erfahrungen« deutete. Im Alter von 13 Jahren verdichtete sich das lockere Stimmungsbild zu einem regelrechten »Wandlungsvorgang«, bei dem ihm die »inneren Augen« aufgingen und er vom »wilden Leben« Abschied nahm. Diese »Bekehrung« vollzog sich, wie Hauers Biografin, die nationalsozialistisch geprägte »freie Journalistin« Margarete Dierks berichtet, »fast nüchtern« und »ohne jede christliche Färbung«.[8] Allerdings fand der Junge nach einer Zeit der Suche über heidnisch-mystische Umwege doch Zugang zu Gemeinschaften, die auf christlichem Ideengut fußten. Ahnherr dieser Gruppen, die sich um die Pflege und Vertiefung einer verinnerlichten Frömmigkeit bemühten, war der um 1800 wirkende bibelfeste Pietist Johann Michael Hahn.
Durch sein enthaltsames Leben war Jakob Wilhelm ein Fremdkörper in dem eng begrenzten dörflichen Leben von Ditzingen. »Mit Spott, gelegentlichen Überfällen und Prügeln ahndete das Gros der Dorfjugend diese Absonderung, die Neigung zu ›elitärer Gemeinschaft‹.«[9] Dabei war die Sache für den Jungen selbst gar nicht so klar. Immer wieder überkamen ihn Glaubenszweifel, insbesondere nach der Lektüre von Goethe, Schiller und der Edda, einer in deutschnationalen Kreisen damals in Mode gekommenen, aus Island stammenden, mittelalterlichen Sammlung altnordischer Mythen. Eine große Stütze in dieser

Zeit war ihm sein nur unwesentlich älterer Jugendfreund Hermann Stahl. Dessen plötzlicher Tod am 20. Oktober 1898 traf Hauer schwer und trug mit zu seinem Entschluss bei, sich ganz dem geistlichen Leben zu verschreiben und Missionar zu werden.

Im Frühjahr 1899 bewarb sich Hauer erstmals bei der Basler Missionsgesellschaft, wurde aber abgewiesen. Nach einem Jahr versuchte er es, unterstützt durch Pfarrer Kämpf, noch einmal und schaffte es tatsächlich, aufgenommen zu werden. Johann Gottlieb Fritz von der Stuttgarter Missionsagentur beurteilte den Probanden in einer Stellungnahme vom 4. April 1900 als »überaus gewissenhaften, bescheidenen, von Herzen frommen jungen Mann, [der] viel Energie besitzt«.[10] Mit derartigen Empfehlungen versehen, trat Jakob Wilhelm im August 1900 ins Seminar der Basler Evangelischen Missionsgesellschaft ein. Diese 1815 von der Deutschen Christentumsgesellschaft gegründete Vereinigung hatte sich zu einer in protestantischen Kreisen anerkannten Autorität in Sachen Mission entwickelt. Sie wurde zum einem getragen von glaubensstarken Theologen, zum anderen von tatkräftigen Geschäftsleuten, die in den Kolonialländern eigene Betriebe aufbauten.

Die Ausbildner Hauers sahen in ihm einen durchaus brauchbaren Verbreiter der christlichen Lehre. Nach einem halben Jahr hielten sie in einer internen Beurteilung über ihn fest: »Er hat einen ernsthaften geistlichen Sinn.« Und kurz darauf: »Bei seinem gediegenen inneren Leben berechtigt er zu schönen Hoffnungen.«[11] Der Seminarist empfand seinen Aufenthalt in der Missionsschule allerdings etwas anders. »Ich habe viele schmerzliche Erinnerungen« an jene Zeit, schrieb er 1935, »viel Enge musste ich erfahren, oft fanatische Enge, Unduldsamkeit gegen andere Anschauungen und nicht wenig verbogene Frömmigkeit [...]. Was ich von Anfang bis Ende schmerzlich vermisste, war jene große Weite und Freiheit, die deutsches Wesen immer ausgezeichnet hat.«[12]

1902 wurde der angehende Missionar dann zum Militärdienst eingezogen. Er leistete ihn beim Feldartillerieregiment 28 im fünften Bataillon zu Ludwigsburg ab und lernte dort vermutlich erstmals deutschnationales Ideengut kennen. In einem Brief vom 17. Mai 1903 schrieb er an seinen Missionsinspektor: »Morden müssen wir lernen, mag es kosten, was es will. Aber wie lässt sich das ändern? Brauchen wir es doch, um unser teures Vaterland in der Stunde der Gefahr zu schützen, um unsere Lieben vor den rohen Misshandlungen racheschnaubender Feinde zu bewahren. Endlich wird aber doch auch einmal das Friedensreich unseres Gottes anbrechen, unter dessen Herrschaft man nicht mehr kriegen lernen wird.«[13]

Während seiner Soldatenzeit, die von ständigem Schikaniertwerden geprägt war, sehnte sich Hauer zurück ins Missionszentrum. Kaum war er wieder im Seminar, wurde es ihm auch dort zu eng und er trug sich mit dem Gedanken auszubrechen. Vorerst aber blieb er – und präsentierte sich als emsiger Student. Von Pfarrer Adolf Kinzler 1905 als »wohlbegabt, von unbändigem Wissensdurst« beschrieben, begeisterte sich Hauer für Plato, las Homer und Sophokles und lernte »tüchtig Arabisch«. Mit der Zeit jedoch wurde er, wie einer seiner Lehrer in einem abschließenden Urteil über ihn vermerkte, »stiller und zurückgezogener«. Die »gründliche Einsicht in die biblische Wahrheit«, hieß es da, »hat ihn wieder auf die rechte Straße gebracht. Sein noch junges geistliches Leben [...] bedarf der Vertiefung, des Ausreifens. [...] Er hat eine freundliche, herzliche Art und lässt sich, wenn er aufbraust, leicht besänftigen.«[14] Als Hauer 1906 die Missionarsausbildung beendete, war er zwar zu dem von der Gesellschaft gepflegten »Glauben an den lebendigen Jesus« zurückgekehrt, doch fehlte ihm die innere Überzeugung. »In wichtigen Stücken war ich Ketzer wie zuvor.«[15]

Am 22. Juli 1906 wurde Jakob Wilhelm Hauer in Leonberg ordiniert und kurz danach im Basler Münster eingesegnet. Anschließend reiste er nach London und Edinburgh, nahm dort an Vorlesungen und Übungen mit zumeist »sehr gutem« Erfolg teil und wurde, zurück in Basel, am 19./20. Dezember in den Missionsdienst verabschiedet. Er sollte im Süden Britisch-Indiens »die Leitung einer Sekundarschule für Christen und Heiden« übernehmen, vorerst aber keine »Heidenpredigten« durchführen.

Als der angehende Missionar am 2. Januar 1907 in Genua das Schiff nach Asien bestieg, fühlte er sich wie im siebten Himmel. »Damit«, gestand er später, »ging mir ein Herzenswunsch in Erfüllung, denn zu Indien hatte ich seit Jahren eine tiefe Liebe gefasst.«[16] Diese Liebe kam auch in dem selbstgewählten Motto für seine Missionstätigkeit zum Ausdruck: »Christus ist mein Leben, Indiens Schmerz ist mein Schmerz und Indiens Rettung meine Freude.«[17]

Anfang 1907 in Südindien angekommen, blieb Hauer zunächst in Talasheri im Distrikt Malabar, lernte die örtliche Sprache, das Malayalam, und unterrichtete am Lehrerseminar der Basler Mission in Nettur. Im Januar 1908 übernahm er im Bereich der Basler Missionsstation von Palghat die Leitung der Sekundarschule, wurde nach einem Jahr deren Direktor und machte aus dem erzieherischen Kleinunternehmen eine High School. Die christlichen Ideale vermischten sich in seinem Unterricht unterdessen immer mehr mit heidnischem Ideengut. »Indien und sein indo-arisches Weistum halfen mir, mich zurückzuführen zum Eigenen. Der geheime Ring Indo-Germaniens umschloss mich.«[18] Dazu kam noch die Theosophie, eine in den 1870er-Jahren entstandene esoterische Weltanschauung, deren Führungsriege in Adyar, einem Vorort von Madras, ihr Weltzentrum eingerichtet hatte. Hauer übernahm viele Ideen dieser »Geheimwissenschaft« und fand durchaus positive Aspekte in der »neuen Religion«. Jahre später wandte er sich von der Theosophischen Gesellschaft allerdings wieder ab und bekannte sich zu deren 1913 entstandenen »deutschen« Abspaltung, der von Rudolf Steiner begründeten Anthroposophie.[19]

Mit seinen eigenwilligen Ansichten und seiner offen eingestandenen Sympathie für die indische Philosophie geriet Hauer in wachsenden Widerspruch zur Missionsleitung und so ersuchte er schließlich um Beurlaubung. Im Januar 1911 verließ er die Station und meldete sich in der ceylonesischen Hauptstadt Colombo zur »London Matriculation Examination«, einer Grundlagenprüfung für die Aufnahme universitärer Studien, an. Im Mai bestand er das Examen und entschloss sich angesichts seines angeschlagenen Gesundheitszustandes – er litt an einer Schilddrüsenvergrößerung – nach Europa zurückzukehren. Sein diesbezügliches formales Ansuchen wurde ohne Umschweife bewilligt.

Im September 1911 verließ Hauer Indien, meldete von Triest aus nach Basel, dass er sein Studium sogleich in Angriff zu nehmen gedachte, und immatrikulierte sich am 14. Oktober an der Universität von Oxford. Nach bestandener Aufnahmeprüfung übersiedelte Hauer im Januar 1912 in die englische Universitätsstadt, um dort die »Litterae Humaniores« zu studieren. Nach ein paar Wochen unterbrach er das Studium, um sich in Bern einer Kropfoperation zu unterziehen und nebenbei materielle Mittel zur Unterstützung seiner hoch verschuldeten Familie aufzutreiben. Im Herbst 1913 verlobte er sich mit der jungen Ärztin Hilda Bradley, die an sich bereit gewesen wäre, mit ihm nach Indien zu gehen. Das Beziehungsleben gestaltete sich jedoch so problematisch, dass das Paar nach drei Monaten die Verbindung in beiderseitigem Einvernehmen wieder löste.

Im Juli 1914 schloss Hauer das Oxforder Studium mit »First Class

Honours« und dem Titel »B.A.« ab. Er wollte daraufhin bis zum »M.A.« weitermachen, wurde aber im September, wenige Wochen nach Kriegsausbruch, als »alien enemy« verhaftet und in ein Gefangenenlager gebracht. Der Rektor des Jesus College, John Rhys, bemühte sich, ihn für die Fortsetzung seines Studiums frei zu bekommen – und hatte Erfolg. »Gegen Ehrenwort, keinen Fluchtversuch zu unternehmen«, wurde Hauer nach Oxford entlassen, wo er »sehr zurückgezogen im Indian Institute [über] Sanscrit, indische Kulturgeschichte, im psychologischen Laboratorium [sowie] im ethnologischen Institut« arbeitete.[20] Im Mai 1915 internierte man den deutschen Missionsstudenten erneut, entließ ihn aber mit dem Versprechen, dass er in Deutschland keinen Kriegsdienst leisten würde.

Zurück in seiner schwäbischen Heimat versuchte Hauer zunächst als Sanitäter unterzukommen, fand jedoch keine entsprechende Stelle. Stattdessen holte ihn die Württembergische Landeskirche, um ihn als Pfarrvikar zunächst in Heidenheim, danach in Reutlingen einzusetzen. Nebenbei studierte er ab dem Frühjahr 1916 an der Universität Tübingen Religionswissenschaft, alte Geschichte, Philosophie und Sanskrit. Der Rückkehrer genoss es, wieder zu Hause bei seiner Familie sein zu können. »An Mutter«, schrieb er damals, »freut mich der nüchtern kritische Verstand, während Vater viel Sinn hat fürs Geheimnisvolle, Wunderbare; mir haben sie scheints von beidem etwas gegeben.«[21] Und Jakob Wilhelm nutzte diese »Gaben« für die universitäre Arbeit. 1918 beendete er sein Studium bei Professor Richard von Garbe mit einer Dissertation über »Die Anfänge der Yogapraxis. Eine Untersuchung über die indische Mystik nach Rgveda und Atharvaveda«. Im Jahr darauf legte er sein zweites theologisches Examen ab und arbeitete von Mai an fünf Monate lang als Stadtvikar an der Stuttgarter Stiftskirche.

Innerlich hatte Hauer zu diesem Zeitpunkt aber längst schon mit der Kirche gebrochen. Er fühlte sich »in den Kampf hineingestellt, den die verschiedenen Weltanschauungen in unserem Volke austragen. Bin ich einmal drin, so komme ich nicht mehr heraus!«[22] Kurz nach seinem Austritt aus dem Kirchendienst schloss sich der Ex-Missionar am 27. Dezember 1919 als »Kanzler« dem jugendbewegten »Bund der Köngener« an, der sich um eine neue religiöse Besinnung frei von christlichen Normierungen bemühte. Als »Gemeinschaft von religiös Suchenden und Wirkenden« setzte man sich in Vorträgen, Tagungen und Arbeitswochen mit Themen wie »Was bedeutet uns Jesus?« oder »Jesus und

die Jugend« auseinander. Daneben wurden aber auch politische Problembereiche, etwa die »Mitverantwortung in Volksschicksal und Geschichte«, aufgegriffen.[23] Zusammen mit seinem Freund Rudolf Daur wurde Hauer zum weltanschaulichen Richtunggeber des Bundes.
Im Juli 1920 besuchte er noch einmal die Basler Mission – mit ein wenig Wehmut, aber klarer Distanz. Beim Bund der Köngener stand er mittlerweile »an einem Punkt, wo wir nicht einmal mehr Christ sein konnten, sondern auch nicht wollten. Wir standen nach zwei Jahren schon in der Beziehung vor dem unbedingten Nichts [...], wo wir nicht einmal mehr glaubten sagen zu dürfen, dass wir gottgläubig seien.«[24]
Solcherart den früheren Idealen entfremdet, beendete Hauer 1921 seine Habilitation über »Die Bedeutung der ekstatischen Erlebnisse in den primitiven Religionen«.
Seit Herbst 1920 in Tübingen wohnhaft, nahm er, nachdem ihn der Kleine Senat dafür zugelassen hatte, eine Stelle als Privatdozent für Allgemeine Religionsgeschichte an der örtlichen Universität an. In seiner Antrittsvorlesung über den »Entwicklungsgedanken in der Religionsgeschichte« behandelte er vor allem die Themenbereiche indische Mystik und Yoga. In Anlehnung daran veröffentlichte er 1922 »Die Anfänge der Yogapraxis«, hielt religionsgeschichtliche Übungen über »primitive Esoterik« ab und setzte sich mit dem »Werden und Wesen der Anthroposophie« auseinander, die er bei aller Kritik als »Ganzheitsentwurf« schätzte. Ein persönlicher Kontakt mit dem Begründer dieser Weltanschauung, Rudolf Steiner, kam jedoch nie zu Stande.[25]
Wohl zu Stande kam unterdessen nach etlichen Anlaufschwierigkeiten seine Hochzeit. Im Sommer 1922 heiratete Hauer die aus Tuttlingen stammende Porträtmalerin Helene Köpf. Deren kränklicher Tochter Erika wurde er ein umsorglicher Stiefvater – und ebnete ihr später unter anderem den Weg zu einer künstlerischen Ausbildung in München. Die Hauers lebten zurückgezogen in Tübingen, vermieden gesellschaftliche Vergnügungen und widmeten sich ganz ihrer beruflichen Arbeit sowie dem Bund der Köngener. 1923 publizierte Hauer als erstes seiner grundlegenden wissenschaftlichen Werke den ersten Band über »Die Religionen. Ihr Werden, ihr Sinn, ihre Wahrheit«. In Anerkennung der darin dargebotenen Fachkenntnisse erhielt er 1924 die Lehrbefugnis für Indologie. Bei deren praktischer Umsetzung griff er mit »Heliand und Götterlieder der Edda« erstmals ein für ihn nachmals »wesensbestimmendes« germanisches Themenfeld auf.

Nach 1922 bemühte sich Hauer, vom Bund der Köngener ausgehend eine Gruppe »Jesuanischer Radikalisten« auf die Beine zu stellen. Diese sollten »wissen, dass sie ihresgleichen haben in allen Parteien. Sie sind entschlossene Nationalisten, glauben an den gottgewollten Charakter ihres eigenen und jedes Volkstumes, lehnen jeden Kosmopolitismus als Unnatur und gottwidrig ab und rechnen gerade auf die Volksbewussten in eigenen und in anderen Völkern.«[26] In dem international hoch angesehenen Gelehrten Rudolph Otto fand er schließlich einen profunden Mitstreiter. Otto hatte 1921 den »Religiösen Menschheitsbund« (RMB), nachmals »Religiösen Weltbund«, gegründet und machte Hauer 1924 zu seinem Nachfolger als Vorsitzender dieser Vereinigung. Deren erklärtes Ziel war es, ein »gemeinschaftlich gewecktes Weltgewissen«, »zwischenstaatliche Gerechtigkeit und Weltbruderschaft« sowie ein von der öffentlichen Meinung überwachtes »Völkerrecht« zu schaffen.[27] In einem Vortrag über »Bund, Gemeinde, Volk« entwickelte Hauer Ottos Grundideen weiter. Dabei forderte er eine durch Erlebnis und Erfahrung grundgelegte Verbindung von »Bekenntnis und Kultus« sowie einen Ausbruch aus der Kirchengemeinschaft »nach vorn«.[28] War doch ein höheres Schicksal mit im Spiel: »Wir wollten [...] Leben gestalten, Volk bauen helfen, Reich gestalten helfen.«[29] Ein Anliegen, mit dem sich die Bündler auf die Seite der völkischen Bewegungen stellten.

Im Jahr 1925 folgte Hauers Ernennung zum außerordentlichen Professor an der Universität Tübingen. Kurz darauf erhielt er eine ordentliche Professur für Indische Philologie in Marburg und veröffentlichte ein viel beachtetes Werk über den »Jainismus, eine indische Erlösungslehre«. Im September 1927 kam er – knapp vor dem Tod seines langjährigen Förderers, Professor Garbe – wieder zurück nach Tübingen und erhielt dort den Lehrstuhl für allgemeine Religionsgeschichte und Indologie. Zur selben Zeit erschien der erste Band seines Hauptwerkes, »Das Vratya. Untersuchungen über die nichtbrahmanische Religion Altindiens«.

J. W. Hauer stand nun am Höhepunkt seiner Laufbahn. Finanziert durch ein Stipendium des preußischen Wissenschaftsministeriums unternahm er von Februar bis Mai 1928 eine Reise in den Nahen Osten, traf in Alexandria als Gast der Deutsch-Ägyptischen Gesellschaft mit Rudolf Otto zusammen, besuchte Palästina und bereiste zuletzt die Türkei. Nach seiner Rückkehr erkrankte Hauer, von dem Erlebten, wie er vermerkte, »überbordet«, fuhr im August aber dennoch nach Oxford, um dort am 17. internationalen Orientalistenkongress teilzunehmen. Im September war er dann auf der »Religiösen Weltfriedenskonferenz« in Genf anzutreffen, wo er die Gleichberechtigung aller Religionen, auch der primitiven, heidnischen – speziell der germanischen – mit der christlichen auf der Grundlage gegenseitiger Achtung forderte. Auf dieser Grundlage hoffte Hauer dereinst eine »religiöse Bruderschaft der Erde« begründen zu können.[30]

Von Ende 1928 bis 1933 gab der umtriebige Indologieprofessor die Zeitschrift »Kommende Gemeinde«, das Nachfolgemagazin von »Unser Weg«, heraus. Beim 5. Allgemeinen Ärztekongress für Psychotherapie in Baden-Baden hielt er 1930 einen Tagungsbeitrag über »Yoga im Lichte der Psychotherapie«. 1931 folgte eine in Zürich auf Einladung C. G. Jungs vor dem Psychologischen Club gehaltene Rede mit dem Titel »Der Yoga als Heilsweg«. Die internationale Anerkennung seiner Arbeit verschaffte ihm zu jener Zeit zahlreiche Ersuchen um Vorträge, in deren Rahmen er über »tantrischen Yoga« im Speziellen genauso referieren durfte wie über vorchristliche Religionen im Allgemeinen. Sein Einsatz für den »nordischen Menschen« ließ ihn unterdessen auf die »sehr schwere Frage des Judentums, des Antisemitismus« stoßen. Hauer versuchte – nicht zuletzt im Gefolge eines Treffens mit dem jüdischen Religionsphilosophen Martin Buber im Jahr 1931 – die entstandenen Gräben zu umgehen, meinte aber, »wir müssen auch zum Letzten bereit sein, wenn es sein muss«.[31]

Seine endgültige politische »Bekennung« folgte im Jahr 1933. Schon im Januar 1931 hatte sich Hauer intensiv mit dem Nationalsozialismus auseinander gesetzt und kompetente NS-Vertreter als Partner für seine im Aufbau begriffene deutsche Glaubensbewegung gesucht. Nun, da die Nazis dabei waren, die Macht im Staat zu übernehmen, stand er ganz mit dem »Herzen auf der Seite dieser Bewegung […], was den völkischen Aufbruch anbelangt«.[32] Anfang Januar 1933 hielt Hauer in Kassel eine Arbeitswoche zum Thema »Die religiösen und geistigen Grundlagen einer völkischen Bewegung« ab. Mit von der Partie waren Gertrud Bäumer, die über die »Führeridee im Aufbau des Reiches« referierte, und der zum Parade-Nationalsozialisten gewandelte Ernst Krieck. Die Ergebnisse der Tagung wurden in einem Heft der »Kommenden Gemeinde« unter dem viel sagenden Titel »Vom geistigen und religiösen Durchbruch der Deutschen Revolution« veröffentlicht.

Ebenfalls im Januar 1933 gründete Hauer auf der Wartburg bei Eisenach zusammen mit Gesinnungsfreunden die »Arbeitsgemeinschaft Deutsche Glaubensbewegung«, kurz ADG. Dieser Kerngruppe der »Deutschen Christen« schlossen sich unter anderem der Bund der freireligiösen Gemeinden Deutschlands, die Nordisch-religiöse Arbeitsgemeinschaft und die Deutschgläubige Gemeinschaft um Alfred Conn und Otto Siegfried Reuter an. Über Graf Reventlow kam die Gruppe in Kontakt mit Rudolf Heß und genoss von da an offizielle Förderung. Hauer selbst fungierte von 1933 bis 1944 als Herausgeber der ADG-Zeitschrift »Deutscher Glaube«. In einem Brief vom 21. Februar 1933 schrieb er: »Ich fühle mich mit der Völkischen Bewegung [...] durchaus identisch und bin auch der Meinung, dass die Partei ein gut Teil der zukunftsträchtigen deutschen Substanz in sich trägt. [Aber] ich werde von der dunklen Ahnung bedrückt, dass der jetzige Kurs nicht zum Heile führen wird. Wenn ich die geringste Hoffnung haben könnte, dass meine Haltung in der Partei anerkannt und wirksam würde, so würde ich mich nicht scheuen, allerhand Opfer zu bringen.«[33] Um seine Landsleute zu dem von ihm entwickelten »deutschen Glaubensweg« zu bekehren, schrieb er Artikel für NS-Zeitungen und -Zeitschriften. Gleichzeitig versuchte er seine »Kommende Gemeinde« auf den neuen Kurs einzuschwören.
Ende August 1933 schloss Hauer die »Jungschaft« des Köngener-Bundes dem Deutschen Jungvolk, dem Verband der 10- bis 14-Jährigen innerhalb der Hitler-Jugend, an und bemühte sich, eine »Religiöse Arbeitsgemeinschaft Deutscher Nation« als »Reformation über Luther hinaus« zu etablieren. Die Grundidee dafür hatte er zwei Monate zuvor in einem »Offenen Brief an den Deutschen Evangelischen Kirchenausschuss und an die Reichsleitung der Glaubensbewegung ›Deutsche Christen‹« geschrieben: »Wir wollen mit darum ringen, dass der Kampf um die kirchliche Neugestaltung zu einem dem deutschen Volke wesensgerechten religiösen Aufbau und damit zu einer Wiedergeburt unseres Volkes aus dem Glauben führe. [Zu einer] Kirche echt protestantisch-deutscher Haltung können sich auch die Menschen der ›Deutschen Glaubensbewegung‹ bekennen, denen sich Gott in den großen Gestalten der deutschen Geschichte, im deutschen Raum und im deutschen Schicksal streng verpflichtend offenbart.«[34]
Zur Sichtbarmachung dieser Offenbarung entwickelte Hauer für die Glaubensbewegung eine eigene Fest- und Feierkultur. In einer diesbe-

züglichen Schrift[35] unterschied er »Jahreslauffeste« wie das »Weihnachten-Julfest«, von der NSDAP konkret auszugestaltende »nationale Feste und Feiern«, Familien- und Sippenfeste wie etwa die Namens- und Jugendweihe sowie »Morgenfeiern zum Sonntag«. Hauer übernahm dabei einzelne Ideen des Nationalsozialismus für die Deutsche Glaubensbewegung, lieferte umgekehrt aber auch der NSDAP und der SS ritualistische Ansätze. Abseits dessen war Hauers Bewegung der Partei als Hilfsorganisation im Kampf gegen die Kirchen durchaus willkommen und sie wurde vom beobachtenden Sicherheitshauptamt von daher zunächst günstig beurteilt.

Angesichts der positiven Reaktionen der NS-Führung auf seine »deutschen Glaubensideen« entschloss sich Hauer, fortan ohne Abstriche »an Hitlers Sendung zu glauben«. Diese Haltung verteidigte er auch gegenüber Buber im Rahmen der Eranos-Tagung des Jahres 1934 in Ascona. In dem dort gehaltenen Vortrag »Symbole und Erfahrungen des Selbst in der indoarischen Mystik« und seiner Publikation »Deutsche Gottesschau« legte er erstmals die Grundlagen seines neuen Deutschglaubens dar. Kurz danach, im Mai des gleichen Jahres, wandelte er die ADG in die »Deutsche Glaubensbewegung« um und ließ sich zu deren Führer wählen mit Graf Reventlow als Stellvertreter.

Als eine Art Grundbekenntnis der Gemeinschaft schrieb der deutschbewegte Exmissionar zu Ostern 1935 in der »Berliner Nachtausgabe«: »Wir glauben an die Gottunmittelbarkeit des Menschen. [...] Wir glauben, dass uns Gott in dem Geschehen unseres Volkes begegnet und uns mit ihm unmittelbar eine heilige Aufgabe gibt, die, weil aus einem ewigen Willen entsprungen, uns höchster Gottesdienst ist. [...] Wir sind überzeugt, dass aus diesem Glauben eine neue germanisch-deutsche Sittlichkeit erwachsen wird, die unserer Art entspricht und uns stark und edel macht, denn unser Glaube soll in der Tat vollenden.«[36] Zu diesen Taten gehörte, dass der Deutschglaubensführer dem Dozentenbund der NSDAP beitrat, im September 1935 seinen »artfremden« Erstvornamen wegstrich und sich nur noch »Wilhelm Hauer« nannte.[37]

Allen diesen Anpassungen an das Regime zum Trotz zeigten sich NS-Bonzen zunehmend ablehnend gegenüber der Deutschen Glaubensbewegung, weshalb sich Hauer Ende 1935 brieflich an »meinen Reichsführer« Heinrich Himmler wandte. Er beteuerte in dem Schreiben, »dass das deutsche Volk für die radikalen Forderungen der nationalsozialistischen Weltanschauung reif zu werden beginnt«. Und das wäre nicht zuletzt ein Verdienst seiner Vereinigung. »Mit der religiösen und geistigen Verseuchung des Deutschen Volkes durch ein art- und volksfremdes Christentum wird dann die Deutsche Glaubensbewegung mit aller Sicherheit fertig werden.«[38]

Nicht fertig wurde sie allerdings mit internen Zwistigkeiten. Per Schreiben vom 29. März 1936 legte Hauer die Leitung der DG zurück, versuchte aber auch weiterhin der deutschgläubigen Bewegung weltanschauliche Richtlinien zu liefern. So schrieb er in der Form einer Grundsatzerklärung: »Völkisches Werden, politisches Schaffen und Deutscher Glaube gehören eng zusammen. [Die Deutsche Glaubensbewegung] hat die Aufgabe, die tiefsten Quellgründe aufzuzeigen und zu öffnen, aus denen Kraft und Norm für völkisches Werden und politisches Handeln fließen.«[39] Zu Hauers eigenem politischem Handeln gehörte 1937 der Beitritt zur NSDAP, der er bis zum Ende treu blieb. In trauter Gemeinschaft mit führenden NS-Ideologen wie dem Rassenfanatiker Hans F. K. Günther gab er ab Juli 1936 die »Zeitschrift für arteigene Lebensgestaltung, Weltschau und Frömmigkeit« heraus und formierte aus deren Leserkreis eine »Kameradschaft arteigenen Glaubens«. Mit im Team des Magazins war die einer rheinischen Kaufmanns- und Schiffseignerfamilie entstammende Annie Brügemann. Zwischen ihr und Wilhelm Hauer entwickelte sich allmählich eine enge, auch private Verbindung. Nach der Scheidung von seiner ersten Frau heiratete der Deutschglaubensstratege 1939 seine neue Gefährtin. Im gleichen Jahr publizierte er die Schrift »Ein arischer Christus? Eine Besinnung über deutsches Wesen und Christentum«. Darin zeigte er sich fest überzeugt, dass im Verhältnis von Rasse und Religion der Schlüssel zum ganzheitlichen Verständnis der Menschheitsgeschichte zu finden wäre. Als ehrenamtlicher »Mitarbeiter für weltanschauliche Fragen« im Amt VII des Reichssicherheitshauptamtes wurde er 1938 als Mitglied der SS eingetragen, erhielt dort zunächst den Rang eines Untersturmführers und nach drei Jahren den eines Hauptsturmführers, ohne dass er freilich je tatsächlich eine Einheit geführt hätte. Immerhin war er nun Teil des Machtapparats und wurde gelegentlich zu Dienstleistungen herangezogen wie der Leitung der »religionswissenschaftlichen Abteilung [des] Seminars zur Sichtung und Sicherstellung des beschlagnahmten Materials und der Bücher der [anthroposophischen] Christengemeinschaft und okkulter Gruppen« im Jahr 1941.[40]

Daneben erhielt Hauer 1939/40 an seinem Tübinger Institut einen

Lehrauftrag für »arische Weltanschauung«, beteiligte sich am Bildungsprogramm der NSDAP und arbeitete von 1939 bis 1943 an einem Projekt über »Urkunden und Gestalten der Germanisch-Deutschen Glaubensgeschichte« mit. Den ersten Band des daraus erwachsenen Handbuches veröffentlichte er 1941, gleichzeitig mit seinem Werk »Religion und Rasse«. In diesem behandelte er die »kultische Urverwandtschaft des Indogermanischen« und behauptete, dass sich »die Rassenseelenkunde und die aus ihr erwachsene Erbmasse auch im Seelisch-Geistigen« immer wieder durchsetze. »Raum und Rasse« waren für ihn bestimmende religiöse Faktoren. Das »religiöse Urphänomen« sah er in der »religiösen Erlebniswelt des Menschen je nach seiner unterschiedlichen rassischen Herkunft« begründet. Jesus Christus schied dabei als Identifikationsfigur auf Grund seiner nichtarischen Herkunft aus – auch wenn ihn der »historische Jesus« nach wie vor interessierte. Als grundlegende Richtlinien seines Glauben formulierte Hauer »neun Gebote«: »1. Ehre die Gottheit. 2. Ehre deine Vorfahren und Nachkommen. 3. Ehre die Großen deines Volkes. 4. Ehre Vater und Mutter. 5. Halte dich rein. 6. Sei treu deinem Volk. 7. Stiehl nicht. 8. Sei wahr. 9. Helfe den Edlen.«[41]
Im Herbst 1944 erhielt Hauer einen letzten großen Auftrag durch das Reichssicherheitshauptamt. Er sollte die Leitung der Planung für ein Indien-Institut übernehmen – eine Arbeit, die in die Endphase des Krieges fiel und nur noch ansatzweise ausgeführt werden konnte. Dem absehbaren Niedergang des Dritten Reiches zum Trotz unterstützte Hauer die Hitler'schen Durchhalteparolen und forderte am 2. Februar 1945 seine deutschen Volksgenossen auf, »zu unserem Schicksal« zu stehen. Kurz danach griff er auch selbst zur Waffe, um »die Heimat zu verteidigen«. Am 3. Mai wurde er von französischen Soldaten gefangen genommen und im Juli ins Lager Theley bei Saarbrücken gebracht. Seine Frau Annie kämpfte in der Folgezeit um seine Rehabilitierung und Gertrud Wittel, die von 1928 bis 1945 Hauers Sekretärin war, versuchte ihn durch ein »Gutachten« zu entlasten. Die Bemühungen der beiden Frauen hatten Erfolg – am 19. August 1947 wurde der Deutschglaubensaktivist wieder entlassen.
Die erste Zeit in Freiheit brachte dem mittlerweile 66-Jährigen einige Unbill – Ischiasprobleme, eine Augenverletzung und mehrere Vorladungen bei der Sûreté. Im Entnazifizierungsverfahren gegen ihn kam auch Martin Buber zu Wort, der von Jerusalem aus schrieb: »Hauer ist

ein Mensch, der von einer ernsten und tiefen religiösen Grundanschauung aus lebt. Diese Anschauung hat ihn zu einem leidenschaftlichen Verlangen nach einer Erneuerung des deutschen Volkstums von seinem Wesensgrunde aus geführt. Als die nationalsozialistische Unternehmung vorgab, eben diesem Ziele zu dienen, ist Hauer [...] der Illusion erlegen, dass hier die geschichtliche Erfüllung seiner Ideen bevorstehe.«[42] Per Bescheid vom 27. Juni 1949 wurde er von der Tübinger Universitätsspruchkammer als »Mitläufer« eingestuft und zwangsweise in Pension geschickt.

Aus dem offiziellen Wissenschaftsbetrieb abgezogen, gründete Hauer im September 1950 die »Arbeitsgemeinschaft für freie Religionsforschung und Philosophie«, in der Wissenschaftler unterschiedlichster Prägung Platz finden sollten, um »Dienst zu tun im Ringen der Zeit«. Es war in gewisser Weise die Fortsetzung seiner Vorkriegsarbeit in gewandelter Form. Wilhelm Hauer übernahm die Leitung der Gemeinschaft mit Friedrich Berger als Stellvertreter, gab »Rundbriefe« heraus und arbeitete an den Fortsetzungsbänden seines 1923 begonnenen Sammelwerks über »Die Religionen«. In einem Vortrag aus dem Jahr 1952 forderte er Toleranz für sich und seine Gesinnungsgenossen. Aber »nicht nur Toleranz im liberalen Sinne, sondern das Sichergreifenlassen von dem Ernst eines um sein Schicksal ringenden Menschen und von der Gegenwart des Urschöpferischen in diesem Ringen.«[43]

Als direkte Nachfolgeorganisation der Deutschen Glaubensbewegung entstand 1950 unter der Federführung Alfred Conns die Deutschgläubige Gemeinschaft (DGG). Mit dieser weltanschaulich verbunden war die im gleichen Jahr gegründete Deutsche Unitarier Religionsgemeinschaft (DUR). Die an Hauer orientierten inhaltlichen Richtlinien dieser deutsch-völkisch-christlichen Gruppierung wurden durch ehemalige Nationalsozialisten aus dem Umfeld der Rheinhessischen Freiprotestanten formuliert. Von ihrer Zentrale in Hamburg aus schufen die Unitarier im Laufe der Zeit eine Reihe untergeordneter oder nahe stehender Vereine wie den Dachverband freier Weltanschauungsgemeinschaften.[44]

Hauer selbst, der Stammvater des neu erblühenden Deutschglaubens, verfiel unterdessen zunehmend in Resignation. In seinem 1953 verfassten Artikel »Der Glaube eines Heutigen« sinnierte er: »Wir werden nie ergründen, warum Welt und Geschichte tragisch gebaut sind.«[45] 1954 hielt der am Schicksal seines Volkes Leidende bei der »Tagung des deutschen Zweiges der Internationalen Vereinigung für das Studium

der Religionsgeschichte an der Universität Mainz« einen Vortrag mit dem umständlichen Titel »Der Symbolcharakter der religiösen Erlebnisse und Gestaltungen und ihr Verhältnis zu Wirklichkeit und Wahrheit der Religion«. Vom Inhaltlichen her schloss Hauer dabei nahtlos an seine NS-Ideen an, wusste sich jedoch durchaus geschickt einer modernen Terminologie zu bedienen.
Im April 1956 gründete der betagte Deutschtumsideologe die »Freie Akademie«. Als deren Leiter gestaltete er die Rundbriefe der Arbeitsgemeinschaft zum Akademie-Magazin »Wirklichkeit und Wahrheit« um. Mit seinem 1958 veröffentlichten Werk »Der Yoga. Ein indischer Weg zum Selbst« fand der Geächtete international wieder ein wenig Gehör. Vor allem esoterische Kreise begannen sich in den folgenden Jahren für Hauer zu interessieren. Und 1960 durfte er einen Vortrag auf dem »Internationalen Kongress für Religionsgeschichte« in Marburg halten – zum Thema »Ursprung und Anfänge der Religion in der Sicht ganzheitlich gerichteter Religionsforschung«. Um dieselbe Zeit publizierte er »Wesen, Wurzeln und Reichweite echter religiöser Toleranz«, »Toleranz und Intoleranz in den nichtchristlichen Religionen« sowie »Verfall oder Neugeburt der Religion? Ein Symposium über Menschsein, Glauben und Unglauben«.
Anfang 1961 wurde der Deutschglaubensgründer schwer krank und musste operiert werden. Im April hielt er seinen letzten Vortrag, kurz darauf lieferte man ihn erneut in die Klinik ein. Trotz sofortigem chirurgischem Eingriff war keine Gesundung mehr zu erwarten. Hauer entschied sich dafür, die verbleibende Lebenszeit in seiner Tübinger Wohnung zu verbringen. Dort starb er am 18. Februar 1962 und wurde vier Tage später in Ditzingen beigesetzt.
Sein ideologisches Erbe wird heute von mehreren, zum Teil miteinander in Konkurrenz stehenden Vereinigungen gepflegt. Neben der DGG und der DUR trat und tritt dabei vor allem der 1991 von letzterer abgespaltene Bund Deutscher Unitarier (BDU) in Erscheinung. Die 1913 geborene Diplomatengattin und Publizistin Sigrid Hunke, bis zu ihrem Tod im Jahr 1999 eine der umtriebigsten unitarischen Aktivistinnen, hat Hauer'sche Ansätze in besonderer Weise weiterentwickelt und für die Neue Rechte aufbereitet. Sie wollte damit – wie andere Hauer-Epigonen auch – einen Beitrag leisten, jenes »Herdfeuer zu hüten, das in den Geistigen Gründen des Volkes glüht«.[46]

Louis Haeusser

Der Übermensch kommt herab

Unter den vielen Propheten, Aposteln, Erlösern und Welterrettern, die sich nach dem Ersten Weltkrieg um die verlorenen Seelen der Deutschen bemühten, war Louis Haeusser wenn nicht schon der zugkräftigste, so zumindest der lauteste. Sein marktschreierisch vorgetragenes »Ich bin« ließ und lässt bis heute viele Fragen offen. War er ein Fall für die Psychiatrie? Ein verkannter Heiliger? Ein Sexprotz? Ein Menschenbefreier? Ein Vorläufer Hitlers? In einer Selbstdarstellung aus dem Jahr 1919 schrieb er: »Ich bin die Wahrheit und die Tat und der Weg, das Leben und die Auferstehung und die neue Zeit [...] Ich bin die Ruhe und die Liebe und der Friede. Ich bin aber auch das Schwert und der Mörder eures falschen Glaubens und der Totschläger eurer Götter. Ich bin der Uebermensch und der Blitz am hellen Mittag.«[1]
Eingeschlagen hat selbiger im württembergischen Bönnigheim auf halbem Weg zwischen Heilbronn und Pforzheim am 6. November 1881. An jenem Tag erhielt der Weinbauer Adam Friedrich Haeusser einen männlichen und damit automatisch »zur Viehhaltung und Feldarbeit bestimmten« Nachwuchs. Der auf den Namen Christian Ludwig getaufte Junge hielt sich jedoch von klein auf so gar nicht an die väterlichen Vorgaben, sondern suchte stets eigene Wege und las am liebsten

Bücher. Dies wiederum forderte mit altersmäßig zunehmender Häufigkeit den Jähzorn des nicht sonderlich umgänglichen Familienpatriarchen heraus. Nächtelang wurde das Kind laut Ulrich Linse »in die Dunkelkammer des Schweinestalls eingesperrt, und es kam ihm das Gefühl, dass der Vater für die Schweine mehr Zuneigung übrig hatte« als für ihn. Auch die ganz der lutherisch-pietistischen Tradition verhaftete, ihrem Mann gegenüber unterwürfige Mutter konnte und wollte ihm da nicht helfen. So wurde der kleine Christian Ludwig – psychologisch wenig verwunderlich – »Bettnässer und Nägelkauer«.[2]

Die örtliche Volksschule besuchte der Junge trotz der väterlichen Vorbehalte. Der uneinsichtige Patriarch hatte nämlich, wie Louis später schrieb, »den blinden Wahn, mir durch viehische Behandlung und so brutales Schlagen, dass ich oft wochenlang die Schule nicht besuchen konnte, die Freude am Lernen, Denken, Schule, ›Sinnieren‹, wie er's nannte, zu vertreiben. ›Schulnarr‹ und ›Student‹ waren ihm die geläufigsten Schimpfnamen, mit denen er mich blutig schlug, weil ich für Schule und Studieren mehr übrig hatte als für Vieh und Feld.«[3] Im ständigen Kampf gegen den Vater entwickelte Christian Ludwig innerlich allerdings auch »eine außergewöhnliche Willenskraft« – die ihm später noch von einigem Nutzen sein sollte.

1894, im Alter von 13 Jahren, kam der Junge nach Stuttgart und wurde dort in einer Trikotagenfabrik als Lehrling aufgenommen. Am Tag seiner Konfirmation, dem 31. März 1895, eröffnete ihm sein Vater, dass er ihn nun doch – allen vorhergehenden Widerständen zum Trotz – »auf dringendes Anraten meines Lehrers Koppenhöfer« studieren lassen wollte.[4] Christian Ludwig war hoch erfreut und gedachte das Angebot zu gegebener Zeit auch anzunehmen. Fürs Erste aber lernte er in Privatkursen Französisch und Englisch und trat im Herbst 1897 in die Stuttgarter Handelsschule ein. Gehandikapt durch schwere Bronchitisanfälle und eine Herzerkrankung blieb er dem Unterricht zumeist jedoch fern.

1898 schmiss der kränkelnde junge Mann endgültig die Schule und nahm statt des geplanten Studiums eine Stelle als Verkäufer in Ostheim bei Stuttgart an. Schon nach einem Jahr kündigte er wieder und begab sich, einmal mehr mit dem Unsegen des Vaters versehen, nach London. Durch einen dreimonatigen Handelskursus auf das Leben an der Themse bestens vorbereitet, arbeitete er fast ein Jahr lang in einer elektrischen Hohlschleiferei. Von dieser ermüdenden und wenig einträg-

lichen Tätigkeit flüchtete er sich in Visionen von einer »herrlichen Führung«, die ihn »zu Höherem berufen« hätte. Von London enttäuscht, reiste Louis, wie er sich nunmehr nannte, im Jahr 1900 zur Weltausstellung nach Paris und richtete sich, nachdem ihn ein Vormundschaftsbescheid für volljährig erklärt hatte, in der Seine-Metropole als Kaufmann ein. Schon nach zwei Jahren besaß er »ein eigenes gut gehendes Kommissionsgeschäft mit einem Angestellten«.[5]
Haeusser hatte gelernt, sich durchzusetzen und ohne Rücksicht auf Gepflogenheiten wirtschaftlicher Sauberkeit Profit zu machen. Seine Geschäfte waren bisweilen etwas zwielichtig. Über die im Oktober 1904 in Paris gegründete Kommanditgesellschaft »Louis Haeusser & Cie« hielt er wilde, das heißt offiziell nicht genehmigte Ausstellungen ab, verkaufte vorgebliche Qualitätsdiplome – und geriet damit ins Visier der staatlichen Behörden. Allen gerichtlichen Auflagen zum Trotz machte er mit seinen Schwindelunternehmungen weiter und häufte damit immerhin einigen Reichtum an. Um sich in den einem honorigen Geschäftsmann entsprechenden sozialen Stand zu versetzen, ehelichte der Winzersohn im Jahr darauf die schöne und begüterte Gabrielle Marguerite Grange, die seinen Behauptungen zufolge aus franko-belgischem Königshaus stammte. In Wirklichkeit war sie die Tochter eines reichen Kaufmanns aus Bordeaux. Mit dem von ihr in die Ehe mitgebrachten Vermögen konnten sich die beiden eine elegante Wohnung in Paris und teure Sommerurlaube in Trouville oder Interlaken leisten. Dort erholte sich der erfolgreiche Unternehmer von seinen Krankheiten – Rheuma, Gicht, Gelenksergüssen, Geschwüren und Mandelentzündungen – und knüpfte Kontakte.
Als am 5. Juli 1909 das einzige Kind der beiden, Louis Gabriel Robert Haeusser, zur Welt kam, befand sich Louis senior erstmals in gröberen finanziellen Nöten. Mit seinem undurchsichtigen Diplomhandel war er nämlich im Gefolge polizeilicher Nachforschungen wirtschaftlich ins Trudeln geraten. Um dem drohenden Konkurs zu entrinnen, schuf er praktisch aus dem Nichts das Firmenkonvolut »Sekt AG Louis Häußer und Cie., Paris-Epernay, The French Monopol Champagne Co. ›La Champenoise‹, und Société Anonyme Suisse, Luzern«. Haeusser trug groß auf, ließ sich in Paris als erfolgreicher Geschäftsmann feiern und gründete eine Filiale in Luzern in der Schweiz. Während er über seine »Société« schlechten Sekt bis in den Orient verscherbelte, kassierte er Einläufe für nie ausgegebene Firmenaktien. So konnte er es sich leis-

ten, auf großem Fuß zu leben und weiter zu expandieren. Zu diesem Zweck verhandelte Haeusser mit privaten Wirtschaftstreibenden ebenso wie mit regierungsamtlichen Kreisen in Mittel- und Osteuropa. In diesem Zusammenhang soll er unter anderem als »Chargé officiel du gouvernemental Impérial Ottoman« mit der rumänischen Regierung in Kontakt getreten sein.[6]

1912 hatte Haeusser, wie er später behauptete, in einem Hotel in Frankfurt am Main eine Vision, die ihn dazu bestimmte, fortan für das »Wohl des Menschen« zu wirken. Dieses »Wohl« war freilich zunächst einmal sein eigenes. In Luzern, wo er sich gerade samt Anhang niedergelassen hatte, widmete sich Haeusser nicht nur seiner Sektgeschäftsfiliale, sondern richtete nebenher eine Zentrale für französische Rennwetten im gesamten deutschen Sprachraum ein. Dieses Unternehmen versteckte er hinter einer fiktiven »Sportunion Luzern« – und nahm auf diese Weise Gelder in gewaltiger Höhe ein. Den für Wirtschaftskriminalität zuständigen deutschen Stellen erschien die Sache verdächtig und nach eingehenden Nachforschungen erließen sie im Juni 1914 einen Haftbefehl gegen Haeusser »wegen gewerbsmäßigen Betriebs von Wettgeschäften«. Der umtriebige Unternehmer schaffte es jedoch, sich die Rückendeckung der Schweizer Behörden zu sichern, entkam solcherart der deutschen Gerichtsbarkeit und konnte seinen großspurigen Lebenswandel weiterführen.

Unterdessen entdeckte der umtriebige Unternehmer aber auch ganz andere Seiten an sich, die zwar bisher noch nicht ganz ausgereift, aber im Endeffekt genauso einträglich sein konnten. Haeusser wurde zum spirituellen Sucher, trat mit christlichen Jungmännervereinen in London, Ostheim und Stuttgart in Korrespondenz und erklärte ihnen, dass er eine religiöse wie politische Mission auf Erden zu erfüllen hätte. Spätestens zu diesem Zeitpunkt wurde Louis für sein bis dahin alle Irrungen und Wirrungen getreu ertragendes Eheweib zum »arbeitsscheuen Spinner« und von daher als Gemahl untragbar. Während ihr verstoßener Mann in die Welt hinauszog, um die Menschheit zu erlösen, blieb Gabrielle mit dem gemeinsamen Sohn in Luzern.

Im Verlauf des Ersten Weltkrieges schwand Haeussers Vermögen immer mehr dahin. Als »spirituell Erleuchteten« machte ihm das freilich nur bedingt zu schaffen. »Der Krieg«, schrieb er in einem Brief vom 1. November 1914, »ist eine höhere Bestimmung, er hat den Zweck, die höheren Urteile zu erfüllen, den Übermut zu dämpfen, die gar zu Kühnen, Hohen, Hochmütigen wieder zur Einfachheit, zum Nachdenken, zum Überlegen zurückzuführen.«[7] Er selbst erhielt allerdings keine Gelegenheit, dem Kampfesleben zu frönen – 1915 wurde er in Anbetracht seiner körperlichen Gebrechen für wehruntauglich erklärt. So trat er, enttäuscht von den ignoranten Militärbehörden, mit antideutschen Kriegsgegnern in der Schweiz in Verbindung und stieß über diese im August 1917 auf die Kommunarden vom Monte Verità bei Ascona im Tessin.[8] Immer wieder zog sich Haeusser in der Folgezeit dorthin zurück, schrieb wie verrückt und schloss mit seinem Unternehmerleben ab.

Im Sommer 1918 lernte der Aussteiger in München einen Friedensapostel kennen, der für einige Furore in der Szene sorgte: Gustav alias »Gusto« Gräser. Der damals knapp 40-jährige, langbärtige, stets barfuß reisende Prediger und Interpret der chinesischen Tao-Lehre beeindruckte ihn tief. Durch seine Ideale angeregt, trennte sich Haeusser nicht nur von seinen Firmengeflechten, sondern auch von allen bisherigen Freunden. Die Mahlzeiten konsumierte er fortan nicht mehr in Gourmet-Restaurants, sondern in Volksküchen und statt Wetteinsätzen verkündete er so genannte »Lebensreden«. Seinem Versuch, solcherart ein »großer Mensch« zu werden, war jedoch kein Erfolg beschieden und Haeusser verzweifelte zum ersten Mal in seinem Leben. Erst ein 40-tägiger Aufenthalt auf dem Monte Verità und Gusto Gräsers Tao-Inspirationen halfen ihm wieder auf die prophetischen Beine.

An Leib und Geist genesen, bezeichnete er sich in zwei am 12./13. Januar 1919 gehaltenen Vorträgen als die »unbefleckte Empfängnis« und eine »nur vom unfassbaren geistigen ›Tao‹ angehauchte, erglühte, befruchtete Seele«. Die meisten seiner Zuhörer empfanden ihn jedoch eher als abgeschmackten Protzredner und sonderbares »Gemisch von Titan, Prophet, Idealist, Kind und Komödiant«.[9] Haeusser ließ sich durch derartige Zweifel an seiner Sendung jedoch nicht beirren. In ständiger Redepraxis lernte er mit sprachlichem Bilderreichtum die Menschen zu fesseln. Derart fundiert machte er sich als Wanderprediger auf den Weg nach Deutschland. Ehe er aufbrach, kam es zum Bruch mit Gusto Gräser, an dessen Frau Elisabeth er sich herangemacht hatte. Von der Intriganz des Exunternehmers abgestoßen, setzte der »Friedensapostel« in der Folgezeit alles daran, der Welt die Monstrosität dieses selbst ernannten »Propheten« vor Augen zu führen.

Der eigenem Befinden zufolge von »titanischem Geist erleuchtete« Haeusser verstand es dennoch, die Leute für sich einzunehmen. Durch gezieltes Lob und ebenso gezielte Beschimpfungen griff er das moralische Unbehagen der Zeit auf und hielt zugleich das Publikum mit Derbheiten auf Trab. Etwa wenn er verkündete: »Ich bin der Vollendete und ihr seid Esel, Affen, Säue!« Mit seinen Ausfälligkeiten verschonte er auch die Behörden nicht und zeigte exekutierenden Beamten mitunter auch mal sein Geschlechtsteil. Als er im November 1919 kurz nach seiner Ausweisung aus der Schweiz in Stuttgart auf offener Straße verhaftet wurde, rief er den Umstehenden zu: »Ich bin die Wahrheit und neben mir läuft die Lüge!«[10] Ein andermal nannte er behördliche Vertreter »modernde Aashaufen« oder »verkörperte Sauställe«. Die beamteten Hüter der Moral ließen sich nur zu gerne provozieren und überzogen den Spötter mit Hausdurchsuchungen und einer Flut von Prozessen. Die bayerische Polizei nahm ihn im Frühjahr 1920 sogar kurzzeitig in »Schutzhaft« und schob ihn am 14. Mai nach Württemberg ab. Auch dort fand Haeusser keine Ruhe und floh nach Berlin, wo ihm die neuerliche polizeiliche Überwachung so arg zusetzte, dass er gegen Ende des Jahres nach Hamburg übersiedelte, dessen anarcho-religiöse Untergrundszene ihm für einige Zeit eine Art heimatlichen Boden bot.

All diesen Widrigkeiten zum Trotz fand der Apostel eine wachsende Anhängerschar. Ihre materiellen Güter von sich gebend, waren diese Jünger und Jüngerinnen überzeugt, in und durch Haeusser den von diesem heraufbeschworenen »Wahrheitsmenschen« gefunden zu haben. Die Behörden beschuldigten den langbärtigen Propheten unterdessen, durch sein gefährliches, die Gesellschaft zersetzendes Verhalten die staatliche Ordnung zu gefährden. Im Sommer 1920 wiesen sie ihn in die Psychiatrische Klinik von Tübingen ein, wo man ihn eingehend untersuchte. Da sich jedoch kein sichtbarer psychischer oder körperlicher Mangel erkennen ließ, wurde er bald wieder freigelassen.

Der verkannte Prophet tingelte nun weiter durchs Land, holte sich seine Mahlzeiten bei öffentlichen Essensvergabestellen und schlief, wenn er keine andere Bleibe fand, im Freien. Sein eindrucksvolles Äußeres bewirkte, dass ihm, dem »Urreinen, Vollendeten«, wie er sich nannte, überall, wo er hinkam, die Menschen zuströmten. Selbst bei wärmsten Temperaturen mit einem Pelzmantel bekleidet, predigte und verkündete Haeusser den Menschen »das Heil« in seiner Person. Und er sprach

auf seinen Rundgängen nicht nur Leute auf der Straße an, sondern klopfte auch an Haustore und forderte von den verdutzten Bewohnern: »Macht auf! Euer Heiland ist vor der Tür.« Diese eigenwillige Kontaktaufnahme führte in den meisten Fällen zu Vorkommnissen, die laut Ludwig C. Wang nicht gerade »biblisches Niveau« besaßen.[11]
Der »Bund«, wie sich die Anhängerschaft dieses sonderbaren »Heiligen« nannte, wuchs allmählich zu einer beachtlichen Schar heran. Zum engeren Mitarbeiterkreis des »Meisters« stieß damals der um ein paar Jahre jüngere, eben in einer Liebesbeziehung gescheiterte Hilfsarbeiter Emil Leibold. Unter dem Einfluss Haeussers startete dieser ehemalige Matrosen-Revolutionär eine eigene prophetische Laufbahn als »Heiland von Horeb«.[12] Dem Kreis der Bewunderer Haeussers gehörten aber auch politisch ganz anders geartete Persönlichkeiten an wie etwa der junge Friedensaktivist und »Mann der Gandhi-Tat« Willy Ackermann, der über den »Propheten« schrieb: »Das hat mir imponiert, dass da endlich mal ein Kerl da ist, der nicht nur schwätzt, sondern etwas tut [...] Lou hat sich gegen sich selbst aufgelehnt, hat sich kasteit, hat sich das Leben nicht leicht gemacht, aber er hat aus einer strahlenden Freude heraus das Schwere auf sich genommen [...] Wir müssen den anderen dankbar sein, dass sie uns quälen – aber sie stürzen in den Abgrund, und wir werden dabei stark.«[13]
Haeussers Auftreten verursachte inner- wie außerhalb seiner Jüngerschar immer wieder gröbere Zwistigkeiten. Grund dafür war nicht zuletzt sein ständiges sexuelles Verlangen, das ihn nach der amtlich bescheinigten Trennung von seiner Erstfrau in besonderer Weise antrieb. Überall, wo er hinkam, machte er »Jagd auf willfährige Frauen, die er mit seinen ›Bordellpraktiken‹ beglücken« wollte. Leibold zufolge besaß er einen »Okkult-Groß-Weiber-Harem im ganzen Reich«. Und so manche Anhängerin scheint davon geträumt zu haben, mit dem »Meister« den »Erlöser zu zeugen« und solcherart »Gottesmutter« zu werden. Die aus Lieberose bei Cottbus stammende Selma Jäger zum Beispiel, eine »Rosenkreuzerin, Seherin und Verfasserin des Werkes ›Freie Liebe der Heiligen‹«, verglühte beinah in dieser Sehnsucht, wurde von Haeusser aber immer nur als »Mistsau«, »Hure« oder »alte Schrulle« beschimpft. Erst nach grausigen inneren Kämpfen und Strömen von »Krokodilstränen« fand sie sich damit ab, dass »der Welterlöser nicht aus ihrem Schoße kam«.[14]
Ein ähnliches Schicksal erlitten auch andere Frauen, denen vom

»Meister« im Rahmen seines »Mysterien-Okkult-Übersinnes-Kultes« die »Erlösung im Fleische« angeboten wurde und die er nach Verkündung seiner Botschaft »wie ein junger Hammel« bestieg. Anfangs als Engel und »Göttinnen der Reinheit« verehrt, wurden diese Frauen für Haeusser, sobald er sie satt hatte, zu »Menschen-Sauen«, denen er die sexuelle Lust mit der Reitpeitsche austrieb. Zweifellos hat in seiner Sicht der Weiblichkeit als okkultes Objekt der Begierde der englische »Sexualmagier« Aleister Crowley, mit dessen Ideen der Rabiatprophet vertraut war, Pate gestanden. Als 1921 nach Bekanntwerden der Exzesse Haeussers ein Sturm öffentlicher Entrüstung losbrach, entgegnete der Bedrängte, ohne auch nur einen Anflug von Reue zu zeigen: »Das ist meine heiligste Handlung gewesen. Ich bin der Reine. Ich kann keine unreine Handlung mehr begehen. Ich bin das Meer. Ich nehme all euren Schmutz in mich auf!«[15]

Jenseits der Sexprotzereien des selbst ernannten »Zuchtstiers« Deutschlands spielten zwei Frauen entscheidende Rollen im Leben Haeussers: Adele Juels und Olga Lorenzen. Erstere war von 1920 an abwechselnd Jüngerin, »Sekretärin«, Geliebte, Verlobte und Gefängnisgefährtin des »Meisters«, Letztere, seine spätere Ehefrau und Mutter der am 28. August 1921 geborenen Tochter Kristine, bildete eine Art Vorstand von Haeussers »Groß-Okkult-Weiber-Harem«. Beide Frauen traten »in der Öffentlichkeit mit Männerhaarschnitt, Hosen, Krawatte und Zigarre rauchend« auf und beide waren sie dem ewigen Lustmolch Louis offenbar sexuell hörig.[16]

Um die über ganz Deutschland verstreute Anhängerschar mit seinen neuesten Ideen zu beglücken, gründete der »Meister« 1922 eine eigene Zeitschrift mit dem simplen Namen »Haeusser«. Die darin – früher auf Flugzetteln – verbreiteten »Geisteseingaben« waren zunächst noch hauptsächlich von fleischlicher Wollust getragen, mit der Zeit aber nahm die Sache deutlich politischere Züge an. Die Zeitschrift »Haeusser« hieß es, »tritt mit eiserner Faust, mit unerbittlicher Konsequenz für ein gewaltiges, starkes ›Herrschendes Deutsches Macht-Volk‹ ein und tritt mit Füßen alle Pessimisten, speit an alle Miesmacher, spottet aller faulen feigen Friedensfaselei – fordert mit Donner und Blitz einen Frieden des höchsten deutschen Kraftbewusstseins und kühne, gehobenen Hauptes gehende, gerade Männer, die keine Feigheit kennen, sondern das sind, was unser Volk braucht: Furchtlos und Treu!!!«[17]

Trotz seiner Frauen- und Alkoholexzesse gab sich Hauesser unbeirrt als »Retter Deutschlands« aus: »Ich will unser Volk vom Schmutz seiner Flauheit, Feigheit, Faulheit, Lauheit reinigen.« Ich will »ein Großes und ein Starkes und Gewaltiges – ein Sauberes – Stolzes – Kühnes – Frohes – Freies – Volk – ein Volk aller Völker, ein Volk, – Herr – über Völker. Und Ich – Ich will diesem Volke Führer sein!« Als ebendieser Führer erließ »Louis L'Eternel«, »Louis der Ewige«, wie er sich nannte, am 2. Dezember 1922 eine »kaiserliche Proklamation«, in der er unter anderem forderte: »Allgemeine Amnestie für alle Vergehen und Verbrechen ohne Ausnahme [...] Jeder Zwang hat aufgehört [...] Es wird eine allgemeine Besitzlosigkeit angeordnet, dergestalt, dass jeder aus freiem Willen dem gibt, der ihn bittet. Grundsatz: Jeder echte deutsche Mann soll Freund und Bruder heißen. Wer gegen diesen Hauptgrundsatz sich auflehnt, wird als unheilbarer Sünder dem Schafott anvertraut.«[18]

Verbunden mit derartigen Verkündigungen durchzogen Scharfrichter- und Blut-Fantasien seine damals entstandenen Schriften. »Blut! Blut! Blut! Blut!«, hieß es da etwa. »Nichts als Blut! Nochmals Blut! Wieder Blut! Kaltes Blut! Fließendes Blut! Heißes Blut! Blut! – Ein ganz besonderer Saft! Blut ist ein Allerwelts-Heilmittel. Blut ist gesund. Blut ist ein Zeichen [...] Am deutschen Blut und Besen wird bald die starre Welt genesen. Ich bin der rechte Blut-Wind! – Blut-Hund! – Blut-Sturm! [...] Blut soll fließen, Blut muss fließen, Blut wird fließen! [...] Denn wir haben bald Metzelsuppe! Ein Schlachtfest, bei dem Schweine in Menschengestalt zu Millionen abgeschlachtet werden, steht vor uns! [...] Die Saat ist überreif! [...] Tage nur trennen uns noch vom Jüngsten Tag. Das Jüngste Gericht – das Reich Gottes – die Herrschaft des Geistes – die Diktatur der Wahrheit – ist nahe herbeigekommen!«[19]

Haeusser träumte von einem deutschen Herrenvolk, das allen anderen Völkern überlegen und daher zur Herrschaft über die Welt bestimmt wäre. »An unserem Kerndeutschen Wesen sollen alle Völker genesen!« war einer der Leitsprüche des Propheten. »Mein Wille will, dass ein ganzes Volk Meiner großen, starken, gewaltigen Art entstehe, ein Volk von Geistes-Monarchen, ein Volk von Fürsten und Fürstinnen, an deren gesunder Art die Menschheit gesunden kann! Das ist Mein Wille, Mein Glaube, Meine Hoffnung! Dafür habe ich [...] gekämpft und gelitten.«[20] Und er kämpfte und litt und bemühte sich um öffentliche Anerkennung. Schließlich war es sein Ziel, den ganzen Staat umzuformen.

Ende Juni 1922 bot sich Haeusser, der selbst ernannte »Oberste Kriegsherr im Kampf für eine treue, vom gesamten Volkswillen getragene Regierung« und »Präsident der Vereinigten Staaten von Europa«, der Regierung Wilhelm Cunos als Reichsaußenminister an Stelle des ermordeten Walther Rathenau an. Die Behörden zogen es vor, erst gar nicht zu reagieren, und forderten damit den Zorn des »Herrenmenschen« heraus. Enttäuscht von den im Parlament vertretenen Gruppierungen rief Haeusser am 18. November 1922 die Christlich-Radikale Volkspartei ins Leben. Als deren Leitspruch verkündete er: »Die Dämon-Kratie ist unser Untergang.« Kurz darauf ernannte er sich, wieder einmal im Gefängnis einsitzend, zum »Volkskaiser« mit dem Namen »Louis le Christ, roi d'Allemagne et Empereur du Monde«. Von demokratischen Ideen angewidert forderte er die Rückkehr zur Monarchie. »Der monarchische Gedanke ist der Führergedanke! Das Beste soll herrschen – das Beste will herrschen – und wo die Parole anders lautet, da fehlt es am Besten.« Umgesetzt werden sollte sein Reich durch einen »geistigen Adel«, denn: »Nur diese Geistes-Aristokratie ist fähig dauernd kulturfördernd in das Leben der Volks- und Menschheitsbeglückenden Völkergenossen einzugreifen und zu wirken.«[21]

Abseits des Geistes-Adels bemühte sich Haeusser auch um den Adel von Geburt. Ende 1922 stießen Rittmeister a. D. Graf Adolf August Moritz von Bothmer und dessen Schwägerin Hedwig Irma Eva von Pohl zu seiner Bewegung. »Dolf« und »Hetty« wirkten kurzzeitig als Propagandaträger und der »Geistes-Monarch« Haeusser bemühte sich, seinen neuen Freunden innerlich wie äußerlich entgegenzukommen. Er gab sich gemäßigter, kleidete sich eleganter und zeigte sich in der Öffentlichkeit mit einer Fülle adelsgemäßer Requisiten. Zu diesen gehörte unter anderem eine herzögliche Peitsche, deren Gebrauch er seiner Langzeitgefährtin Olga Lorenzen für den Fall eventueller Eifersuchtsszenen androhte. Als sich ihr Herr und Meister mit »Gräfin Hetty« verlobte, soll es einigen Anlass zum Einsatz der Peitsche gegeben haben. Die Familie der Gräfin wiederum untergrub diese Verbindung, indem sie die Verlobungswillige vorsichtshalber – gleichsam zu ihrer eigenen Sicherheit – in einer psychiatrischen Anstalt unterbringen ließ.

Für Haeusser war der Abgang der angehenden »Kaiserin« ein schwerer Schlag, und als sich auch noch Graf Bothmer nach einem Streit von ihm abwandte, bedeutete dies das Ende seiner aristokratischen Ambitionen. In dieser wenig hoffnungsvollen Lage trat dann auch noch »der

Saustaat« in Aktion und veranstaltete ausgerechnet in Oldenburg, einer Hochburg der Haeusser-Bewegung, 1923 mehrere Prozesse gegen den »Propheten«. In deren Rahmen wurden zehn Haeusserianer wegen Hausfriedensbruchs und Verstoßes gegen das Gesetz zum Schutz der Republik zu je zwei bis drei Monaten Haft verurteilt. Olga Lorenzen und Adele Juels mussten für fünf bzw. sechs, Ludwig Mau für 14 Monate hinter Gitter. Haeusser selbst erhielt wegen Aufrufs zur Gewalttätigkeit und Verhöhnung der Staatsgewalt neben einer hohen Geldbuße eine Strafe von einem Jahr und neun Monaten Gefängnis. Dieses harte Urteil musste der unliebsame Wanderprediger in der Anstalt von Vechta absitzen. Gesundheitlich geschwächt und von den meisten seiner Anhänger verlassen, wollte Haeusser in der ersten Verzweiflung seine Prophetenrolle aufgeben und wieder Geschäftsmann werden. Um eventuell früher aus der Haft entlassen zu werden, gab er sich den Gefängniswärtern gegenüber geläutert, doch zeigten die Behörden keine Gnade.

Im Oktober 1923 wurde Haeusser »wegen akuter Herzschwäche, Lähmungserscheinungen und Gelenkerkrankungen« ins Gefängnislazarett eingeliefert. Um freizukommen schloss er eine Notehe mit seiner Langzeitgeliebten Olga Lorenzen – und zeugte mit ihr ein Kind. Die Tochter Louisegott Emmanuella Dieudonnée Christophorosa kam im August 1924 zur Welt, starb aber schon im Februar des folgenden Jahres, ohne dass der Vater sie je zu Gesicht bekommen hatte. Bei der Weihnachtsamnestie 1924 waren zwar Adolf Hitler und der Anarchist Erich Mühsam freigekommen, nicht aber Louis Haeusser.[22]

Der hatte unterdessen auch andere Niederlagen einzustecken. Ende des Jahres 1924 wurde seine politische Gruppierung, deren Kern zu diesem Zeitpunkt aus etwa 200 Aktivisten und Aktivistinnen bestand, wieder aufgelöst. Die kurzzeitige Unterstützung durch den Bund der Nationalkommunisten hatte Haeusser noch in eine Jubelstimmung versetzt, konnte aber nicht verhindern, dass seine Partei bei den Frühjahrswahlen 1924 bloß 25.000 Stimmen erhielt. Am 12. Dezember gleichen Jahres sank die Wählerzahl noch weiter auf etwa 10.000. Der gescheiterte »Volkskaiser« zweifelte seine »Sendung« dennoch in keinster Weise an und unterzeichnete einen Brief vom 15. Februar 1925 als »Louis Kristian Haeusser. Der Zerschmettert Unbesiegbare«.

Im Juli 1925 wurde Haeusser freigelassen, ab September befand er sich wieder auf Tour. In der Zwischenzeit waren eine Reihe weiterer »Infla-

tionsheiliger« in Erscheinung getreten, allen voran Friedrich »Muck« Lamberty, der »Messias von Thüringen«.[23] Am 14. Juli 1891 in Straßburg geboren, war er mit 13 Jahren von zu Hause ausgerissen, hatte sich 1909 dem »Wandervogel« angeschlossen und völkisch-jugendbewegt Pläne zur Gründung ländlicher Kommunen gefasst. Als freiwilliger Weltkriegssoldat war er der Matrosenartillerie zugeteilt und anschließend von der Deutschen Vaterlandspartei angeworben worden. Im Januar 1919 gründete er die »Deutsche Volksgemeinschaft« und begann den Menschen die nahe Erlösung samt der »Geburt des Heilen-Heilandes« zu verkünden. Im folgenden Jahr zog er mit seiner »Neuen Schar« an der Seite des Zeichners Fidus alias Hugo Höppener und der jugendbewegten Dichterin Gertrud Prellwitz durch Deutschland. Auf der Leuchtenburg bei Kahla in Thüringen entstand eine »Werksgemeinde«, die infolge von Skandalen und Vorwürfen »religiöser Schwarmgeisterei« nach ein paar Jahren wieder aufgelöst wurde. Muck, vermutlich 1923 mit Haeusser bekannt geworden, wandelte sich daraufhin zum bekennenden Deutschgläubigen und verfasste Ende der 1920er-Jahre einen offenen Brief mit dem Titel »NSDAP und Jugendbewegung. Ein Versuch der klaren Verständigung«. Mucks Anbiederung an den Nationalsozialismus entsprach dem Verhalten der meisten Esoteriker und Verkünder alternativer Lebensweisen zu jener Zeit – auch dem von Louis Haeusser.
Als »deutschvölkischer Kommunist« nahm er über seinen 1924 entstandenen Haeusser-Bund Kontakt zu rechten Splittergruppen wie dem Jungdeutschen Orden unter Arthur Mahraun, dem Stahlhelm-Bund der Frontsoldaten, dem Euckenbund und der von F. C. Holtz geleiteten Deutsch-Völkischen Freiheitspartei auf. Seine antirepublikanische Hetze fand jedoch angesichts der sich bessernden wirtschaftlichen Verhältnisse immer weniger Anklang und so gab Haeusser nach einer neuerlichen katastrophalen Wahlniederlage im Jahr 1925 seine Pläne, die Macht im Staat auf demokratischem Wege zu erringen, auf. Am 6. August distanzierte er sich öffentlich von seiner Tätigkeit als »Bußprediger und Wahrheitsapostel« und verkündete, wieder ins Geschäftsleben zurückkehren zu wollen.[24] Tags darauf wurde der Haeusser-Bund ins Hamburger Vereinsregister eingetragen.
Die Versuche des nunmehr gänzlich kahl geschorenen Bund-Führers, mit einer Druckerei und anderen Unternehmungen wirtschaftlich Fuß zu fassen, scheiterten jedoch kläglich. So kehrte Haeusser, als er ge-

sundheitlich einigermaßen wieder hergestellt war, auf seine alten prophetischen Pfade zurück und begann wieder Vorträge zu halten. Den Auftakt bildete eine Rede in Locarno im Oktober 1925, in der er dem Volk endlich »die Augen öffnen« wollte und gegen den »Völkerbundzauber« zu Felde zog. Mit seinem alten Elan versehen wollte es Haeusser jedoch nicht bei bloßen Reden belassen.

Einer Eingebung folgend beschloss er im September 1926, eine Kommune zu gründen. In Dahmsdorf bei Dahme, 60 Kilometer von Berlin entfernt, sollte zu diesem Behufe ein Rittergut erworben werden, doch reichten die finanziellen Mittel nicht aus. So musste man sich mit einer geräumigen Wohnung in der Halleschen Straße im Südwesten Berlins begnügen, wo zunächst acht Kommunarden einzogen. In dieser »Haeusser-Reichskanzlei« legte sich der »Meister« noch einmal mit der »Geschäftigkeit des ehemaligen Bürochefs« ins Zeug. Dabei beflügelte ihn »die Hoffnung, neue Menschen und vor allem die früheren Freunde wieder um uns zu versammeln«.[25]

Die im Lauf der Zeit eingefangenen und nie wirklich ausgeheilten Krankheiten warfen ihn jedoch bald darauf endgültig zu Boden. Das Frühjahr 1927 verbrachte er siechend in der Berliner Wohnung und schließlich im Städtischen Krankenhaus von Neukölln. Dort versammelte er am 5. Juni 1927 angesichts des herannahenden Endes die letzten sechs Getreuen – den Kern eines »neuen Adels«, wie er meinte – zur »Gründungssitzung des Haeusser-Reiches« um sich. Louis selbst erlebte dessen formelle Gründung nicht mehr. Wenige Tage nach der pompös angetragenen, von der Öffentlichkeit freilich gar nicht zur Kenntnis genommenen Konstitutionserklärung am 9. Juni starb der zwielichtige »Meister« an einer Herzmuskelentzündung. Vier Tage später begrub man ihn unter einem Findling, auf dem die Worte »Ich bin das Glück« geschrieben standen. In seiner Grabrede erklärte Haeussers Jünger Fritz Loechl: »Dieses große ICH, welches wir verehrt haben, kann nicht vergehen und im Grabe verfaulen. Es hat früher gelebt, es lebt gegenwärtig und wird zukünftig leben.«[26]

Die Witwe des Verblichenen, Olga, übernahm die »Reichsleitung« des Haeusser-Bundes. Bis zum Jahre 1931 erschienen noch einzelne Nummern der »Haeusser«-Zeitschrift. Aber mit dem Versiegen der Geldquellen verschwand bald auch der Rest des Haeusser-Imperiums. Einzelne Imitatoren und Nachfolger wie Franz Kaiser oder Leonhard Stark fanden vergleichsweise wenig Beachtung. Das Grab des »Prophe-

ten« wurde schon während der Nazi-Zeit aufgelassen, und damit verschwand die letzte irdische Spur dieses selbst ernannten Propheten.
In seinem Auftreten hat Haeusser persiflageartig einzelne Elemente im Gehabe Hitlers vorweggenommen. Die unverkennbaren Ähnlichkeiten mit ihm lassen ihn in postumer Würdigung als Mutanten vom Typus des späteren NS-Führers erscheinen. Der allerdings zeigte kein Interesse an seinem Vorläufer. Als Emil Leibold 1944 Reichspropagandaminister Goebbels für den »Arier-Germanen-Christ-Haeusser-Kult« zu gewinnen versuchte, wurde ihm zwar brieflich beschieden, dass »Ihr Glaube im Neuen Deutschland der einzig richtige sein wird«.[27] Aus dem für den Haeusserianer vorgesehenen Nachkriegsposten im Reichskirchenministerium wurde allerdings nichts – das Dritte Reich ging ebenso unter wie das Reich Louis Haeussers. Eine kleine Verehrerschar des »Propheten« sammelte sich nach 1945 um den Heilbronner Max Haas und um Fritz Loechl, der als Pfarrer der Unitarischen Kirche in Deutschland wirkte. Zu Pfingsten 1954 organisierte letzterer in Stuttgart nach Haeussers Vorbild eine »Weltkreistagung« der »Kämpfer für Recht und Wahrheit«. Mit dem Tod Loechls am 9. April 1969 erlosch die letzte irdische Verankerung des einstigen Propheten.

Karl Haushofer

Der Lehrmeister für die NS-Expansion

»Äußerlich verlief mein Leben wie eine Einladung, bei der nur Schwedenplatten serviert werden«, erinnerte sich Karl Haushofer kurz vor seinem Tod. »Es war immer nur eines der Vorbereitung und ungeheurer Vorarbeit [...] Was an Werten am Ende blieb, war das häusliche Glück.« Also ein im Grunde stinknormales bürgerliches Leben. »Zu etwas Ganzem nach Außen ist es nie gekommen. Immerhin aber sind Schicksale an mir vorbeigewirbelt.«[1]

Bei aller bis zuletzt vorgegebenen Alltagsnormalität war Karl Haushofer an diesem Vorbeiwirbeln der Schicksale nicht ganz unbeteiligt. Mit seiner Geopolitik hat er dem Nationalsozialismus wichtige weltanschauliche Richtpfeiler geliefert und als Lehrmeister Hitlers und Heß' auch direkten Einfluss auf die Bewegung ausgeübt. Damit nicht genug, ranken sich um seine Person noch viel weiter reichende Mythen. So soll er ein Magier gewesen sein, ja gar der Leiter einer ganzen magischen Truppe, die lenkend hinter der nationalsozialistischen Bewegung stand und für diese weltweit Verbindungen zu geheimen Orden und politisch wie religiös mächtigen Gruppierungen in Asien knüpfte. Eine Persönlichkeit also von kosmischen Ausmaßen, die bei genauerem Hinsehen allerdings viel von dieser okkulten Aura wieder verliert.

Geboren wurde Karl Ernst Haushofer am 27. August 1869 in München. Er entstammte einer angesehenen, traditionsbewussten Akademikerfamilie, die stolz darauf war, dass sich die Liste ihrer Vorfahren bis in das 14. Jahrhundert zurückverfolgen ließ. Der Stammsitz der Familie, Haushofer bei Voglarn südwestlich von Passau, wurde 1352 zum ersten Mal urkundlich erwähnt. Entsprechend tief war das Gefühl geschichtlicher Verwurzelung, das Karl von klein auf vermittelt wurde.[2] Sein Vater Max Haushofer, Sohn des gleichnamigen Prager Landschaftsmalers, war von 1868 an Professor für Nationalökonomie und Handelsgeografie am Polytechnikum in München. Politisch im bürgerlichen Lager verankert, hatte er über lange Jahre hinweg den Vorsitz der Münchner Sektion der National-Liberalen Partei inne.
Karls Mutter Adele bzw. Adelheid, »eine wunderschöne, schlanke, hohe Frauengestalt«[3], entspross einer friesischen Familie. Sie war die Tochter von Karl Fraas, der als Direktor der tierärztlichen Hochschule und Landwirtschaftsprofessor an der Münchner Ludwig-Maximilians-Universität wirkte. Nach Karl Ernst brachte sie 1871 als zweites Kind Marie Amalie zur Welt, im Jahr darauf Sohn Albert. Kurz nach dessen Geburt starb sie. Halb verwaist blieben die Kinder dennoch gut umsorgt. Ihr Betreuungsstab – allen voran Großmutter Adelheid Fraas und Onkel Karl – war stets bemüht, ihre Wünsche und ihren Wissensdurst zu befriedigen, wie Karl Haushofer später feststellte: So »sind wir denn [...] in manchen Richtungen zu früh wissend, fast ein wenig altklug geworden, erlebten aber nie und nirgends die große Sünde wider den Heiligen Geist, das Beschneiden und Beschnipfeln junger Geister aus Trägheit des Herzens oder gar läppischer Eifersucht.«[4]
Abseits ihrer wissensorientierten Bildung zeigten sich bei den Haushofer-Kindern schon früh künstlerische Talente und starke Neigungen zu Malerei und Dichtung. Während Marie Amalie und Albert diese Ansätze später weiter entwickelten und sich beruflich der Kunst- und Landschaftsmalerei widmeten, blieb Karl innerlich gespalten. Sein »Hang zum Fantastischen, Verspielten, Schönen und Irrealen« stand stets im Widerstreit zu den »ernsten soldatischen Zügen«, die ihm, wie sein Biograf Frank Ebeling vermerkt, von klein auf zu Eigen waren. Daraus entwickelte sich ein innerer Konflikt, der sein ganzes Leben überschatten sollte. Und es kostete ihn »viel Kraft, sein Innerstes wenigstens einigermaßen im Gleichgewicht zu halten«.[5]
Die Erziehung Karls und seiner Geschwister war von einer liberalen

Grundhaltung getragen. Die religiöse Ebene blieb nach dem Tod der streng katholischen Mutter eher unbeachtet. Stattdessen wurde den Kindern bereits früh eine starke Abneigung gegen den politischen Katholizismus und dessen »Kleristerei« vermittelt – mit zunehmend nationalistischen Tönen als Untermalung. Zwischen 1872 und 1877 unterrichtete der Vater Nationalökonomie an der bayerischen Kriegsakademie und brachte von daher eine starke Begeisterung für das Militär ins Haus. Die väterliche Schwärmerei für den Kriegsdienst schwappte auf den heranwachsenden Karl über, der zudem Interesse für deutschvölkische Ideen entwickelte. Verantwortlich dafür war Felix Dahn, ein enger Freund der Familie. Der 1836 in Hamburg geborene und am 3. Januar 1912 in Breslau verstorbene Professor der Rechtswissenschaft und Autor des 1876 erschienenen Bestsellers »Ein Kampf um Rom«[6] beeindruckte und beeinflusste Karl Haushofer zutiefst. Dahns Verherrlichung der alten Germanen fiel bei ihm auf fruchtbaren Boden und das Lebensmotto des deutschtümelnden Autors wurde auch jenes des jungen Karl: »Das höchste Gut des Mannes ist sein Volk.«[7]
Während das familiäre Umfeld prägende Einflüsse hinterließ, war die Schule »vollkommen ins Schattenhafte« zurückgedrängt. Von 1879 an besuchte Karl das humanistische Max-Gymnasium in der Ludwigstraße und erwies sich als ausgesprochen lerneifriger Schüler. Nach dem Abitur trat der junge Mann im Oktober 1887 in die bayerische Kriegsschule ein, wurde am 21. Januar 1888 zum Unteroffizier, am 13. April zum Portepeefähnrich ernannt und am 8. März 1889 mit dem »Ausdruck Allerhöchster Belobung« als »Seconde Lieutenant« entlassen. Von 1890 bis 1892 absolvierte er die Artillerie- und Ingenieurs-Schule und trat nach bestandener Aufnahmeprüfung im Oktober 1895 in die bayerische Kriegsakademie ein.
Von militärischen Idealen getragen nahm Karl damals – wie schon sein Vater vor ihm – Kontakt mit der deutschnationalen Bewegung auf. Diese hatte sich 1891 im Allgemeinen Deutschen Verband konstituiert und 1894 als Alldeutscher Verband neu formiert. Mit von der Partie waren neben Felix Dahn auch zwei weitere Freunde der Familie, der Historiker Richard Graf Du Moulin Eckart und der antisemitische Verleger Julius Friedrich Lehmann. 1896 steuerte Max Haushofer dem »nationalen Verlag« des Letzteren einen, wie die Frau des Publizisten, Melanie Lehmann, später vermerkte, »sehr feinen, geistreichen Text« bei.[8]

Karl selbst hielt sich, was das Engagement bei der alldeutschen Bewegung betrifft, vorerst noch zurück. Einer der Mitbegründer und führenden Agitatoren des Alldeutschen Verbandes, der Geograf Friedrich Ratzel, wurde ihm unterdessen zu einem prägenden Vorbild. Ratzel verfocht unter Berufung auf den Zoologen Ernst Haeckel einen Sozialdarwinismus, der die These vom Überleben des Stärkeren von der biologischen auf die politische Ebene erhob und damit deutscher Großraumpolitik Vorschub leistete.[9] In seinen eigenen Arbeiten berief sich Haushofer später immer wieder auf den »großen deutschen Raumforscher Ratzel«, der »den notwendigen Sieg großräumiger Gedanken über eng- und kleinräumige erkennen lehrte«.[10]

Am 25. März 1895 begegnete Karl Haushofer zum ersten Mal der um acht Jahre jüngeren Martha Mayer-Doß. Als Tochter des reichen jüdischen Hofrats und Gutsbesitzers Georg Ludwig Mayer und der Adeligen Christine von Doß hatte sie eine vergleichsweise enge, auf Frauenarbeit im Haus konzentrierte Erziehung genossen. Erst Felix Dahn, einem Freund beider Familien, gelang es, Hofrat Mayer klar zu machen, dass höhere Bildung für das Mädchen durchaus von Vorteil war.[11] Karl scheint Martha von Anfang an sehr verehrt zu haben. Am 18. Dezember 1896 verlobte er sich mit ihr, erwarb im Monat darauf ein Haus in der Münchener Giselastraße als gemeinsamen Wohnsitz und heiratete die junge Frau am 8. Juli 1896 in Sankt Anton. Mit ihrer starken, dominanten Persönlichkeit gab Martha dem bisweilen etwas steif wirkenden Karl Halt und Kraft und vermittelte ihm Kontakte zu künstlerischen und gesellschaftlich einflussreichen Kreisen.

Das junge Ehepaar Haushofer blieb die meiste Zeit über in München. Hier schloss Karl, mittlerweile »Premiere-Lieutenant«, am 1. Oktober 1898 die Kriegsakademie mit der »Qualifikation zum Generalstabe und zum Lehrfach« ab und wurde anschließend in die Adjutantur der ersten Feld-Artillerie-Brigade versetzt. Von September bis Anfang November 1899 reisten die Haushofers nach Belgien und England, wo Karl mit dem britischen Imperialisten Joe Chamberlain zusammentraf, einem seiner, wie er später betonte, wichtigsten weltanschaulichen Wegweiser. Zurück in Deutschland kam Haushofer für zwei Jahre ins »Kommando zum Generalstab« und erfüllte dort eine Reihe unterschiedlichster Aufgaben.[12] Im September 1900 erwarb die Familie den Hartschimmelhof im oberbayerischen Pähl und verbrachte dort fortan jede nur mögliche freie Zeit.

Am 7. Januar 1903 kam der erste Sohn, Albrecht, zur Welt. Im gleichen Jahr berief man den mittlerweile zum Hauptmann beförderten Karl Haushofer als Lehrer für neuere Kriegsgeschichte an die bayerische Kriegsakademie – ein angesehener, aber für ihn letztlich unbefriedigender Posten, den er bis 1906 innehatte. In der Zwischenzeit war Karl Haushofer viel unterwegs und soll dabei – Angaben aus esoterischen Kreisen zufolge – als Mitglied der »Gruppe der Wahrheitssucher« mehrfach mit dem aus dem Kaukasus stammenden, umstrittenen Esoteriker Georg Iwanowitsch Gurdjieff zusammengetroffen sein.[13] Konkrete Belege für diese Begegnung gibt es freilich keine, auch intensivere Beziehungen zu germanengläubigen Kreisen lassen sich nicht nachweisen. Belegt ist indes, dass er an etlichen Manövern teilnahm, acht Monate im Jahr unterrichtete – und sich spätestens seit 1902 mit der Absicht trug, den Beruf zu wechseln.

Dass Karl Haushofer im Jahr 1907 aus der römisch-katholischen Kirche austrat, war ein wichtiger Eckpfeiler seiner Entwicklung. Mit verantwortlich dafür war der mit Karls Kusine Henriette verheiratete Philosoph und Psychologe Friedrich Jodl. Mit seinem Einsatz für die »freie Wissenschaft« und seinem lebenslangen Kampf gegen den Klerikalismus hat er den Kriegsakademielehrer zu einer wachsenden Auseinandersetzung mit der Kirche gedrängt.[14] Zwar wurden die beiden Kinder – Albrecht und der am 19. Juni 1906 geborene Heinz – noch getauft. Aber es entwickelten sich zunehmend Zweifel, die eskalierten, als sich der örtliche Pfarrer weigerte, dem am 9. April 1907 verstorbenen Vater Max Haushofer ein kirchliches Begräbnis zu gestatten. Dass Karl aus Protest und nicht – wie in esoterischen Kreisen behauptet – aus okkulten Gründen dem Katholizismus den Rücken kehrte, wird dadurch belegt, dass er unmittelbar nach dem Akt demonstrativ der lutherischen Kirche beitrat.

Ende April 1907 wurde Hauptmann Haushofer auf Grund seiner Qualifikationen mit einem Japan-Kommando betraut. Nach längeren Vorbereitungen brach er zusammen mit seiner Frau – die beiden Söhne blieben bei der Verwandtschaft in Deutschland – am 22. Oktober 1908 von Genua aus nach Asien auf. Während seines achtwöchigen Zwischenaufenthaltes in Indien genoss Karl die Gastfreundschaft der britischen Zivil- und Militärverwaltung, traf unter anderem mit dem berühmten Kolonialpolitiker Lord Horatio Kitchener zusammen, besuchte mehrere große Städte und machte zuletzt einen kurzen Abstecher zum Himalaja. Von Bombay aus gelangten die Haushofers über Ceylon, Burma, Singapur, Hongkong und Shanghai nach Nagasaki, wo sie am 19. Februar 1909 eintrafen. Während des folgenden halben Jahres war das Ehepaar in der deutschen Botschaft in Tokyo untergebracht. Ende August reisten die Haushofers in die Mandschurei und über Korea, Mukden und Peking wieder zurück nach Japan, wo Karl am 11. Oktober seinen Dienst in dem ihm zugeteilten Regiment antrat. Er stand dabei unter dem Kommando verschiedener japanischer Truppenteile, »vornehmlich in der alten Landeshauptstadt und Universitäts-Stadt Kyoto«.[15]

Für den in Kreisen okkulter Verklärer der Mission Haushofers oft behaupteten Aufenthalt in Tibet blieb bei dem gedrängten Programm, das er zu absolvieren hatte, praktisch keine Zeit. In seiner Funktion als Militärattaché knüpfte der Hauptmann stattdessen wichtige Kontakte zu führenden Vertretern des japanischen Militärs und begeisterte sich abseits dessen für die alte Kriegerkaste der Samurai. Die Liberalen Japans scheinen ihn mit ihren Anbiederungsversuchen an die westliche Kultur eher angewidert zu haben und er beurteilte sie demgemäß äußerst ungünstig. Auf spiritueller Ebene fand Haushofer im Natur-, Ahnen- und Heldenkult des Shintoismus, der japanischen Staatsreligion, neue religiöse Bezugspunkte, die ihm bald wichtiger wurden als christliche Prinzipien.

Am 15. Juni 1910 verließen die Haushofers Kyoto, um im Juli mit der Transsibirischen Eisenbahn von Wladiwostok aus »über Amurland und Sibirien« nach Deutschland zurückzukehren. Mit von der Reisepartie war der Schriftsteller Stefan Zweig, der dabei eigenem Bekunden nach »die erste Einsicht in die außerordentlichen Qualitäten und die innere Zucht eines deutschen Generalstabsoffiziers« erhielt.[16] Als erfolgreicher Japanfahrer wurde Haushofer vom Generalstab der bayerischen Armee mehrfach belobigt, hatte aber von August 1910 an zunehmend mit gesundheitlichen Problemen zu kämpfen. Er litt nacheinander an Blinddarmentzündung, Thrombose, schweren Lungen- und anderen Erkrankungen und wurde auf Grund seiner offensichtlich schlechten Konstitution Anfang 1911 beurlaubt. Nach mehreren Kuraufenthalten im schweizerischen Arosa drängte ihn seine Frau Martha mit dem Militär abzuschließen und eine akademische Laufbahn anzugehen. Karl Haushofer gehorchte und immatrikulierte sich am 15. April 1913 an der Münchner Ludwig-Maximilians-Universität, um dort Geografie, Geologie und Geschichte zu studieren. Im gleichen Jahr veröffentlichte er als erste größere Arbeit »Betrachtungen über Groß-Japans Wehrkraft« mit dem Titel »Dai Nihon«. In dieser Niederschrift seiner »Erfahrungen auf militärisch-geografischem Grenzgebiete« verschwieg er geflissentlich seine geheimdienstlichen Aufgaben, was bei seinen esoterischen Biografen einigen Raum für Spekulationen offen ließ.

In weiterführender Auswertung seiner persönlichen Eindrücke entstand eine Dissertation mit dem Titel »Der deutsche Anteil an der geografischen Erschließung Japans und des Subjapanischen Erdraums, und deren Förderung durch den Einfluss von Krieg und Wehrpolitik«. Sein Lehrer Erich von Drygalski war von der Arbeit begeistert und blieb ihm zeitlebens als steter Förderer erhalten. Karl Haushofer, dem die Ausbildung im Generalstab als Studienzeit angerechnet wurde, bestand die Rigorosen am 13. November 1913 »summa cum laude«, mit höchstem Lob, und machte sich sogleich daran, die nächste Stufe der akademischen Karriereleiter zu erklimmen.[17]

Noch ehe er sich – wie eigentlich geplant – habilitieren konnte, musste Karl Haushofer jedoch einrücken. Im August 1914 kam er als Stabsoffizier an die Westfront nach Lothringen, nahm dort an den Kämpfen bei Badonville teil und wurde anschließend nach Metz versetzt. Am 10. September zum Oberstleutnant befördert, diente er in der Picardie und war unter anderen in den Schlachten an der Somme im Einsatz. Im Mai 1915 ging es zurück nach Deutschland und weiter an die Ostfront nach Polen. Einem Kurzurlaub am Hartschimmelhof im Juli 1915 folgten neuerliche Einsätze in Frankreich, in der Champagne und im Elsass. Im Januar 1916 wurde er mit der Führung einer Brigade betraut, erlitt jedoch am 13. März einen Herzkollaps. Wieder genesen, kämpfte er von Juli bis Oktober an der Somme und danach in Siebenbürgen, wo er am 14. Dezember in den Rang eines Oberst erhoben wurde. Seine Versetzung in den Elsass im Mai 1917 verursachte Haushofer, da er nicht seinen Fähigkeiten entsprechend eingesetzt wurde, zunehmend Frustrationen. Im November 1918 kehrte er mit der 30. Reserve-Division nach Bayern zurück und war am 12. Dezember wieder in München anzutreffen.[18]

Haushofer war nun nicht nur um militärische Felderfahrungen reicher, sondern ein auch sonst rundum gewandelter Mann. Die bereits früher vorhandene Abneigung gegen den Liberalismus hatte sich zu einer militant antiliberalen und antidemokratischen Haltung entwickelt.[19] Gleichzeitig war seine in Japan erstmals deutlich gewordene Neigung zu mystischer Verklärung, vor allem der Glaube an das »zweite Gesicht«, zu einem wesentlichen Bestandteil seines Weltbildes geworden. Den ganzen Krieg über hatte ihn »ein leiser Soldaten-Aberglauben« begleitet, der ihn fragen ließ: »Wo bleibt [...] Willensfreiheit und Selbstbestimmung, wenn irgendwo geschrieben oder lesbar steht, dass es Zwangsläufiges, Vorherbestimmtes gibt, und wenn man selbst [...] alle ›Ratio‹ zusammennahm, um schließlich doch dem Irrationalen, Metaphysischen zu dienen!«[20] Es war dies nicht der einzige innere Konflikt Haushofers, wie er am 11. Januar 1918 an seine Frau schrieb: »Und persönlich ist eben der ganze Sinn des Lebens ein Kampf gegen mich selbst und meine eigentliche Natur«, gegen »Zwang und Druck des Liberalismus« und gegen »Spießerfamiliendespotie«.[21]

Als führende Verfechter des geisttötenden liberalen Spießbürgertums machte Haushofer in einem Brief vom 2. Juli 1918 die »Angelsachsen« respektive Amerikaner namhaft, gegen deren »blutige Heuchelei« er lebenslange »Hassgefühle« entwickelte. Die »Amerikaner sind wirklich das einzige Volk auf der Erde, das ich mit einem tiefen, instinktiven Hass betrachte, wie ein falsches, gefräßiges, scheinheiliges, schamloses Raubtier, das mit jeder Miene heuchelt und in Wirklichkeit bloß nach Fraß für seinen unersättlichen dollarlüsternen Bauch umherschnappt«. Ganz der in deutschnationalen Kreisen seiner Zeit kursierenden Weltverschwörungshysterie ergeben, setzte er im Kampf gegen den »großangelsächsischen Kapitalismus« auf Hilfe aus dem Osten: »Hoffentlich rächen uns die Gelben: aber ich bin jedem Feind der Neu-Engländer bedingungslos verschrieben.«[22] Haushofer war fest davon überzeugt, dass »wir nur mit Japan zusammen dem Vernichtungswillen, Hass und Zweckhetzen der vereinigten Angelsachsen widerstehen können [...] Das eine wird sich, hoffe ich, in das Gehirn unseres Volkes hineinhämmern durch alle Unbill, die es davon erfährt: ein glühender, tief brennender Hass gegen das angelsächsische Großkapital und seine bezahlten Pressehelfer.«[23]

Als Mittel, sich gegen die liberal-demokratische Bedrohung durch das angelsächsische Großkapital, aber auch gegen andere angebliche Feinde des Volkes zu wehren, propagierte Haushofer von 1913 an mit zunehmender Vehemenz den Krieg. Seine Verherrlichung des Kampfes und des Kriegertums führte mitunter zu sonderbaren Ansichten. So sah

sich der angehende Geopolitiker schon vor Ausbruch des Ersten Weltkrieges als »Prophet, der mutig und selbstlos dem eigenen Volk die eherne Notwendigkeit und die Wohltaten des kriegerischen Daseinskampfes der Völker« vor Augen führte.[24] Über den Krieg, den er als »das beste Mittel, um die Ungerechtigkeiten im Zusammenleben der Völker aus der Welt zu schaffen«, pries, schrieb er in seinem Erstlingswerk »Dai Nihon«: »Dazu gehört vor allem die schöpferische und belebende Seite des Krieges, die der Mehrheit unseres Volkes ganz hinter die Angst vor den materiellen Geburtswehen großer Erneuerungen zurückgetreten zu sein scheint.«[25]
Im Zuge der Radikalisierung seiner geopolitisch-militaristischen Ideen verschärften sich auch die rassistischen und antisemitischen Untertöne. So lobte Haushofer stets Japans Bemühungen, eine »Edelrasse heranzuzüchten«, und empfahl entsprechende Maßnahmen auch dem deutschen Staat. Seine Ansicht, die Japaner wären eine »rein und hoch gezüchtete, uralte Edelrasse«[26], wurde später von den Nazis als offizielle Doktrin übernommen. Ganz im Sinn seiner nachmaligen ideologischen Weggefährten war auch die antijüdische Haltung, die erstmals in Briefen aus dem Januar 1915 zum Ausdruck kam. Damals meinte er, dass »der Volks-, Rassen- und Landesverrat der Juden und Christen [...] nie wieder gut zu machen« wäre.[27] Der Ursprung seiner Hassorgien auf die Juden mag zum einen in seiner unmittelbaren Umgebung, in alldeutschen Agitatoren wie J. F. Lehmann und Heinrich Claß, zu suchen sein, zum andern aber in der gestörten Beziehung zum Vater seiner Frau, den er als »reichen Protz-Juden« stets verachtete. Unmittelbar nach Kriegsende fasste Haushofer seine antisemitischen »Einsichten« in einem Gedicht zusammen:

Vergiss nie, dass fremdes Juden-Pack
Kreuz und Kokarde von dem Kleid Dir reißen
hat dürfen, Deine Heimat-Krone schmeißen
zum Genossen-Bettelsack
landfremdem Pack![28]

Die im Januar 1918 im ganzen Deutschen Reich ausbrechenden Streiks und Aufstände des »elenden Proletariats«, die den Umsturz des alten Systems vorbereiteten, verunsicherten den angehenden Geopolit-Strategen zutiefst. Der »frivole Streik der Heimat«, schrieb er am 19. Januar, »der hat heute eine Feder in mir gebrochen, die keine Gefahr, keine traurige Erfahrung bisher hat brechen können. Einen solchen schamlosen Schurkenstreich an diesem Heer voll Pflicht und Treue hab ich nicht für möglich gehalten!« Diese »Revolution des Proletariats [...], das ungeheure Löhne bezog und Elendes dafür geleistet hat, während die wirklichen Männer im Felde standen«, verursachte ihm Albträume[29]. Die wiederum ließen Haushofer Zuflucht suchen beim Deutschvölkischen Schutz- und Trotzbund, mit dessen Gründervater General Konstantin von Gebsattel er seit längerem befreundet war. Mit dabei im Bund waren auch die antisemitischen Publizisten Theodor Fritsch und Alfred Roth, die mit ihrem Reichshammerbund die Speerspitze der judenfeindlichen Phalanx bildeten.

Am 20. Januar 1919 nahm Karl Haushofer Abschied von der bayerischen Armee im Rang eines Generalmajors. Seine Frau Martha hatte ihn zu diesem Schritt gedrängt in der Hoffnung, dass er sich als angesehener Gelehrter gesellschaftlich etablieren könnte. Und der Ex-Offizier tat sein Bestes, lieferte im Juli gleichen Jahres eine Habilitationsschrift mit dem Thema »Grundrichtungen in der geografischen Entwicklung des japanischen Reiches (1854 bis 1919)« an der Münchner Ludwig-Maximilians-Universität ab und arbeitete dort von August an als Dozent für Geografie. Abseits seiner Lehrtätigkeit geriet er im Verlauf des Jahres allerdings immer tiefer hinein in die deutschnationale Bewegung. Am 4. April lernte er über seinen ehemaligen Ordonanzoffizier Max E. Hofweber einen jungen Studenten namens Rudolf Heß kennen.[30] Ein paar Monate später – das Datum ist nicht genau bekannt – begegnete er, vermutlich unter Vermittlung seines Freundes Karl Alexander von Müller, dem zum deutschnationalen Trommelredner heranreifenden Gefreiten Adolf Hitler. Persönliche Kontakte bestanden damals auch zu Mitgliedern der durch Rudolf Freiherr von Sebottendorff sowie den beiden Studenten Walter Deicke und Walter Nauhaus im August 1918 gegründeten Thule-Gesellschaft.[31] Eingetragenes Mitglied dieser in esoterischen Kreisen als kosmisch-okkulten Wegbereiter des Nationalsozialismus mythisierten deutsch-völkischen Kampfbundes ist Karl Haushofer jedoch nie gewesen. Dass er mit der Thule-Gesellschaft, »in deren altgermanischen Rassenüberlieferungen«, wie er später schrieb, »die Fremdstämmigen mit Recht ihre letzten und tiefsten Gegner sahen«, sympathisierte, steht jedoch außer Frage.[32]

Konkret engagiert hat sich der Geografie-Lehrer ab Juni 1919 in der antikommunistischen Münchener Einwohnerwehr. Mit der im Januar 1919 gegründeten, mit der Thule-Gesellschaft zunächst eng verbundenen Deutschen Arbeiter-Partei stand er in Kontakt, gehörte ihr aber nicht an. Stattdessen trat er – wohl zur Tarnung – der national-liberalen Deutschen Volkspartei bei. Im Sommer 1919 ging er abends, wie seine Frau in ihrem Tagebuch vermerkte, immer häufiger zu »Versammlungen der Einwohnerwehr des Bezirks oder ›auf Wache‹, da man Unruhen in der Stadt befürchtete«.[33] Dabei entwickelte er eine immer radikalere Weltanschauung. »Beim extremen Nationalismus«, schrieb er später, »namentlich aber im Bund Oberland, fand ich wenigstens ehrlichen Opferwillen, warmherzige Begeisterung und stand ihnen nahe, ohne mich zu verlieren.«[34]

Eine ehrliche Zuneigung empfand der Ex-Offizier offensichtlich gegenüber Rudolf Heß, der schon nach kurzer Bekanntschaft sein ausgesprochener Lieblingsschüler und Freund wurde. Nach außen hin gaben die zwei an, einander vom Krieg her zu kennen, wo der junge Mann angeblich Adjutant Haushofers gewesen war. Diese Lüge in beiderseitigem Einverständnis gab zu unterschiedlichsten Vermutungen Anlass. Wollte der honorige Professor bloß »Fragen nach den Motiven seiner eigenartigen Freundschaft mit Heß vermeiden«?[35] Oder hatte die Sache doch einen gewissen Verschwörungscharakter?

Tatsache ist, dass Heß am 28. Januar 1920 »zum ersten Mal zum Tee bei Haushofers eingeladen« war, das Osterfest gleichen Jahres »schon im Familienkreise« verbrachte und vom 4. Juli an den Professor mit »Du« ansprach. Er war fraglos einer der »wenigen engsten Vertrauten, die den häufig verbitterten, überarbeiteten und manchmal auch griesgrämigen Gelehrten« über einsame Stunden und die Qualen offizieller Verpflichtungen hinwegtrösteten.[36] Die »zunehmende Seelenverwandtschaft und Männerkameradschaft« zwischen den beiden hatte wohl einiges mit Vater-Sohn-Gefühlen, aber auch mit gegenseitiger Bewunderung zu tun. Haushofer hoffte wohl, Heß für eins der wichtigsten Ziele seines Lebens einsetzen zu können, nämlich »sein Weltbild dem deutschen Volk als Rettung aus seiner großen Not« nach dem verlorenen Krieg zu vermitteln.[37] Außerdem war er wohl von Heß' medialen Fähigkeiten beeindruckt und konnte über ihn Kontakt mit führenden Persönlichkeiten der sich entwickelnden nationalsozialistischen Bewegung, namentlich deren angehendem Führer, Adolf Hitler, halten.

Haushofer wollte nie selbst an die Macht, sondern bloß im Hintergrund eine lenkende Rolle spielen, »lieber Königsmacher als verantwortlich« sein – und pflegte deshalb seine Kontakte zu NS-Kreisen über die Jahre hinweg großteils in aller Heimlichkeit. Nicht einmal seiner jüdischen Frau, die er politisch nie überzeugen konnte und die seinen Radikalismus stets »zu beruhigen versuchte«, war das verhängnisvolle politische Wirken des Professors in vollem Umfang bekannt. Haushofer, ab März 1921 Honorarprofessor für Geografie an der Ludwig-Maximilians-Universität, sah sich offenbar als Untergrundkämpfer für die Befreiung des deutschen Volkes. »Absolute Diskretion und Geheimhaltung war[en] für ihn das Gebot der Stunde; denn er war sich dessen sehr wohl bewusst, dass er dafür außerhalb der Legalität arbeiten musste.«[38]

Während Haushofer Hitler und andere angehende NS-Führer nur heimlich treffen konnte, pflegte er seine Freundschaft mit Rudolf Heß in aller Offenheit. »Ausgedehnte Spaziergänge, gemeinsame Ausflüge und Reisen« vor allem in die Schweiz, »nächtliche Diskussionen, Arbeit im geografischen Institut, Erörterungen von Seminarreferaten, Besuch von Veranstaltungen der NSDAP und wissenschaftliche Hilfsdienste kennzeichneten« laut Haushofers bedeutendstem Biografen Hans-Adolf Jacobsen die Verbindung der beiden. Der Professor lehrte seinen jungen Freund, dass »die Hingabe an das eigene Volk die höchste Erfüllung, Freiheit, Ehre und Vaterlandsliebe das schönste Gut im Leben eines Mannes« wären.[39] Und er stand zu ihm, als Heß nach dem gescheiterten Putsch vom 8./9. November 1923 zunächst ein Versteck brauchte und schließlich zusammen mit Hitler in Landsberg einsaß. Haushofer besuchte ihn vom Hartschimmelhof aus jeden Mittwoch und verbrachte zwischen 26. Juni und 27. November 1924 insgesamt 22 Stunden in der Haftanstalt.[40]

Was den Putsch selbst betrifft, scheint Haushofer von Anfang an eingeweiht und an den Vorbereitungen sogar beteiligt gewesen zu sein. So fädelte er unter anderem den Kontakt mit General Ulrich Wille, einem alten Freund, ein, der die Umstürzler finanziell unterstützte. Und er brüstete sich nach der Machtübernahme der Nazis damit, dem »Führer« schon in der »schweren Zeit« rund um den Putsch des Jahres 1923 »die Treue« gehalten zu haben.[41] Hitler wusste diesen Einsatz durchaus zu schätzen. In einem Brief vom 11. Juni 1924 erklärte Heß, dass der angehende »Führer« bei Haushofer »sofort die Künstlernatur herausgefühlt [habe], die nun einmal bei jedem bedeutenden Menschen bis zu einem gewissen Grade vorhanden sein müsse. Deine ruhige und geistvolle Art zu sprechen habe großen Eindruck auf ihn gemacht. Er schätze dich außerordentlich hoch.«[42]

In seinen zwischen 1923 und 1930 entstandenen Schriften widmete sich Haushofer hauptsächlich seiner heimlichen Liebe Japan und tarnte über sie seine weltanschauliche Nähe zum Nationalsozialismus. Selbst »Japan und die Japaner«, eine 1923 veröffentlichte »Landeskunde«, kam nicht ohne mehr oder weniger verdeckte Bezugspunkte aus, ebenso wenig das 1930 publizierte Werk über »Japans Reichserneuerung. Strukturwandlungen von der Meiji-Ära bis heute«. Beide Bücher wurden ungeachtet der radikalen politischen Positionen des Autors in der Fachwelt als Standardwerke anerkannt. Zwischendurch widmete sich Haushofer umfassenderen Materien, etwa in einer 1927 erschienenen Studie den »Grenzen in ihrer geografischen und politischen Bedeutung«. Unverschleiert NS-treu waren zwei Artikel aus dem Jahr 1926, deren einer sich mit dem herannahenden »Dritten Reich« aus der Sicht des Bundes Oberland auseinander setzte und deren zweiter mit dem Titel »Geopolitische Einflüsse bei den Verkörperungsversuchen von nationalem Sozialismus und sozialer Aristokratie« in der »Zeitschrift für Geopolitik« erschien.

Auf seine hintergründige Art gelang es Haushofer, Hitlers Weltbild zu beeinflussen und zu formen. So übernahm der NS-Führer nicht nur seine Lehre vom Lebensraum und die positive Bewertung Japans, sondern auch spirituelle Anschauungen wie jene von der Vorsehung. Haushofer hatte diese Idee im Shintoismus kennen gelernt und seinem religiösen Denken als zentralen Bezugspunkt zugeordnet. Wie Hitler empfand auch der Münchner Geografie-Professor sich selbst als »Instrument der Vorsehung«. Dass Haushofer darüber hinaus in geheimen Verbindungen mit einer mysteriösen »Vril-Gesellschaft der Brüder des Lichts«[43] gestanden und von dieser aus die NS-Bewegung gesteuert hätte, ist allerdings blanker Humbug.

Karl Haushofer war über die Entwicklung, die der Nationalsozialismus nahm, zunächst durchaus zufrieden – ganz im Gegensatz zu seiner Frau Martha. Als diese im Juni 1926 und noch einmal im März 1927 mit ihrem Mann zusammen eine von Heß im Münchner Salon Bruckmann organisierte NS-Rednerschule besuchte, notierte sie: »Gräulich langweilig, da man andachtsvoll dem Gerede des ›großen

Mannes‹ zuhören musste, der die ärgsten Banalitäten und Plattheiten verzapfte. Völlig verlorener Abend.«[44] Ganz offensichtlich merkte sie nur wenig von den Verbindungen ihres Mannes zur nationalsozialistischen Bewegung. Ihre Skepsis wurde letztlich auch von den beiden Söhnen Albrecht und Heinz übernommen. Ersterer gab sich über lange Zeit hinweg durchaus angepasst, war ab den späten 1920er-Jahren enger Mitarbeiter Heß', wurde 1928 Generalsekretär der Gesellschaft für Erdkunde und 1939 Ordinarius für Politische Geografie an der Universität Berlin. Nach außen hin Teil des Systems, suchte er Kontakt zu Widerstandsgruppen und arbeitete untergründig auf einen Sturz Hitlers hin.
Ehe dies offenkundig wurde, führten die Haushofers ein im Grunde beschauliches Leben. Martha leitete den Haushalt, pflegte gesellschaftliche Kontakte, und Karl hielt Vorlesungen an der Ludwig-Maximilians-Universität. Dabei versuchte er seinen Studenten beizubringen, »dass nur eine beständige Auslese, durch Auswahl der Tauglichsten, die möglichst vollendete Eignung aller einzelnen Organe der Lebensformen gewährleistet. Und die Geschichte zeigt, wie erbarmungslos jede Unterlassungssünde, jedes Einschlafen auf Lorbeer sofort bestraft wird.«[45] Als eigentliches Ziel seiner Geopolitik versuchte er im Nachhinein spirituelle Bezüge geltend zu machen: »Das Naturrecht der Erde, des Bodens gegenüber menschlicher Willkür wieder zur Geltung zu bringen, das Sakrale der Erde in der Politik zu wahren, schien ihr der Hauptzweck.«[46] Darüber hinaus sollte die von Haushofer entworfene Geopolitik dazu dienen, Deutschland wieder zu jener Größe emporzuheben, die es im Weltkrieg verloren hatte.
Ebendiesem Zweck verschrieben war in besonderer Weise die von ihm 1924 mitbegründete Gesellschaft für Geopolitik, der er jahrelang vorstand. In der von ihr herausgegebenen »Zeitschrift für Geopolitik« wurde die Lebensraumideologie der Nazis grundgelegt. Als zusätzlicher weltanschaulicher Richtungsweiser fungierte die am 5. Mai 1925 von Haushofer in München ins Leben gerufene »Deutsche Akademie« (D. A.), Unterbezeichnung »Akademie zur Wissenschaftlichen Erforschung und Pflege des Deutschtums«, die den kulturellen Bereich der Geopolitik abdecken sollte und sich bis 1933 nach außen hin in bewusster Verschleierung ihrer Absichten von der NSDAP abgrenzte.[47] Nach der Machtübernahme der Nazis pries Haushofer die von der Akademie geleistete Aufbauarbeit in hohen Tönen: »Wenn wir [durch]

den fein heranziehenden, bezaubernden umfassenden Lichtkreis der Deutschen Akademie [...] das fertig gebracht haben, was vor uns steht, so liegt darin eine Leistung, auf die wir mit Stolz zurückblicken und aus der wir beste und größte Hoffnungen für die Zukunft schöpfen können. Eines allerdings werden Sie zugeben: ein solcher Kreis, solche Arbeit und solche Wirkung kann nur mit einem starken und großen Glauben an sich selbst aufgebaut werden, in ungeheuer stiller Arbeit, die hinter dem Vorhang der Bühne in der Werkstatt und den Augen der Öffentlichkeit entzogen, geleistet werden muss. [...] Die Deutsche Akademie war schon von Anfang an eingestellt auf das, was wir heute als Wirklichkeit sehen: die Volkheitserneuerung.«[48]

Die Machtübernahme der Nazis im Januar 1933 wurde von Karl Haushofer enthusiastisch begrüßt. Ohne seine akademische Tarnung aufzugeben und sich der NSDAP als Mitglied anzuschließen, machte er Karriere im NS-Staat. Noch im Juli gleichen Jahres wurde er zum Ordinarius für Geografie an der Ludwig-Maximilians-Universität ernannt. Seine Freundschaft zu Heß, der lange Jahre über nicht nur sein gelehriger Schüler, sondern auch als sein Assistent an der Deutschen Akademie war, und seine Bekanntschaft mit Hitler, auf die er sich immer wieder berief, bildeten eine Art Freibrief dem System gegenüber. In Anbetracht seines großen persönlichen Freiraums nahm er die politische Gleichschaltung der Akademie und der Gesellschaft für Geopolitik 1934/35 kritiklos in Kauf.

Seine weltanschaulichen Ideen hielt Haushofer unterdessen in einer Reihe von Büchern fest: 1931 erschien die »Geopolitik der Pan-Ideen«, 1932 »Welt-Geopolitik. Geografische Grundlagen einer Wehrkunde«, 1933 als eines seiner Hauptwerke »Der nationalsozialistische Gedanke in der Welt«, 1934 »Weltpolitik von heute« und im gleichen Jahr »Wehrwille als Volksziel« mit dem Untertitel »Wehrkunde, Wehrgeografie und Wehrgeopolitik im Rahmen der Wehrwissenschaften«. In einer Rede während einer Jubiläumsfeier der Ludwig-Maximilians-Universität vom 26. Juni 1934 fasste Haushofer seine publizistisch verbreiteten Anschauungen mit den Worten zusammen: »Das ist ihr höchster Sinn im Dienste der lebendigen Erhaltung ihres Volks in seinem Lebensraum und in dem Daseinskampf um ihn. Wo dieser Lebensraum unter das notwendige Maß zur Erhaltung des Daseins herab verstümmelt und beschnitten ist, da kann es keine Wissenschaften um ihrer selbst willen mehr für einen solchen Volksboden« geben.[49]

Während es in seiner eigenen Familie gärte – Sohn Albrecht »verstrickte« sich immer mehr in untergründige Widerstandsaktivitäten gegen den NS-Staat –, blieb Karl Haushofer ein treuer Gefolgsmann des Nazi-Regimes. Er fühlte sich ganz der von ihm gepriesenen Nibelungentreue seinem Führer gegenüber verpflichtet. »Stets glaubte er auf seinem Posten wie ein Soldat ausharren zu müssen, solange er ›gebraucht‹ würde.«[50] Und er bejubelte immer wieder die Art, wie die deutschen Machthaber seine geopolitischen Ideen in die Praxis umsetzten. So etwa sah er anlässlich des Erntedankfestes 1938 in den nazistischen Expansionsbestrebungen »die Wiedergutmachung einer geopolitischen Sünde«. Hitler bezeichnete er in diesem Zusammenhang als »einen Sohn des bayrischen Stammes« und bezeichnete ihn als »wahrhaftig[en] Mehrer des Reichs [...] Nun hat sich der Führer der Deutschen und sein Gästekreis vom St. Michaelstag 1938 auch in geopolitischer Meisterschaft erwiesen. Wir beugen uns in Ehrfurcht vor seinem Werk. Dieser Tag – der des alten Reichspatrons der Deutschen – ist ein glücklicher Tag in der Geschichte der Geopolitik.«[51]

Zum Zeitpunkt dieser Äußerungen war Haushofers Einfluss auf die Nazis allerdings bereits deutlich im Sinken begriffen. Erst spät, zu spät gestand er ein, dass »vom Herbst 1938 an [...] unter dem Druck der Alleinherrschaft einer Partei bis zu Missbrauch und Missverstehen durch staatliche Stellen [die] Geopolitik als geografisches Gewissen des Staates« aus dem politischen Alltag verdrängt wurde.[52] Die Probleme mit der Zensur jedenfalls mehrten sich und mehrmals wurde auch direkt Druck auf ihn ausgeübt. In dieser Situation legte er 1938 seinen Präsidialsitz in der Deutschen Akademie zurück, um anschließend den Vorsitz im Volksbund für das Deutschtum im Ausland zu übernehmen. Trotz seiner wachsenden Bedenken wandte sich der mittlerweile 70-jährige Haushofer unmittelbar nach Ausbruch des Zweiten Weltkriegs in einem Artikel über »Geopolitische Grundlagen« beinah beschwörend an die Deutschen: »Zum Mitwirken an dieser geopolitischen Aufgabe des Gesamtvolks ist jeder Volksgenosse berufen. Es wäre ein großer Irrtum, wenn er glaubte, sie nun einfach der wieder erstandenen Kraft des Heeres, der Flotte, der Luftstreitkräfte überlassen zu können.«[53]

In seiner Bejahung der staatlichen Maßnahmen und auch – bei aller Skepsis – des Krieges stand Karl Haushofer in immer heftigerem Gegensatz zu seinem Sohn Albrecht. Dessen Bruder Heinz erinnerte

sich später an heftige Diskussionen zwischen den beiden, »die meine Mutter dann immer versöhnlich zu schlichten verstand«. Die grundlegenden Gegensätze konnte sie aber nicht ausräumen. Denn zuletzt verkündete der Vater stets: »›Man darf nicht‹, oder sogar als alter Humanist lateinisch ›Non liquet …‹, während mein Bruder darauf bestand: ›Und man muss!‹« Wobei er brieflich noch einen Zahn zulegte: »Darüber, wer sich schlimmer mit Gesindel verbunden habe, gehen eben die Meinungen weit auseinander.«[54]
Mit Fortdauer des Krieges erkannte Karl Haushofer, dass die Nazis seine geopolitischen Vorgaben nur als Vorwand für ihre Vernichtungsstrategie benutzten. Der England-Flug seines Freundes Rudolf Heß – »des motorisierten Parsifal«, wie er ihn später bezeichnete[55] – am 10. Mai 1941 brachte ihn auch persönlich in eine schwierige Lage. Er ließ sich dadurch jedoch nicht aus seinem Konzept bringen, beharrte trotzig auf der Richtigkeit seiner geopolitischen Ideen und unterstützte als emeritierter Professor unbeirrt das NS-Regime. 1943 griff er noch einmal zur Feder und schrieb als sein letztes Werk eine den Nationalsozialismus preisende Schrift mit dem Titel »Das Reich. Großdeutsches Werden im Abendland«.
Den endgültigen Bruch mit dem Regime brachte erst das Attentat gegen Hitler am 20. Juli 1944, in dessen Folge Karl Haushofer mehrfach von der Gestapo verhört und eine Zeit lang sogar in Dachau festgehalten wurde. Sein Sohn Albrecht, der in die Sache verwickelt war, konnte erst am 7. Dezember festgenommen werden. Während der Haft in Berlin-Moabit schrieb dieser tiefsinnige Sonette, deren eines dem Vater gewidmet war:

Ein tiefes Märchen aus dem Morgenland
erzählt uns, dass die Geister böser Macht
gefangen sitzen in des Meeres Nacht
versiegelt von besorgter Gotteshand
[…]
Für meinen Vater war das Los gesprochen.
Es lag einmal in seines Willens Kraft
den Dämon heimzustoßen in die Haft.
Mein Vater hat das Siegel aufgebrochen.
Den Hauch des Bösen hat er nicht gesehn.
Den Dämon ließ er in die Welt entwehn.[56]

Ein Gedicht, das ob der darin enthaltenen okkulten Anklänge in einschlägigen Kreisen gern als Beleg für die magische Verstricktheit Haushofers herangezogen wird. Spekulationen, die bis in die Gegenwart wuchern und aus dem Geopolitiker eine Art Faust machen, der als Eingeweihter, Magier und »geheimer Meister« die lenkende Kraft hinter dem Nationalsozialismus gewesen wäre.[57]
Albrecht Haushofer wurde in der Nacht vom 23. auf den 24. April 1945 erschossen. Am Tag darauf kam sein Vater Karl in US-Gefangenschaft. Die Amerikaner waren der Ansicht, dass der »Haushoferism« für die nationalsozialistische Eroberungspolitik maßgeblich verantwortlich war, und sie setzten den ehemaligen Professor daher zunächst auf die Liste derer, die sich vor dem Nürnberger Kriegsverbrechertribunal verantworten mussten. Haushofer gelang es jedoch, unter Vermittlung des Jesuiten Edmund A. Walsh dem amerikanischen Richter Jackson glaubhaft zu machen, dass »er immer bestrebt gewesen war, einen erneuten Krieg zwischen den Völkern zu verhindern«.[58]
Wieder in Freiheit zeigte sich der gesundheitlich schwer angeschlagene 77-Jährige zutiefst entmutigt. Der Tod seines Sohnes, die Niederlage im Krieg, der Zusammenbruch seines Weltbildes – diese Schläge konnte er nicht mehr überwinden. Am 9. Oktober 1945 traf er unter Vermittlung Jacksons ein letztes Mal mit seinem alten Kompagnon Rudolf Heß zusammen. In den Wochen danach regelte er, durch Krankheiten weiter geschwächt, seine familiären Angelegenheiten. Am 10. März 1946, wenige Tage nach einem Schlaganfall, nahm er sich gemeinsam mit seiner Frau Martha auf dem Landsitz der Familie, dem Hartschimmelhof, das Leben.
In seinem Abschiedsbrief an Sohn Heinz schrieb er: »Unser freiwilliges Scheiden aus dem Leben hat folgende Gründe: Die unheilbare Trauer um das Schicksal von Land und Volk, dem ich vergeblich meine ganze Lebensarbeit gewidmet hatte; und um den vorzeitigen Tod unseres Sohnes Albrecht, in dem ich den Erben meines wissenschaftlichen Werkes verloren habe. Da das verflossene Unheilsjahr meine Gesundheit schwer geschädigt hat, sehe ich Siechtum und Abnahme der Kräfte von Geist und Körper voraus [...] Für mich selbst wünsche ich keine Form amtlicher oder kirchlicher Beerdigung, keinerlei Anzeige, Grabinschrift oder Bezeichnung meines Grabes. Ich will vergessen und vergessen werden.«[59]
Dieser letzte Wunsch wurde ihm freilich nicht erfüllt. Ganz im Gegen-

teil entstanden um seine Person zahlreiche Mythen, die ihn als hellsichtigen Magier und von daher engen Vertrauten und Einflüsterer Hitlers darstellen. Er sei, so wurde gemunkelt, Mitglied der Thule- und der Vril-Gesellschaft, zudem ein hochrangiger Aktivist des Illuminaten-Ordens gewesen. Auch hätte er die Verantwortung dafür getragen, dass im Berlin der 1920er-Jahre eine tibetische Kolonie angesiedelt worden war, die, wie man behauptete, in Verbindung mit geheimsten Mächten aus dem Erdinneren stand. Diese Mächte wiederum hätte der umtriebige Geopolitstratege für eigene Zwecke sowie zur Steuerung der nationalsozialistischen Bewegung benutzt. Durch derartige Legenden untermalt, wurde Karl Haushofer zu einer »Symbolfigur der Neuen Rechten und der nationalsozialistischen Esoterik«.[60] Als solche lebt er bis heute in Büchern, Videos und auf Internetseiten der einschlägigen Szene fort.

Herman Wirth

Der Ahnerinnerer in der SS

Im Umfeld des Nationalsozialismus gediehen mitunter auch Ideen, die im Widerspruch zum herrschenden System zu stehen schienen. Das unbeirrte Einstehen zu derartigen Vorstellungen hob deren Verfechter in den Augen der Nachwelt über die Niederungen der Massenmordmaschinerie hinaus und verlieh ihnen den Nimbus politischer Unangepasstheit. Mit diesem Schein der Gegnerschaft zum Hitler-Regime versehen gelang es manch einem ehemaligen NS-Ideologen, sich in späteren Jahren als Alternativdenker darzustellen. So auch dem niederländischen »Urkultur-Forscher« Herman Wirth, der mit seinen Mutterrechtstheorien in den späten 1970er-Jahren eine beachtliche Anhängerschaft in der damals aufkommenden New-Age-Bewegung fand. Manche seiner Verehrer sahen in ihm gar einen für unsere Krisenzeit richtungsweisenden ökologischen und gesellschaftspolitischen Vordenker und verteidigten ihn als angeblich Verfolgten des NS-Regimes. Die bei genauerem Hinblick zu Tage tretenden Fakten sehen freilich anders aus.

Geboren wurde Herman Felix Wirth am 6. Mai 1885 in Utrecht. Seinen ursprünglichen Namen erweiterte er in späten Lebensjahren um die Mädchennamen seiner Mutter und seiner Ehefrau auf Herman

Wirth Roeper Bosch. Als Sohn eines Gymnasialprofessors wuchs er in gut situierten Verhältnissen auf und genoss eine umfassende humanistische Bildung. Nach der Grundschule besuchte er das Gymnasium von Kampen.

Von 1904 an studierte Herman an der Universität Utrecht niederländische Philologie, Germanistik, Geschichte und Musikwissenschaft. Zwischenzeitlich auch in Leipzig und Basel inskribiert, begeisterte er sich für die deutsche Jugendbewegung und wurde Anhänger des Wandervogels. Für ihn war diese Bewegung ein »zeitbedingter, tiefenpsychologischer Aufbruch des erbmassigen Grundtyps [...], um die Seele von Volkstum und Heimat wieder zu finden. Ihr geistiges Rüstzeug im Rucksack war die Edda, Goethes Faust [und] Nietzsches ›Also sprach Zarathustra‹.«[1] Der Student fühlte sich inspiriert, zog hinaus aufs Land, feierte und dichtete. Sein 1909 verfasstes Erstlingswerk »Heilige Wende. Ein Zeitenspiel in 6 Aufzügen« drehte sich um »die weise Frau – die Mutter [...] die Lichte, Holde« und beschwor in tragisch-schwulstiger Überhöhung »der Gottesfreiheit Morgenlicht«, eine neue Welt voll »heiligster Treue alter Art«.[2] 1933 wurde das Werk in deutschvölkischer Umarbeitung neu aufgelegt.

Abseits seiner dichterischen Abschweifungen bemühte sich Herman stets um Wissenschaftlichkeit. 1910 promovierte er bei Professor John Meier mit einer Arbeit über den »Untergang des niederländischen Volksliedes«. Das Werk wurde 1911 in Den Haag veröffentlicht. Wirth erklärte darin, dass der Verfall der alten Liedkultur eine Folge weltwirtschaftlicher Entwicklungen wäre. Die Vorkämpfer dieser Entwicklungen blieben zeitlebens sein deklariertes Feindbild, während er die germanische Welt zunehmend idealisierte. Schon während seiner Studentenzeit zeigte sich der Volkskulturforscher zunehmend interessiert an jugendbewegt-völkischen Vorstellungen und hielt engen Kontakt zu deutschen Gesinnungsfreunden.

Seine Kontakte mit Deutschland nutzte er auch in beruflicher Hinsicht. Nach der Beendigung seines Studiums bekam er einen Posten als Lektor für niederländische Philologie an der Universität Berlin. Unter dem Einfluss seiner akademischen Freunde entwickelte Wirth damals eine »national-romantische Weltanschauung« auf der Grundlage deutschvölkischer Wertvorstellungen. Zwar beschrieb ihn einer seiner ersten Biografen, Pfarrer Gerhard Gloege, als »überzeugten Anhänger des großniederländischen Gedankens«, doch bleibt zu vermuten, dass der

Wahldeutsche dies von Anfang an unter viel weiter reichenden Gesichtspunkten sah: Seine »Groß-Niederlande« sollten Teil eines deutschen Föderalstaates sein.[3]

Ende 1914 meldete sich Herman Wirth, angetan von den »hohen Werten germanischer Kultur«, als Freiwilliger bei der deutschen Armee. 1915 wurde er zu der von der deutschen Militärregierung in Brüssel unterstützten »Flamenbewegung« abkommandiert. Vermutlich war er Verbindungsoffizier bei den so genannten »flämischen Aktivisten«, die den Auftrag hatten, Flandern von Wallonien, dem französischsprachigen Teil Belgiens, abzuspalten. Wenn sich Wirth später – in einem Brief an seinen Mentor Heinrich Himmler vom 5. Novermber 1936 – als »ersten Organisator der vlämischen Unabhängigkeitsbewegung im Felde, Flandern 1914-15« bezeichnete, übertrieb er damit freilich seine Möglichkeiten. Immerhin wurde die Tätigkeit Wirths von höchsten Stellen Deutschlands mit viel Sympathie verfolgt. 1916 verlieh ihm Kaiser Wilhelm II. wegen seines Einsatzes für die »stammesverwandten nordischen Länder« den Ehrentitel eines »Titularprofessors« und verhalf ihm zu der Möglichkeit, ein Jahr lang an der Universität Berlin niederländische Philologie zu unterrichten. Nach Beendigung dieses Gastauftritts kam er 1917 als »vlämischer Hochschullehrer« nach Brüssel, quittierte den Posten aber Ende 1918 wieder.[4]

Wirth hatte die ganze Kriegszeit über gehofft, dass sich nach dem Ende der Schlächterei eine deutsche Gelehrtenrepublik etablieren würde, in der er als vom Kaiser selbst ernannter Professor eine wichtige Rolle spielen würde. Da sich diese Hoffnungen zerschlugen, blieb er vorerst in den Niederlanden. 1920 gründete er in Nordholland den »Dietsc Trekvogel«, einen Ableger des deutschen Wandervogels, »unter dem großen Gesichtspunkt der späteren Zusammenarbeit mit der Jugend aller anderen stammverwandten nordischen Länder«.[5] Als »Trekvogel« vertiefte er sich in Bücher über »deutsche und nordische Vor- und Urgeschichte, Volk- und Heimatkundliches [...] Aus alledem machte diese junge Generation sich eine Schau artgemäßen nordischen Geisteserbes zurecht, das von den Vertretern der christlichen Kirchen und ihrer Theologie wie von den einschlägigen Kathederfachwissenschaften mit einer einzigen Geste abgetan und beiseite geschoben wurde.«[6]

Wirth beschloss gegen diese Ignoranz anzukämpfen, sah sich aber vorerst außer Stande, »der Jugend auf ihre Frage nach dem Geisteserbgut klaren und zuverlässigen Bescheid geben zu können.« Er zog sich daher »von der kulturpolitischen Arbeit im Westen zurück« und übernahm 1922 in dem friesischen Städtchen Sneek den Posten eines einfachen Studienrats am örtlichen Humanistischen Gymnasium. Nebenbei beschäftigte sich Wirth mit den Giebelzeichen der Bauernhäuser von Westfriesland und Twente und glaubte darin »Reste einer alten Kultsymbolik« zu erkennen. Auch Runenzeichen fanden sein Interesse und er gelangte zu der Überzeugung, dass »die germanische Runenschrift ursprünglich eine kalendarische Kultsymbolik gewesen sein müsste, eine Jahressymbolreihe eines achtfach geteilten Kalender-›Rades‹«.[7] Mehr oder weniger in Zusammenhang mit seinen diesbezüglichen »Forschungen« pflegte Wirth weiter Kontakte zum deutschen Wandervogel und zur völkischen Szene. Gegenüber den Ariosophen um Rudolf John Gorsleben, Philipp Stauff, Jörg Lanz von Liebenfels und anderen ging er allerdings auf Distanz. Er sah durch sie sein eigentliches Anliegen, nämlich die wissenschaftliche Fundierung seines nordischen Weltbildes, »verrufen und völlig kompromittiert«.[8]

1923 ergab sich für Wirth endlich die Gelegenheit, nach Deutschland zu übersiedeln. Als Privatgelehrter ließ er sich in Marburg an der Lahn nieder und fand dort eine bleibende Heimat. Das Haus, das er zusammen mit seiner deutschen Frau Margarethe – auch in der Nachkriegszeit noch – bewohnte, hieß »Eresburg« nach einem alten, dem Kriegsgott Mars bzw. Eor geweihten »sitz des heidenthums« ganz in der Nähe der Weltenesche Irminsul.[9] Im August 1925 trat er der örtlichen Ortsgruppe der ein halbes Jahr zuvor neu gegründeten NSDAP bei. Dass er im Juli des Folgejahres aus der Braunhemden-Gemeinschaft wieder ausschied, begründete er später mit »der faschistischen Nachfolge«. 1929 soll er dies Hitler gegenüber freilich ganz anders begründet haben, nämlich damit, dass er ohne Parteibuch besser Propaganda für die Bewegung machen konnte. Vielleicht aber waren es schlicht opportunistische Gründe, die ihn zum Rückzug aus der Partei bewogen, denn für seine Forschungsarbeiten bezog der Wahldeutsche damals auch Geld von jüdischer Seite.[10]

Abseits dessen suchte Wirth den zivilisatorischen Zwängen zu entkommen, indem er fanatischer Anhänger der Rohkost-Lebensweise wurde und Vegetarismus als Teil »echter deutscher Lebensart« propagierte. Zu dieser Lebensart gehörte auch ein spezielles Gewand. Während sich seine Frau in »germanischem Habit« kleidete, trat er selbst bei öffentlichen Veranstaltungen oft in einem »wallenden grünen Mantel« auf.[11]

Dazu kam sein Faible für alte heilige Stätten, an denen er nicht nur germanischen Wurzeln nachforschte, sondern wohl auch Rituale zelebrierte und eigene religiöse Vorstellungen entwickelte. Zum »gewaltigsten Erlebnis« wurde ihm dabei »der immer mehr sich verdichtende Nachweis einer rein monotheistischen Urreligion«.[12]

Zu diesem Thema schrieb er in der »Eresburg« sein zweites Buch. »Der Aufgang der Menschheit. Untersuchungen zur Religion, Symbolik und Schrift der atlantisch-nordischen Rasse« verursachte bereits im Vorfeld der Veröffentlichung etliche Auseinandersetzungen. Eugen Diederichs hielt als sein Verleger trotz aller Bedenken – vor allem seitens des Völkerkundlers Hans Naumann – bezüglich der Wissenschaftlichkeit des Werkes zu ihm und brachte das Buch 1928 auf den Markt. Von Bewunderern hoch gelobt, von Kritikern aber regelrecht zerfleischt, bezeichnete der Autor selbst das Buch später als »unförmigen, höchst mangelhaften ›Wälzer‹«. In teilweise schwulstiger Sprache unternahm er darin den »ersten unwahrscheinliche[n] Versuch, aus der Zergliederung einer notwendigen fachwissenschaftlichen Spezialisierung wieder zu einer werdenden Synthese der Geisteswissenschaften als Geistesurgeschichte zu gelangen«.[13] Inhaltliche Schwerpunkte der Arbeit bildeten die Darstellung der Germanen als »nordische Kulturbringer-Oberschicht« und die Propagierung einer angeblich »lebensgesetzlich unzertrennlichen Verkettung der Erbmassen des Blutes und des Geistes«.[14]

Wirths erklärtes Ziel war es, die »germanisch« geprägte »Urkultur« wieder zu erwecken. Davon erhoffte er sich »die Wiedergeburt der nordischen Rasse und die Befreiung der Menschheit vom Fluch der Zivilisation«. Um ihn in diesem Anliegen zu unterstützen und Wirths Gedankengut zu verbreiten, gründeten Anhänger 1928 eine lose zusammenhängende Gruppe, die Herman-Wirth-Gesellschaft. Mit von der Partie waren der »Germanenforscher« Bernhard Kummer, der Geomant Wilhelm Teudt, der Philosoph Hugo Bergmann, Regierungsrat a. D. Walther Fischer, der zunächst kritisch distanzierte Germanist Gustav Neckel und der völkische Schriftsteller Johannes von Leers. Dessen Frau Gesine übernahm als Wirths Privatsekretärin die Leitung der Gesellschaft und die Betreuung der Zeitschrift »Nordische Welt«, in der die Ideen des »Meisters« breit dargelegt wurden.[15]

Wirth gab sich in der Folgezeit großmännisch und fand mit seinen Ideen eine wachsende Anhängerschaft. Seinem Selbstverständnis als richtungsweisender Wissenschaftler entsprechend lebte er auf großem Fuß, hielt sich Hauspersonal – Pflegeschwester, Privatsekretärin sowie einen Hauslehrer für seine beiden Kinder, einen Sohn und eine Tochter – und investierte sein Geld in kostspielige Forschungsprojekte. Auf diese Weise verprasste er allmählich sein Vermögen.

Immerhin verschaffte der Wirbel um den »Aufgang der Menschheit« dem Autor zahlreiche Vortragsangebote. Eins davon führte ihn im Verlauf des Jahres 1929 nach Nürnberg, wo er den Führer jener Bewegung kennen lernte, der er sich seit langem schon politisch zugehörig fühlte: Adolf Hitler. Eigenen späteren Schilderungen zufolge traf Wirth den Chef der NSDAP eher zufällig nach seinem Vortrag in einem Hotel. Und angeblich soll Hitler in der Folgezeit einigen Vorträgen des »Urgeistesforschers« gelauscht haben. Eine gewisse Anerkennung bedeutete es auch, dass der »Führer« dem einflussreichen Münchner Verleger Hugo Bruckmann ein Exemplar des »Aufganges« mit persönlicher Widmung schenkte.[16]

Weitaus nachhaltiger war eine Begegnung, die Wirth 1930 mit einem anderen Exponenten der nationalsozialistischen Bewegung hatte, nämlich Alfred Rosenberg. Die heftige Auseinandersetzung, die er mit ihm führte, hatte zur Folge, dass die beiden einander spinnefeind wurden. Der Grund für den Konflikt waren laut Wirth unterschiedliche Ansichten bezüglich der Rolle der Frau im kommenden Deutschen Reich. Rosenberg selbst gab demgegenüber grundlegende Verständnisprobleme an. Schon in seinem kurz vor der Begegnung erschienenen »Mythus des 20. Jahrhunderts« hatte er sein Missfallen an den »Forschungen« des Privatgelehrten bekundet. Und noch in seinen »Letzten Aufzeichnungen« fragte er sich, wo bei Wirth »der Ernst aufhöre und das unkritische Spintisieren beginne«.[17]

1931 veröffentlichte der »Geistesurgeschichtsforscher« eine Schrift mit dem Titel »Was heißt Deutsch? Ein urgeistesgeschichtlicher Rückblick zur Selbstbesinnung«. Darin verherrlichte er den Nationalsozialismus als eine Bewegung, die »Erneuerung und Aufstieg« bringen sollte. Deutsch-Sein beschrieb er in diesem Zusammenhang als »aus Gott, Leben Gottes sein […] Das Leben ist geboren vom Lichte, das von Gott ist. Wer ›deutsch‹ ist, ist aus Gott, trägt Gottes Licht in sich als die Offenbarung der Ewigkeit, die von Geschlecht zu Geschlecht weitergegeben wird.«[18] Freilich gab es auch Leben, das laut Wirth nicht lebenswert war. »Der Abschluss dieser geschichtlichen Zeit bis zur Wende, welche Adolf Hitler als Aufbruch Deutschlands herbeiführte, war ein Volk ohne Gottesleben mit einem siechenden Körper [...] Und weitere Milliarden kosten das Volk und Land die Folgen [der] Odalslosigkeit, der Unterhalt der Irren- und Krankenhäuser, der Zuchthäuser, die künstliche Lebenserhaltung der erbrassig Minderwertigen, die sich wahl- und schrankenlos vermehren dürfen, während die wertvollen gesunden jungen Menschen in einem verzweifelten Existenzkampf ihre beste Kraft zerreiben und selber zu Grunde gehen dürfen.«[19] Wirth war mit Aussagen wie diesen klar auf Parteilinie und fand – ungeachtet der harschen Kritik Rosenbergs – eine wachsende Anhängerschar in Kreisen der NSDAP.

Im Oktober 1932 unterbreitete die nationalsozialistische Landesregierung von Mecklenburg Wirth das Angebot, in der »Kühlung« bei Bad Doberan ein »Forschungsinstitut für Geistesurgeschichte« zu errichten. Der Privatgelehrte nahm an, verließ die Herman-Wirth-Gesellschaft, die sich in »Gesellschaft für germanische Ur- und Vorgeschichte« umbenannte, und übersiedelte in das nahe Rostock gelegene Städtchen. Als Assistent zur Seite stand ihm Wolfram Sievers, der von nun an sein engster Mitarbeiter werden sollte. Die staatliche Unterstützung des umtriebigen Forschers forderte die Kritik der von ihm so genannten »Kathederwissenschaftler« heraus. Eine lange Reihe von Germanisten, Historikern und Prähistorikern schoss sich auf den Wahldeutschen ein, der seinerseits die Initiative ergriff und 1932 ein Buch auf den Markt brachte, in dem er seine akademischen Parteigänger zu Wort kommen ließ: »Was bedeutet Herman Wirth für die Wissenschaft?« Unter der Herausgeberschaft des Philosophen Alfred Baeumler kamen darin unter anderem der Anthropologe Gerhard Heberer, der Symbolforscher Erich Jung, der Volkskundler Eugen Fehrle und der Kulturhistoriker Josef Strzygowski zu Wort. Gustav Neckel bewunderte in seinem Beitrag an Wirth, dass »vor allem seine Unabhängigkeit von Schlagworten und Modemeinungen erfrischend und in des Wortes bestem Sinne verdienstlich« wäre.[20]

Das Forschungsinstitut gab Wirth die Möglichkeit, die Arbeit an seinem Hauptwerk voranzutreiben. »Die heilige Urschrift der Menschheit« erschien in zwei Bänden 1931 und 1936. Wirth vertrat darin die Ansicht, dass sich über die »kalendarische Kultsymbolik« der »Urglaube der Menschheit« rekonstruieren ließ. Diesen Urglauben setzte er gleich mit einer nordischen bzw. nordatlantischen »Geistesurkultur«, die von matriarchalen Familien-, Sippen- und Stammesverbänden getragen worden und einem ausgefeilten Eingottglauben geprägt gewesen wäre. Wirth berief sich bei seinen Darlegungen auf den Wiener Völkerkundler Pater Wilhelm Schmidt, der traditionelle Überlieferungen unterschiedlichster Völker so umdeutete, dass sie dem christlichen Eingottideal entsprachen. Wirth selbst beklagte in seiner »Urschrift« die »ganze Tragödie unserer Blutsverwandten [...], die auch einst aus der gemeinsamen Heimat, dem Weißland des hohen Nordens, die Schrift des Jahresgottes mitgebracht hatten«.[21] Er selbst wäre nun angetreten, der »Thule-Kultur« und damit dem urgermanischen »Lande und Volke den ihnen gebührenden Platz in der Menschheitsgeschichte zuzuweisen und zu sichern«.[22]

Dieser Zielsetzung folgend kam er zu dem Schluss, dass sich »die evolutionistische Geschichtsbetrachtung der hinter uns liegenden liberalistischen Epoche [...] als völlig unhaltbar und irrig erwiesen« hätte. »Wir finden Gott in der Heimat, in unserer Volkheit, unserer Art wieder. Wir treten den Heimweg an. Wir wollen wieder edel werden im Odal Gottes, in der Heimat das Leben Gottes wieder finden. Wir wollen wieder von rechter Art sein [...] Nun helfe uns der Weltengeist und [...] die ›heilige Urschrift‹ der Ahnen, dass wir den Sinn des Lebens und der Heimat ganz erfassen, wieder ein Volk, eine Gemeinschaft von Freien und Edlen werden.«[23]

Mit derartigen Ideen untermauerte Wirth seine Lehre vom »Heilbringer« Baldur, dem germanischen Gott der Wiederkehr und der Erneuerung der Welt, an deren Pforte »der Aufbruch Deutschlands, der ein Aufbruch des Erberinnerns, der geistig-seelischen Erbmasse« stünde.[24] Rund um diese Lehre fand sich eine Schar von Esoterikern zusammen, zu der unter anderem Werner Georg Haverbeck gehörte. Dieser 1919 geborene NS-Aktivist und SA-Kämpfer wurde einer der wichtigsten Schüler Wirths. Als Vorkämpfer einer deutschtümlichen Anthroposophie und Leiter des Collegium Humanum in Vlotho übte er von den 1980er-Jahren bis zu seinem Tod 1999 einigen Einfluss in der Alternativszene aus.[25]

Die Machtübernahme der Nazis im Januar 1933 kam Wirth überaus gelegen. Durch sie hoffte er nun endlich auch offiziell als Wissenschaftler reüssieren zu können. Während die etablierten Forscher seiner Ansicht nach »in dem Aufbruch unseres Volkes, unserer Heimat restlos versagt« hatten, betrachtete er sich selbst als eine Art wissenschaftlichen Erlöser Deutschlands. Und er machte tatsächlich Karriere. Im April 1933 wurde er nach Abbruch seines Doberaner Institutsprojekts und kurzzeitigem Aufenthalt in Marburg als außerordentlicher Professor an die Friedrich-Wilhelm-Universität in Berlin berufen. Nebenbei bemühte er sich um eine neuerliche NSDAP-Mitgliedschaft. In einem Schreiben vom 8. März 1934 vermerkte Hitlers Sekretär Martin Bormann bezüglich einer Rückgabe der alten Parteinummer 20151 an Herman Wirth: »Der Stellvertreter des Führers kann dies bestätigen und befürwortet daher Genehmigung des Antrages, den ich beiliegend überreiche.«[26]

In Überschätzung seiner Möglichkeiten begann Wirth eine Reihe von Projekten, die weit über seine finanziellen Mittel hinausgingen. So initiierte er im Mai 1933 eine Wanderausstellung über germanische Führervorstellungen mit dem Titel »Der Heilbringer«. Diese zunächst in Berlin, danach in Bremen gezeigte Wirth-Schau wurde durch den Bremer Industriellen und Senator Ludwig Roselius finanziert. Aber weder seine Unterstützung noch die durch wohlhabende Gönner aus Handel und Großindustrie wie etwa »Frau Geheimrat« Mathilde Merck und Prinzessin Marie-Adelheid Reuß zur Lippe konnten verhindern, dass Wirth materiell ins Trudeln geriet. Seine letzte Hoffnung war eine von ihm damals bei staatlichen Stellen beantragte große Freilichtschau. Der Preußische Kultusminister Bernhard Rust ließ sich jedoch auch durch Wirths namhafte Protektoren nicht weich klopfen und so »zerschlug sich das Projekt schon in den Anfängen«.[27]

In dieser Lage besann sich der Wahldeutsche einer angeblich altfriesischen Familienchronik, die er für seinen größten wissenschaftlichen Trumpf hielt: das 1872 von J. G. Ottema erstveröffentlichte »Oera Linda Bok«. Die Belege, dass es sich bei diesem Werk um eine Fälschung handelte, waren eindeutig: künstlich koloriertes Papier, eine in sich unstimmige Runenschrift und ein auf Altfriesisch getrimmtes Neuholländisch. Dennoch war Wirth besessen von der »Quellenechtheit« der Chronik. Nachdem er von 1922 an immer wieder Vorträge dazu gehalten hatte, veröffentlichte er Ende 1933 eine deutsche Übersetzung samt umfangreichem Bilderatlas mit Julrädern, Runenbäumen, Schwanenbooten und Matronensteinen.[28] Das Buch fand viel Anklang, war zu seiner Zeit ein Bestseller, brachte den Autor aber NS-intern ins Zwielicht. Denn etliche Stellen der Chronik waren zu aufklärerisch und absolut undeutsch. Die in dem Manuskript verherrlichte Demokratie brauchte man im Dritten Reich ebenso wenig wie das darin hoch gepriesene Matriarchat. Der ganze Propagandaapparat musste eingesetzt werden, um die Sache ins rechte Licht zu rücken. Und Wirth selbst wurde von Kritikern zum Teil wüst beschimpft. In »einer viereinhalbstündigen Redeschlacht in der Berliner Universität am 4. Mai 1934 [...] musste sich der ›Mann aus Holland‹ sagen lassen, dass das neue Deutschland seine Ura-Linda-Chronik nicht brauchte. Er selber sei, das hielt man ihm zugute, ein Idealist und Wunschdenker.« Aber das Buch war nun mal unbrauchbar für das NS-Regime.[29]

Angesichts der massiven Kritik schwenkte Wirth rasch um und veröffentlichte ein Werk, in dem er sich den Nazis andienerte. »Vom Ursprung und Sinn des Hakenkreuzes« erschien fast zeitgleich mit der Chronik. Es war ein Hochgesang auf den Nationalsozialismus und sein »Urgeistessymbol«, das Hakenkreuz. Bis zuletzt behauptete der »Geistesurgeschichtsforscher«, einer der wesentlichen Impulsgeber für den Gebrauch dieses Zeichens durch den Nationalsozialismus gewesen zu sein.[30] Trotz aller Pionieransprüche und Lobhudelei auf das Regime blieb Wirth eine größere Anerkennung versagt. Tief enttäuscht behauptete er später, Hitlers Aufbruch wäre durch die Parteibonzen »völlig abgedrängt, ideologisch abgewandelt worden. Geistig unfähige Mitarbeiter, in Verbindung mit einer geistesgeschichtlich völlig unzulänglichen, gestrigen männlichen Fachwissenschaft, schufen an jener männerbündisch-ideologischen Ausrichtung des Nationalsozialismus in ihrer Weiterentwicklung als ›Drittes Reich‹ mit.« Und dies bedeutete in Wirths Augen das Ende »des eigentlichen Aufbruches Hitlers«.[31]

Weit davon entfernt, zu resignieren, pflegte der umstrittene und in zerrütteten finanziellen Verhältnissen lebende Professor weiter seine politischen Kontakte. Da traf er im Oktober 1934 auf einer Abendgesellschaft, die Johannes von Leers gab, mit Reichsführer-SS Heinrich Himmler und Reichsbauernführer Richard Walther Darré zusammen. Die beiden kamen ins Gespräch mit dem eigenwilligen Forscher und fanden Gefallen an ihm. Unter ihrem Schutz sollte ihm fortan die Möglichkeit gegeben werden, seine Forschungen auf gesichertem Boden durchzuführen. Darrés Reichsnährstand bildete in enger organisatorischer Bindung an Himmlers Rasse- und Siedlungs-Amt den institutionellen Rahmen. Im April 1935 zog Wirth in die Berliner Brüderstraße und gründete dort eine »Freilichtschau und Sammlung für Volksbrauch und Urglauben« mit der Bezeichnung »Deutsches Ahnenerbe«. Einen Monat später eröffnete Himmler persönlich seine Ausstellung »Der Lebensbaum im germanischen Brauchtum«. Zweck dieser Propagandaschau war es, eine »wissenschaftlich fundierte« Antwort »auf die Frage vom Dasein, Leben, Volkstum und Heimat« zu geben.[32]

Herman Wirth befand sich nun am Höhepunkt seiner beruflichen Laufbahn. Am 1. Juli 1935 erfolgte die formelle Gründung des Vereins »Deutsches Ahnenerbe«, dessen deklariertes Ziel es war, »die Wissenschaft der Geistesurgeschichte zu fördern«. Wirth selbst wurde Präsident, »Diplomlandwirt« Heinrich Himmler »Vorsitzender des Kuratoriums«, und Darré ließ sich durch Hauptamtsleiter Hermann Reischle und andere ihm ergebene Mitglieder des Reichsnährstandes vertreten.[33] Allesamt bemühten sie sich, qualifizierte Fachkräfte anzuwerben und mit ihrer Hilfe verschiedene Abteilungen aufzubauen. Wirth übernahm im Bündnis mit den Freunden Darrés die »Pflegstätte für Schrift- und Sinnbildkunde« und widmete sich in besonderer Weise dem »Odal«, den germanischen »Erbhofgesetzen«. Mit großzügiger finanzieller Unterstützung legte er eine »germanische Brauchtumssammlung« an und ließ eine Modell-, dazu Lichtbild- und Filmwerkstatt einrichten. Im Herbst 1935 und August 1936 unternahm er kostspielige »Forschungsexpeditionen« nach Skandinavien. Die präsentierten Ergebnisse waren Himmler und vielen »Ahnenerbe«-Forschern jedoch »zu dünn«, und der bisweilen prahlerisch auftretende Wirth geriet zunehmend unter Druck.[34]

Im September 1936 gab Wirth dem an seiner Kompetenz zweifelnden Reichsführer-SS gegenüber an, ein Grundlagenwerk zum Odal »als Kern- und Grundgedanke ariogermanischer Weltanschauung und ihrer gesellschaftlichen Ordnung« erarbeiten zu wollen. Doch Himmler war zu diesem Zeitpunkt längst entschlossen, den unliebsamen Wahldeutschen loszuwerden. Schon im März 1936 hatte er ihm untersagt, eigenständig »Verhandlungen oder Korrespondenz« im Namen des »Deutschen Ahnenerbes« zu führen, im Herbst ging er dazu über, ihn völlig von der Öffentlichkeit zu isolieren. Wirth griff in dieser Situation verstärkt auf sein Bündnis mit Darré zurück und noch im Dezember 1936 erklärte Reischle, das »Ahnenerbe« sei im Wesentlichen eine »Verarbeitungsstelle des Wirthschen Gedankengutes«.[35] Was Himmler freilich ganz anders sah.

Am 9. November 1936 wurde das »Deutsche Ahnenerbe« dem Haupt-

amt »Persönlicher Stab, Reichsführer-SS« angegliedert. Im Februar 1937 teilte man dem »Geistesurgeschichtsforscher« mit, dass er fortan zuallererst Aufträge des Reichsführers-SS zu bearbeiten hätte. Erst in zweiter Linie könnte Wirth an »freie Forschungstätigkeit« denken. Das »Deutsche Ahnenerbe« sollte als Kulturreferat der SS ausgebaut werden und nicht, wie ursprünglich abgemacht, der Förderung von Wirths Forschungen dienen. Was zur Folge hatte, dass sich zahlreiche Mitglieder des »Ahnenerbes« gegen ihn wandten, so etwa sein ehemaliger Kompagnon Sievers, vor allem aber der 1902 geborene, aus der Pfalz stammende Hochschulprofessor Walther Wüst. Im März 1937 wurde der Verein in »Das Ahnenerbe« umbenannt und von Grund auf umstrukturiert. Während Wüst zum Leiter des Vereins aufstieg, verlor der auf den Posten eines »Ehrenpräsidenten« abgeschobene Wirth alle seine Kompetenzen. Da half ihm auch seine Position als SS-Hauptsturmführer nichts.
Dass Himmler seinen einstigen Schützling ins Abseits drängte, war wohl auf die wissenschaftlichen Einwände gegen seine Forschungsarbeiten zurückzuführen. Als dann auch noch klar wurde, dass die von Wirth nach wie vor massiv propagierte »Ura-Linda-Chronik« zweifelsfrei eine Fälschung war, sah er keinen Grund mehr, ihn weiterhin im Verein zu halten. Im Herbst 1937 nahmen Sievers und Wüst den »Ehrenpräsidenten« des Ahnenerbes unter Beschuss. Im März des folgenden Jahres verlor der ungeliebte Forscher auf Weisung des Reichsministers für Wissenschaft seinen Posten als Hochschulprofessor und im Mai kam es nach brieflichen Auseinandersetzungen zwischen Sievers/Wüst und Wirth zum endgültigen Bruch zwischen ihm und dem Ahnenerbe. Der geschasste Professor kehrte nach Marburg zurück und lebte hier von den Spenden seiner alten, finanzkräftigen Freunde Roselius und Merck. Dass ihn auch Himmler weiterhin mit Geldgaben unterstützte, hatte vermutlich zwei Gründe: Zum einen hegte er innerlich Zweifel, ob Wirth tatsächlich ein Scharlatan war, zum andern waren dessen Gönner auch Ahnenerbe-Geldgeber und die wollte er nicht verlieren.[36]
Neben diesen kleineren Geldspenden förderte Himmler auch Wirths Habilitationsabsichten. In den Niederlanden als Kollaborateur der Nazis geächtet, bemühte sich der wahldeutsche SS-Mann Ende 1941 um eine Habilitation an der Universität von Marburg, wurde jedoch abgelehnt. Eine ihm im April 1942 zugetragene Stelle als »Professor für Ur-

religionswissenschaft« an der Theologischen Fakultät der Universität Jena fand nicht die Zustimmung des Reichswissenschaftsministeriums und so war er auf Zuwendungen von anderer Seite angewiesen. Unter Vermittlung seines Bewunderers Rudolf Becker konnte er sich durch SS-Geldgaben vorerst noch über Wasser halten.[37]

1944 erhielt Wirth ein Kustodiat am Seminar für Deutsche Volkskunde der Universität Göttingen – allerdings mit der Auflage, dieses nicht anzutreten. Bis ins Frühjahr 1945 hinein legte sich der Göttinger Lehrkörper gegen den unliebsamen Forscher quer. Nach dem Zusammenbruch des Dritten Reiches kam Wirth in amerikanische Kriegsgefangenschaft. Seine Frau Margarethe brachte mit Hilfe der Netherlands War Crimes Commission Akten zu seiner Entlastung bei und schaffte es, ihn 1947 wieder freizubekommen. Am 6. Mai 1950 wurde Herman Wirth als pro forma Kustos der Universität Göttingen in den Ruhestand entlassen.[38]

Als Rentner zwar finanziell abgesichert, fühlte er sich in Deutschland nicht mehr wohl. 1952 emigrierte er für kurze Zeit mit Frau und Tochter – Sohn Volkhart hatte den Krieg nicht überlebt – nach Schweden und gründete dort »mit schwedischem Industriegeld für einen Industriellen das Institut für Farbfotografie«. Als er bei einer spiritistischen Sitzung mit einem Esoteriker namens Blumberg zusammensaß, soll dieser auf Wirth bezogen ausgerufen haben: »Dahinten an der Wand, da sitzt einer mit einer mächtigen Aura.« Womit der ungeliebte Forscher in dem fremden Land endlich als das erkannt wurde, was er eigenem Empfinden nach immer schon gewesen war: ein Lichtwesen.[39] So kehrte er, spirituell gestärkt, nach Deutschland zurück und machte sich daran, die entgangenen Einkünfte seiner Berliner Professur einzuklagen. In diesem Zusammenhang erklärte er 1956 vor der Berufungsinstanz in Köln, dass »auch vieles Gute im nationalsozialistischen Dritten Reich gewesen wäre und dass dies auch heute noch meine Überzeugung sei«. Klar, dass der Prozess auf Grund dieser Aussage verloren ging, Wirth »draußen auf der Straße stand« und von der »Zukunft sorgenschwer« überfallen wurde.[40]

Wirth hatte also – eigenen Darstellungen zufolge – keine Zeit, sich gemütlich zurückzulehnen. Er plante mehrfach Ausstellungen, so unter anderem 1958 eine über »Die Mütter von Ost und West«, und widmete sich mit vollem Elan seinen »Forschungen zur Geistesurgeschichte«. Dabei zeigte sich, dass er von seiner im Ahnenerbe gepflegten Weltanschauung nicht abließ. 1960 fasste er seine Ideen in einem Buch mit dem Titel »Um den Ursinn des Menschseins. Die Werdung einer neuen Geisteswissenschaft« zusammen. Das Werk erschien im einschlägig bekannten Wiener Volkstum-Verlag. Er beklagte darin, dass »der Aufbruch des Nationalsozialismus Hitlers nicht zur Entfaltung gelangte«, und machte dafür unter anderem das Fehlen »geistig hoch stehender Frauen« im Beratungsstab verantwortlich.[41] Über die moderne Zeit schrieb er: »Das Endergebnis dieser wurzellosen, entwurzelten städtischen Zivilisation [...] ist nach dem Zweiten Weltkrieg eine moderne ›Kunst‹, die sich gerne ›abstrakt‹ nennt – ein Auflösungs- und Zersetzungsvorgang, der von selbst- und sonstbetrügerischen bis völlig krankhaften, pathologischen Elementen erzeugt und propagandiert wird«. Die moderne Kultur war nichts weiter als eine »westliche cloaca maxima, die nach 1945 bei völlig aufgedrehten Schleusen ihre Schlammfluten über das deutsche Volk und seine Jugend ungehemmt ergießen konnte.«[42]

Als die Jugend in den 1960er-Jahren gegen diese »cloaca« rebellierte, fand sie Wirths volle Sympathie. Seine Anbiederungsversuche unter Berufung auf die eigene jugendbewegte Vergangenheit fruchteten jedoch erst spät. In den 1970er-Jahren fand der greise Forscher in Waltraud Wagner, Roland Häke und mit Einschränkungen Andreas Lentz Verehrer, die auch bereit waren, für ihn einzustehen. Wirth wurde von ihnen und seinem Schüler Werner Haverbeck als NS-Dissident gepriesen, der mit seinen matriarchalen Ideen im patriarchalen Dritten Reich gescheitert war. Eine Behauptung, die durch seine letzten Publikationen belegt wurde. So beklagte er etwa in seiner 1969 veröffentlichten Schrift »Europäische Urreligion und die Externsteine« die »Ausschaltung der Frau aus der Führung von Staat und Volk«.[43] Und in seiner Stellungnahme »Zur Frage der Frauenberge, eine europäische Gegenwartsfrage« aus dem Jahr 1972 beschrieb er das »kultische Matriarchat« als die eigentliche uranfängliche Religion.

Wirth fand auch im hohen Alter noch Geldgeber und schaffte es, in Marburg ein Ur-Europa-Museum mit den Schwerpunkten »Ursymbolik und Urreligion« zu etablieren. Zu den Pilgern aus alternativen Kreisen gesellten sich bald Vertreter der Indianerunterstützerszene, die Texte des greisen Mannes in ihren Schriften veröffentlichten. Auf ihre Initiative kam 1979 ein Treffen zwischen dem mittlerweile verwitweten Wirth und dem Hopi James Kootshongsie zu Stande. Die beiden

plauderten einen Tag lang über alte Symbole – und fanden auf einer »Urgeistesebene« zueinander. »Der 93-jährige Gelehrte [...] triumphierte nach diesem Besuch aus Nordamerika«, sah er durch ihn doch seine Theorien vollauf bestätigt.[44]
Damit nicht genug, erhielt Wirth im selben Jahr noch viel höheren Besuch. Im September machte Willy Brandt in Thallichtenberg Station und traf dort mit dem greisen Forscher zusammen. Der Staatsmann zeigte sich von der umfangreichen Sammlung prähistorischer Materialien tief beeindruckt und versprach Wirths Wunsch nach Gründung eines Instituts für Urgemeinschaftskunde in Bonn »weiter zu besprechen«.[45] Als sich dann auch noch das deklarierte SPD-Mitglied Roland Häke um Unterstützung für eine in der Zehntscheune in Lichtenberg einzurichtende Sammlung prähistorischer Symbole bemühte, wurde es den Jungsozialisten von Kusel zu dumm. Sie starteten eine Anti-Wirth-Kampagne, die breite Wellen schlug.
Am 29. September 1980 attackierte »Der Spiegel« unter dem Titel »Schenkel der Göttlichen« die CDU-Landesregierung von Hessen und die SPD des Kreises Kusel wegen ihrer Unterstützung für den ehemaligen SS-Mann. Im November gleichen Jahres strahlte der Südwestfunk die Dokumentation »Ahnenkult auf Staatskosten. Professor Wirth auf der Suche nach der Urmutter« aus. In dieser Situation sahen die Lokalpolitiker keine Chance mehr, das Wirth-Projekt durchzubringen. Im Februar 1981 beschloss der Kreisausschuss, den Museumsplan nicht mehr zu unterstützen. Damit war die von Häke und anderen betriebene gesellschaftliche Etablierung Wirths gescheitert. Der enttäuschte Forscher zog sich zurück, erlitt am 30. Januar 1981 einen schweren Schlaganfall und starb wenige Tager später, am 16. Februar, in Thallichtenberg. Die Zeitung »Rheinpfalz« berichtete, dass bei seinem Begräbnis die rechtsextreme Wehrsportgruppe Hoffmann aufgetreten wäre. Begräbnisteilnehmer wiesen diese Behauptung jedoch brüsk zurück.[46]
Die 1954 gegründete Herman-Wirth-Gesellschaft pflegte noch eine Zeit lang das Angedenken des Ahnenerbe-Gründers. In »Gesellschaft für europäische Urgemeinschaftskunde« umbenannt, trennte sie sich in den 1990er-Jahren laut ihrem Vorsitzenden Paul A. Rohkst von allem, »was mit Herman Wirth aus der Zeit vor und während des letzten Krieges zu tun hatte«, und sie distanzierte sich dabei formal »auch von allen seinen politischen und rassistischen Äußerungen«.[47] Aufregung

gab es unterdessen bei der Übernahme eines Teils der Wirth-Sammlung durch das Felsbilder-Museum im österreichischen Spittal am Pyhrn. Die Ereignisse rund um dessen Eröffnung im Juli 1998 erinnerten Teilnehmer »an die konspirativen Treffen rechtsextremer Vereinigungen«. Jede »störende Person wird schnell entdeckt« und ausgesondert. Eine von Kritikern angeregte »Sonderausstellung des Wirth'schen Nachlasses in Zusammenhang mit der Aufarbeitung der NS-Zeit« steht noch aus.[48]

Alfred Rosenberg

Der unverstandene Ideologe

Das Nazi-Fußvolk hatte ganz offensichtlich Schwierigkeiten, ihn zu verstehen. Nazi-Bonzen und sogar Hitler selbst äußerten sich bisweilen abfällig über den Architekten aus dem Baltikum. Nichtsdestotrotz war Alfred Rosenberg als Erarbeiter weltanschaulicher Grundlagen ein wesentlicher Bestandteil der Bewegung. In Herabwürdigung dieser Rolle verantwortete er sich vor dem Nürnberger Kriegsverbrechertribunal damit, dass sich sein Interesse rein auf die geistige Ebene des Dritten Reiches bezogen hatte, die praktischen Folgen seiner Ideen hätte er nie in Augenschein genommen. Eine Einseitigkeit, die ihm zum Verhängnis werden sollte.

Rosenbergs Radikalismus im Denken und seine teilweise Verweigerung der Wirklichkeit haben zu einer vielseitigen Deutung seiner Person geführt. Für Allan Bullock etwa war er ein »verbitterter Intellektueller«, für William Shirer ein »pseudointellektueller Stümper«, für Ingeborg Fleischhauer »ein eifersüchtiger, unleidlicher Querulant« und für Joachim C. Fest ein »Verirrter«, der in seinem bedingungslosen Glauben an den Nationalsozialismus eine »hirnrissige Philosophie« entworfen habe.[1] Andere wie sein Zeitgenosse Konrad Heiden sahen in Rosenberg einen unerbittlichen Dogmatiker, der die Gabe besaß, »aus den unmöglichsten Voraussetzungen Gedankengänge von wahrhaft königlichem Bau zu errichten.« Als gelernter Architekt hätte er es geschafft, so Heiden, »in unbezähmbarer Konstruktionswut aus einem Nichts von Fundament ein detailliertes Gerüst von Folgerungen« zu begründen.[2]

Rosenbergs persönliches Fundament, zugleich eine der Grundlagen seines nationalistischen Weltbildes, war zunächst vor allem seine baltendeutsche Herkunft. Die mit der Machtübernahme Alexanders III. im Jahr 1881 beginnende verstärkte Zentralisierung des Riesenreichs bedeutete für die baltischen Provinzen eine Zeit zunehmender politischer und kultureller Angleichung. Nach und nach wurden behördliche und schulische Einrichtungen russifiziert und neben den Esten, Letten und Litauern gerieten in noch viel stärkerem Maße die Baltendeutschen unter Druck. Ihre bis dahin besondere Stellung – nach wie vor waren sie in unverhältnismäßig großer Zahl am Zarenhof und in gehobenen Berufen vertreten – wankte.[3] Während das Volksbildungsniveau sank, viele deutschsprachige Akademiker abwanderten und die Wirtschaft aus Rüstungsgründen mit wachsenden Abgaben belastet wurde, fanden sozialrevolutionäre Ideen immer mehr Anklang. Alfred Rosenberg entstammte einer Bevölkerungsschicht, die sich von dieser Entwicklung bedroht fühlte.

Geboren wurde er am 12. Januar 1893 – nach dem im Zarenreich damals gültigen julianischen Kalender war es der 31. Dezember 1892 – in Reval, nachmals Tallinn, der Hauptstadt Estlands. Sein aus Lettland stammender Vater Waldemar Wilhelm Rosenberg war dort Filialleiter eines reichen deutschen Handelshauses. Der Vater dieses Geschäftsmannes soll Lette, dessen Großvater Mongole und eine von dessen Urgroßmüttern Jüdin gewesen sein.[4] Die Mutter Alfreds, Elfriede geb. Siré, war die streng und sparsam gehaltene Tochter eines deutschbaltischen Färbereibesitzers, dessen Ahnenschaft sich im estnischen Volkstiegel verliert. Angesichts der Unmöglichkeit, seine Vorfahren konkret nachzuweisen, hat Rosenberg trotz seiner führenden Rolle im Nazi-Staat nie versucht, in einer NS-Eliteorganisation wie der SS Fuß zu fassen.

Von seinen leiblichen Eltern hatte der junge Alfred nicht sonderlich viel. Die Mutter starb bald nach seiner Geburt und der Vater war schwer lungenkrank. Rosenberg erinnerte sich später an ihn als »eines ernsten, stillen Mannes«, der sich nach dem Tod seiner Frau »fast gänzlich zurückzog« und sein restliches Leben dahinsiechte. Die Erziehung Alfreds und seines sechs Jahre älteren, ebenfalls lungenkranken Bruders übernahmen Cäcilie und Lydia, die Schwestern des Vaters. Vor allem Tante Lydia wurde ihm bald wie eine Mutter, die die Zügel allerdings recht locker ließ.[5] Die Sommermonate verbrachte die Familie – samt Alfreds Vater – auf ihrem Landsitz Charlottenhof. »Die ganze Liebe zum Walde ist mir [dort] aufgegangen. Die hohe Wucht hundertjähriger Tannen, die Schönheit der sich schlängelnden Wurzeln, das lockere Moos, mit Farnen durchsetzt und übersät mit kleinen Schwarzbeersträuchern. Das alles ging damals im Unterbewusstsein unter, um sich später beim Zeichnen als immer mehr vollendete Form zu finden.«[6]

In der Grundschule und später der Petri-Real- bzw. Oberrealschule in Reval scheint sich Alfred Rosenberg im Großen und Ganzen recht wohl gefühlt zu haben. Wie er in seinen »letzten Aufzeichnungen« vermerkte, empfing er aus dem Unterricht manche »Anregungen fürs Leben«. Direktor Petersen etwa vermittelte ihm ein starkes Heimatbewusstsein, der Geschichte- und Geografielehrer Spreekelsen verkörperte ein vorbildhaftes Pflichtgefühl und eine von ihm geleitete Exkursion weckte sein Interesse für Ur- und Frühgeschichte. Dieses Interesse führte ihn in weiterer Folge zu den »griechischen und deutschen Heldensagen«, die der lesehungrige Junge durch die Lektüre deutscher Autoren wie Felix Dahn, Gustav Freytag, Georg Moritz Ebers und Wilhelm Raabe ergänzte. Und da ihm der schulisch gebotene Zeichenunterricht zu wenig Anregungen bot, nahm er zusätzlich Privatstunden bei dem lettischen Maler Purvit, der ihm nebst malerischen Kenntnissen ein grundsätzliches Kunstverständnis nahe brachte.[7]

Nach dem Tod des Vaters reiste Alfred mit seinen Tanten zu Weihnachten 1906 erstmals in die russische Hauptstadt Sankt Petersburg. Die Eremitage mit ihren Kunstwerken beeindruckte ihn damals noch wenig, viel deutlicher in Erinnerung blieb ihm eine im Volkshaus zur Aufführung gebrachte deutsche Oper. Zurück in Reval rückte Alfred zum »Klassenprimus« auf – ein Titel, der Schülern verliehen wurde, von denen man »eine gute Einwirkung auf die Klasse erwartete«.[8] Der streng lutherischen Familientradition folgend erhielt Alfred 1908 die Konfirmation, doch war ihm der Unterricht, den er im Hinblick auf dieses Ereignis über sich ergehen lassen musste, widerlich. Der Glaubenslehrer verbat sich nämlich jegliche wissenschaftlich begründete

Kritik an der Bibel. Eine Haltung, die den Widerspruchsgeist des an der Richtigkeit des ihm dargebotenen religiösen Weltbildes zweifelnden Jungen weckte.

Etwa um die gleiche Zeit lernte Alfred die etwas ältere Hilda Leesment kennen, mit der sich allmählich eine Liebesbeziehung mit allen »Freuden, Schmerzen und Enttäuschungen« entwickelte. Die weltoffene junge Frau machte ihren Liebhaber mit der Philosophie Nietzsches ebenso vertraut wie mit »russischer Art und Kultur«, speziell den Werken Tolstois – und nicht zuletzt der Politik. Im Leesment'schen Feriendomizil Baltischport kam Alfred in Kontakt mit zaristischen Soldaten und Matrosen und stieß dabei erstmals auf sozialrevolutionäres Ideengut. Auch wenn er damit nicht viel anfangen konnte, so empfand er doch eine wachsende Sympathie für das russische Volk, in dem er eine gewisse Verwandtschaft zu den Germanen zu erkennen glaubte. Dies wiederum brachte ihn in »Zwiespalt [zu] der dem Balten natürlichen politischen Haltung«, die in einer starken Überbetonung des Deutschtums und mehr oder weniger offenem Russenhass ihren Ausdruck fand.[9]

Nach erfolgreichem Schulabschluss begann Alfred 1910 ein Architekturstudium an der Technischen Universität in der lettischen Hauptstadt Riga. Auf Drängen seines Bruders trat er hier einem Korps der Burschenschaft Rubonia bei, die »von den drei in Riga ansässigen Verbindungen die weltoffenste und am wenigsten konventionelle« war.[10] Nebenbei malte er viel, las, ging ins Theater und begeisterte sich für Richard Wagners »Tondramen«. Während der studienfreien Zeit reiste er quer durch Russland, aber auch nach Deutschland und Frankreich. In Paris hielt er sich im April 1914 drei Wochen lang bei seiner Freundin Hilda auf, die dort Musik und Tanz studierte. Zurück in Riga intensivierten die beiden ihre Beziehung wieder und heirateten ein Jahr später gegen den Willen von Hildas Vater. Ein längeres Glück war ihnen allerdings nicht beschieden, denn schon nach kurzer Zeit erkrankte die junge Frau an einem langwierigen Lungenleiden, das sie wochenlang ans Bett fesselte und zahlreiche Kuraufenthalte notwendig machte.

Alfred Rosenberg war, glaubt man späteren Selbstdarstellungen, äußerst vielseitig interessiert. Allerdings blieb ihm neben dem aufwändigen Studium, seinem Engagement bei der Burschenschaft Rubonia und diversen Arbeiten nicht viel Zeit für seine verschiedenen Neigungen.

Im Herbst 1915 wurde die Technische Hochschule kriegsbedingt nach Russland verlagert und Rosenberg übersiedelte nach S'chodnja bei Moskau. »Damit versank«, wie er später schrieb, »die Heimat hinter mir. Krieg und Revolution warfen Menschen und Schicksale hin und her. Die alte Lebensform verfiel immer mehr, es blieb in den Herzen aber doch die Liebe zu dem Lande, das unbekümmert um Menschenschicksale lebte.« Rosenberg fühlte sich diesem Land zutiefst verpflichtet. »›Mit Wort und Tat für Ehr' und Recht‹ war der Wappenspruch meines Korps gewesen. Ihn habe ich zu erfüllen versucht.«[11]

Immerhin fand der Student aus Reval in S'chodnja wieder mehr Gelegenheit zum Lesen. Zu den Werken, die er damals studierte, gehörten Kant, Schopenhauer, Goethe, Balzac, Tolstoi, Dostojewski, Chamberlain und Deußens »Geschichte der Philosophie«. Zwischendurch besuchte er seine Frau in Sankt Petersburg oder auf der Krim, wo sie oft auf Kur weilte und er selbst nebenbei die Gelegenheit wahrnahm, mit Krimtataren ins Gespräch zu kommen. Im Verlauf des Krieges und angesichts der wachsenden Bedrohung durch den Bolschewismus entwickelte Rosenberg eine starke Sympathie für die deutsche Sache, gleichzeitig aber einen immer heftigeren Hass auf das Judentum. Aller Wahrscheinlichkeit nach kannte er bereits vor 1917 die »Protokolle der Weisen von Zion«, ein vom russischen Geheimdienst in Auftrag gegebenes Machwerk, in dem Juden als Verschwörer dargestellt wurden, die vermittels einer perfiden Unterwanderungspolitik die Weltherrschaft erlangen wollten. Laut eigener Darstellung ist dem deutschbaltischen Studenten das Manuskript der »Protokolle« von einem Unbekannten auf seinen Schreibtisch gelegt worden.

In Anbetracht der revolutionären Wirren und der Krankheit seiner Frau sah Rosenberg in Russland keine Möglichkeit einer sinnvollen Zukunftsgestaltung mehr. Er wollte nach Deutschland auswandern, entschloss sich aber im Februar 1918, zuvor noch sein Studium zu Ende zu bringen. Als Abschlussarbeit reichte er an der Technischen Universität von Moskau den Entwurf eines Krematoriums ein. Im März legte er die notwendigen Prüfungen ab und erhielt damit die Berechtigung zur Ausübung des Architektenberufs. Nach Reval zurückgekehrt arbeitete Alfred Rosenberg als Zeichenlehrer an der Petri-Oberrealschule, der Dom- und der Hansaschule und versuchte sich nebenher als Maler und Grafiker.

Im November 1918 entschloss sich Rosenberg zur Emigration und übersiedelte mit seiner kranken Frau nach Deutschland. Wie viele andere Deutschbalten wollte er noch rasch in den Krieg eingreifen, wurde jedoch von der Militärbehörde abgewiesen. Und auch als Architekt erhielt er keine Chance. Da er seine Entwürfe in Moskau zurückgelassen hatte, waren für Professor Behrens in Berlin keine Unterlagen zur Hand. Entwurzelt und enttäuscht fand er die Reichshauptstadt »riesig, grau, fremd, und ich hatte das beklemmende Gefühl, hier überhaupt nicht beginnen zu können.«[12] So zog er – wiederum samt Frau – weiter nach München, das als Anlaufzentrum für deutschbaltische Exilanten galt. Ein Zentrum, in dem es brodelte und in dem radikale nationalistische Töne immer mehr die Oberhand gewannen.

Die Rosenbergs trafen vermutlich Ende 1918 in der Isarstadt ein und erhielten, da sie keine Arbeit fanden, Unterstützung von einer Flüchtlingshilfsorganisation. Solcherart materiell abgesichert besuchte Alfred Kunstgalerien, Büchereien und vor allem die Staatsbibliothek, die eine wahre »Offenbarung« für ihn darstellte. Er studierte hier Bücher über indische Philosophie und Spiritualität, über jüdische Geschichte und Religion, über Rassen im Allgemeinen und die Germanen im Besonderen. In Zusammenarbeit mit dem Altertumsforscher Alfred Bäumler plante er eigene Schriftenreihen, unter anderem eine zum Thema »Indien und der deutsche Geist«. Daneben beschäftigte er sich mit Kunstgeschichte und Architektur sowie den Werken Houston Stewart Chamberlains, die die antisemitische Grundhaltung in ihm verstärkten.

Anfang 1919 traf Rosenberg mit Edith von Schenck, einer alten Bekannten aus seiner früheren Heimat, zusammen und erzählte ihr, dass er gern etwas über die Russische Revolution veröffentlichen wollte. Zufälligerweise kannte sie jemanden, der überdies ähnliche politische Anschauungen hatte wie er, nämlich Dietrich Eckart. Bei der ersten Begegnung soll Rosenberg zu ihm gesagt haben: »Können Sie einen Kämpfer gegen Jerusalem gebrauchen?« Worauf Eckart antwortete: »Gewiss!« Auf seine Frage, was er denn schon veröffentlicht habe, gab ihm Rosenberg sein Manuskript über »Die russisch-jüdische Revolution«.[13] Der deutschnationale Aktivist fand sofort Gefallen an dem Baltenflüchtling und förderte ihn fortan, so gut er konnte. Aus einem ersten persönlichen Einblick heraus, »ohne weiter nach vielen Umständen zu fragen, hat Eckart mich in großzügiger Weise aufgenommen, mit seinen Freunden bekannt gemacht und mir, dem Fremdling in schwerer Notzeit, die Möglichkeit der Arbeit, ja des Lebens gegeben.«[14]

Eckart holte seinen neuen Schützling zunächst in das Redaktionsteam seiner antisemitischen Wochenschrift »Auf gut deutsch«. Hier lernte Rosenberg Hetzartikel zu schreiben und sein deutschvölkisches Bewusstsein zu schärfen. Knapp bevor in München im April 1919 die Räterepublik ausgerufen wurde, agitierte er öffentlich gegen »die rote Gefahr« und verbreitete aus einem Taxi heraus das deutschnationale Pamphlet »An alle Werktätigen«. Nach dem Sieg der Linken verhalf ihm Eckart zu einem Versteck außerhalb der Stadt und brachte ihn in Kontakt mit der Thule-Gesellschaft. Laut Rudolf von Sebottendorff, dem Mitbegründer dieses germanengläubigen, antimarxistischen Schlägertrupps, war er bloß »Gast«. Als solcher teilte er zwar voll und ganz die Ideale der Gemeinschaft, war aber sicher nicht der »große Magier des Thule-Ordens«, als der er in der spekulativen Literatur verschiedentlich beschrieben wurde.[15]

An den Straßenkämpfen jener Zeit dürfte der baltische Exilant nie teilgenommen haben – seine Stärke war der Kampf mit Worten. In dieser Hinsicht wurde er bald eine wichtige Stütze der nationalsozialistischen Bewegung. Deren wichtigsten Agitator, Adolf Hitler, lernte er im Herbst 1919 im Haus Eckarts kennen. Unmittelbar nach dieser Begegnung trat Rosenberg der NSDAP bei und war in der Folgezeit stets an der Seite des späteren »Führers« zu finden. Mit besonderem Interesse nahm er an den »geschichtlichen Sprechstunden« der Partei teil, in denen »das Ideengut und die taktischen Grundsätze der Bewegung« geformt wurden.[16]

Alfred Rosenberg fungierte als Lohnschreiber und Ermittler der NSDAP und pflegte die für die Partei so wichtigen Kontakte zu russischen Exilanten. Die Vorstellung vom »jüdischen Charakter« des Bolschewismus geht ebenso auf ihn zurück wie das Aufgreifen der »Protokolle der Weisen von Zion« und deren Verwendung als antisemitische Propagandaschrift. Im Juli 1921 folgte er Eckart als dessen Assistent zum »Völkischen Beobachter«. Während der zunehmend längeren Abwesenheiten seines Mentors übernahm er die Agenden eines Chefredakteurs, geriet dabei aber in Konflikt mit dem Leitartikler Hermann Esser, der schlüpfrige Skandalgeschichten über Juden erfand und mit seiner Demagogik des Öfteren die ganze Partei in Misskredit brachte.

Rosenberg verabscheute den »Enthüllungsjournalisten« aus tiefstem Herzen, verfasste aber auch selbst judenverhetzende Artikel. J. F. Lehmanns »Deutscher Erneuerung« steuerte er ebenso antisemitische Hasstiraden bei wie der »Deutschen Republik« des Ariosophen Rudolf John Gorsleben. Als Ergänzung dazu brachte er eigene Bücher auf den Markt: 1920 seinen Erstling »Die Spur des Juden im Wandel der Zeiten«, kurz danach »Unmoral im Talmud«, 1922 »Pest in Russland! Der Bolschewismus, seine Häupter, Handlanger und Opfer«, und 1923 als seine folgenträchtigste Publikation eine kommentierte Ausgabe der »Protokolle der Weisen von Zion«. Erstmals auf Deutsch erschienen war dieses Machwerk drei Jahre zuvor unter der Federführung von Gottfried zur Beek alias Ludwig Müller.[17]
In seinen Artikeln und Reden kam Rosenberg immer wieder auf die »jüdische Weltverschwörung« zu sprechen, die seiner Ansicht nach auch Schuld daran war, dass seinen deutschbaltischen Landsleuten so viel Schaden zugefügt und sie aus ihrer Heimat vertrieben wurden. Die Weltanschauung, die der Exilbalte von derartigen Ideen ausgehend entwickelte, war geprägt von Verschwörungsdenken und düsteren, zum Teil der Ariosophie entnommenen Mystizismen. Rosenbergs »Vorstellungswelt war beherrscht von einem Pandämonium finsterer Mächte, die er in vollem Aufbruch sah gegen die ›Lichtwelt‹, und hinter allen schwer durchschaubaren Zusammenhängen der Gegenwart, ihren wirtschaftlichen, finanztechnischen oder schlechthin organisatorischen Wirkungsweisen vermutete er Dämonenspuk, Priestertreiben oder kabbalistisches Teufelswerk«. Hinter jeder gegnerischen Haltung witterte er in neurotischer Versessenheit eine »verschwörerische Aktivität, sei es von Juden, Marxisten, Freimaurern oder Jesuiten«.[18]
Für seine Frau war dieser Weg in den Wahn nicht mehr nachvollziehbar. Umgekehrt bedeutete ihre schwere Krankheit eine für Rosenbergs Karriere hinderliche Belastung. Im Frühjahr 1923 ließen sich die beiden scheiden. Hilda kehrte daraufhin zu ihren Eltern nach Reval zurück, suchte letztmals Heilung in Frankreich und starb binnen eines Jahres. In Hedwig Kramer fand der Exilant unterdessen eine neue Gefährtin und heiratete sie am 3. Januar 1925. Der im selben Jahr zur Welt gekommene Sohn starb kurz nach der Geburt, erst mit einigem Abstand folgte ein zweites Kind, Tochter Irene.
Währenddessen zog der baltische Nazi-Agitator weiter gegen die angebliche jüdische, jüdisch-freimaurerische, jesuitische oder sonstige

Weltverschwörung zu Felde. In seinem Auftreten zeigte er sich dabei weit weniger umgänglich als andere Nationalsozialisten und vermittelte oft »den Eindruck, dass er gar nicht zuhörte«. Er war, wie Alfred Krebs feststellte, »derartig verkrampft in seinen anstudierten Vorstellungen und ichbezogenen Wunschbildern von baltischem Edelmann, englischem Lord, genialem Wissenschaftler von kopernikanischem Ausmaß, dass ihm darüber die ohnehin schwach entwickelten Fähigkeiten, mit anderen Menschen in Kontakt und ins Gespräch zu kommen, völlig verloren gegangen waren«.[19]

Am 10. März 1923 übernahm Rosenberg an Stelle des erkrankten Eckart die Schriftleitung des »Völkischen Beobachters«. Und er schrieb nicht nur, sondern nahm auch Einfluss auf die Blatt- und damit Parteilinie, speziell in außenpolitischen Fragen. So ergänzte er Haushofers Lebensraum-Konzept durch die Forderung nach territorialer Ausweitung im Osten – ein Anliegen, das von der NS-Führung bereitwilligst aufgegriffen wurde.

Neben seiner journalistischen Tätigkeit war Rosenberg bestrebt, bei wichtigen Ereignissen an vorderster Front mitzukämpfen. So war er auch auch am Marsch auf die Münchner Feldherrnhalle im November 1923 aktiv beteiligt. Selbst nicht in Haft genommen, wurde er nach dem Scheitern des Putschversuches von Hitler – zu seiner eigenen Verblüffung – mit der Parteiführung betraut. Diese Maßnahme war allerdings kein Zeichen hoher Wertschätzung, sondern im Gegenteil ein Schachzug der besonderen Art. Denn »Rosenberg war«, wie Günter Schubert feststellte, »für Hitler nur ein Stein in seinem politischen Spiel, den er rücksichtslos hin und her schieben konnte«.[20] Der Balte scheint dies geahnt zu haben und gestand in seinen »letzten Aufzeichnungen« ein, dass der »Führer« ihn wohl nur zum Vorsitzenden der Partei gemacht hatte, um deren »Zerfall zu fördern und sich dadurch eine günstige Ausgangsstellung für die spätere Rückeroberung der Führung zu sichern«.[21]

Rosenberg tat dennoch sein Bestes, versuchte zunächst die in Deutschland versprengten und nach Österreich geflüchteten Reste der NSDAP zu sammeln und berief eine Parteiversammlung in Salzburg ein. Unter dem Decknamen »Rolf Eidhalt« – einem Anagramm für Adolf Hitler – verfasste er ein geheimes Rundschreiben, in dem er für den 23. November eine Sitzung der Parteileitung anordnete. Die aber war gespalten, und als Rosenberg den Leiter des geheimen Oberkommandos der

SA, Alfred Hoffmann, mit der Parteileitung für die Salzburger NS-Exilanten beauftragte, regte sich offener Widerstand. Sein alter Gegenspieler Esser intrigierte bei Hitler gegen den ungeliebten Balten und der warf daraufhin das Handtuch. Im Juli 1924 legte er seine Ämter nieder und zog sich aus allen Parteigeschäften zurück.
Rosenberg machte dennoch Karriere als eine Art »Parteiphilosoph« und »Wächter der nationalsozialistischen Weltanschauung«. Er tat dies unter anderem als Herausgeber der Zeitschrift »Der Weltkampf. Monatsschrift für die Judenfrage aller Länder«, nachmals »Nationalsozialistische Monatshefte«, die von Hitler als »Waffe allerersten Ranges« klassifiziert wurde. Sie vermittelte, wie der »Führer« lobend feststellte, »den besten Einblick in die Grauen erregende Tätigkeit des Judentums, das in den letzten Jahrzehnten immer mehr der Weltherrschaft entgegenstrebt«.[22] Viele verschwörungsgläubige Versatzstücke, wie sie heute noch in rechtsextremen Kreisen verbreitet sind, wurden ursprünglich von Alfred Rosenberg breitenwirksam aufbereitet.
Mit seinen Veröffentlichungen – unter anderem »Wege der deutschen Außenpolitik« aus dem Jahr 1927 – wurde der Baltendeutsche zum »führenden, Rassismus predigenden NS-Theoretiker«.[23] Zusätzlich zu seiner journalistischen und schriftstellerischen Tätigkeit hielt er unzählige Vorträge und nahm 1927/28 an den antisemitischen Kongressen von Budapest und Luzern teil. Hitler, der in Rosenberg einen wichtigen Propagandisten und Weltanschauungstheoretiker sah, wollte ihn gegen Ende der 1920er-Jahre wieder verstärkt in die Parteiarbeit einbinden und richtete für ihn die Funktion eines Hauptschriftleiters ein. Um sich allerdings nicht wieder in internen Flügelkämpfen zu verlieren, ließ sich der Umworbene mit seiner Zusage Zeit.
Im Sommer 1927 begann Rosenberg mit den Aufbauarbeiten des »Kampfbundes für deutsche Kultur«. Zwei Jahre später nahm diese »überparteiliche geistige Kampftruppe« dann auch praktisch Gestalt an. Ihr Ziel war die »Erringung der geistig-kulturellen Macht« durch Vernichtung der so genannten »entarteten Kunst«, in der Rosenberg – einmal mehr – das Wirken jüdischer und anderer Weltverschwörer zu erkennen glaubte.[24] Dem Kampf gegen diese bösen Mächte war auch jene grundlegende Studie gewidmet, die Rosenberg von 1927 an schrieb und 1930 unter dem Titel »Der Mythus des 20. Jahrhunderts. Eine Wertung der seelisch-geistigen Gestaltenkämpfe unserer Zeit« veröffentlichte.

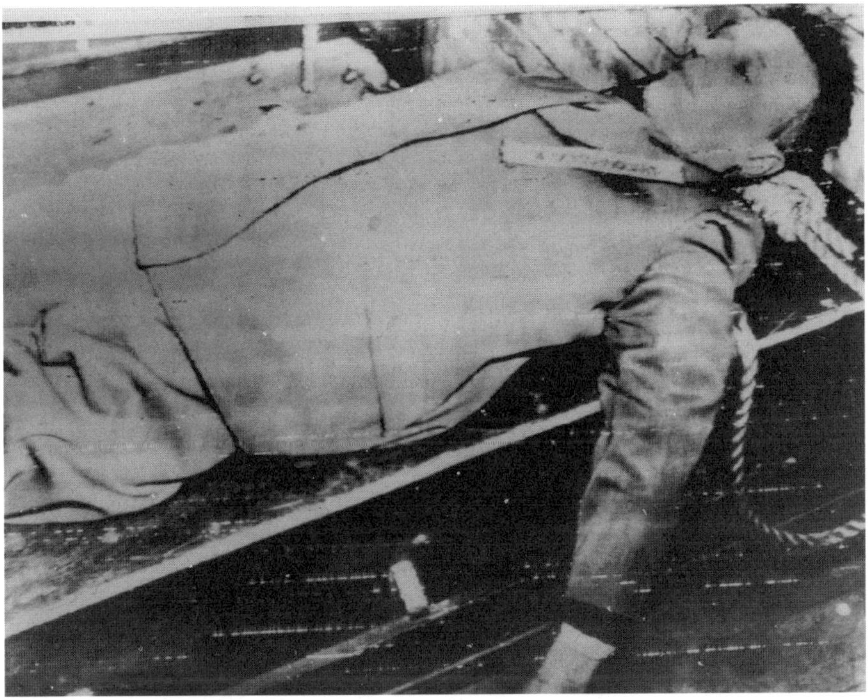

Alfred Rosenberg in der Todeszelle nach seiner Hinrichtung durch den Strang

»Heute«, heißt es darin, »erwacht ein neuer Glaube: der Mythus des Blutes, der Glaube, mit dem Blute auch das göttliche Wesen des Menschen überhaupt zu verteidigen. Der mit hellstem Wissen verkörperte Glaube, dass das nordische Blut jenes Mysterium darstellt, welches die alten Sakramente ersetzt und überwunden hat.« So entstünde ein »neues beziehungsreiches farbiges Bild der Menschen- und Erdengeschichte [...] Rassengeschichte ist deshalb Naturgeschichte und Seelenmystik zugleich; die Geschichte der Religion des Blutes aber ist, umgekehrt, die große Welterzählung vom Aufstieg und Untergang der Völker, ihrer Helden und Denker, ihrer Erfinder und Künstler.«[25] Diese »Welterzählung« bereitete der Autor in drei »Büchern« auf: 1. Das Ringen der Werte, 2. Das Werden der germanischen Kunst, und 3. Das kommende Reich. Sein Ziel war die Wiederbelebung des »deutschen ewigen Traumes«, den er als »Mythus« bezeichnete. Diese »nicht fassbare Zusammenfassung aller Richtungen des Ich, des Volkes« schaffe den »Höchstwert« der Kultur. Die Germanen mit ihren Wertvorstellungen von Ehre, Treue, Persönlichkeit, Freiheit und Adel wären mit ihrer »Rassenseele« allen anderen Völkern überlegen und daher zur Herrschaft bestimmt. Der Kampf gegen die jüdisch-weltverschwörerischen Kulturzersetzer wäre von daher unumgänglich. Die beste organisatorische Grundlage für diesen Kampf bildete, wie er meinte, der »priesterliche Männerbund«, ein »Orden von Erwählten«.[26]

Dieser Orden sollte die Kerngruppe des NS-Glaubens bilden, den Rosenberg in seinem »politischen Tagebuch« so beschrieb: »Von der Zucht der Konfession zur Zucht durch germanische Werte ist der Schritt: mehrere Generationen. Wir sind der Übergang von der einen Zucht zur anderen. Wir sind die Überwinder eines Zeitalters und die Begründer einer neuen – auch religiösen – Epoche. Wir tragen ein schweres und deshalb großes Schicksal [...] Das deutsche Volk ist nicht erbsündig, sondern erbadlig [...] An die Stelle der christlichen Liebe ist die nationalsozialistische, germanische Kameradschaftsidee getreten«.[27]

Rosenbergs »Mythus« wurde von Hitler den Parteigenossen zwar eindringlich ans Herz gelegt, aber weder von ihm selbst noch von den meisten anderen wirklich gelesen. Baldur von Schirach gab zu, das Buch nicht zu verstehen, Joseph Goebbels bezeichnete es als »philosophischen Rülpser« und Hermann Göring nannte es schlichtweg »Schund«.[28] Aller parteiinternen Ablehnung zum Trotz erhielt der Autor am 14. September 1930 sein erstes Reichstagsmandat als NSDAP-Abgeordneter für Hessen-Darmstadt. Kurz darauf wurde er von Hitler mit der Vertretung der Partei im außenpolitischen Ausschuss des Reichstags betraut. In dieser Funktion unternahm er im Dezember 1931 und Herbst 1932 zwei Reisen nach London, bei denen er allerdings nicht die erhofften hochrangigen Kontakte knüpfen konnte. Dass er als eventuell späterer Außenminister im Gespräch war, erregte angesichts seiner diplomatischen Misserfolge bereits früh den entschiedenen Widerspruch enger Berater Hitlers, vor allem des später abgesprungenen Ernst Hanfstaengl. So verblieb Rosenberg zwar als weltanschaulicher Ratgeber und außenpolitischer Experte im Zentrum der Bewegung, hatte jedoch nur geringen persönlich-praktischen Einfluss auf die Entwicklung der Partei.

Am 1. April 1933, kurz nach der Machtübernahme, wurde Rosenberg Leiter des eben geschaffenen Außenpolitischen Amtes der NSDAP (A.P.A.). Dieses aus einer Dienststelle in Berlin bestehende Amt sollte »vor allem in der Aufklärung ausländischer Besucher über das nationalsozialistische Gedankengut und die Geschichte der Bewegung« wirksam werden.[29] Da nicht mehr allzu viele ausländische Besucher kamen, hatte er nur wenig zu tun. So machte er sich selbst auf den Weg, reiste im Mai 1933 nach England und bemühte sich dort um eine Verbesserung der deutsch-britischen Beziehungen. Mit seiner diplomatischen Tollpatschigkeit verstärkte er jedoch die Vorurteile der Briten gegenüber den Deutschen und wurde daraufhin im Machtapparat des Dritten Reichs noch weiter ausgegrenzt. Um ihn nicht ganz auf dem politischen Abstellgleis verkommen zu lassen, ernannte ihn Hitler am 24. Januar 1934 zum »Beauftragten des Führers für die Überwachung der gesamten geistigen und weltanschaulichen Schulung und Erziehung der NSDAP«. Er wurde damit eine Art »Chefideologe«, verfügte aber nach wie vor über einen nur sehr begrenzten Wirkungsgrad.

Nach 1933 zog sich Rosenberg aus dem »Völkischen Beobachter« immer mehr zurück. Neben seinen Artikeln für das Parteiblatt schrieb er mehrere Bücher, die sich hauptsächlich mit der Diskussion um seinen »Mythus« auseinander setzten: 1934 »Der Deutsche Ordensstaat. Ein neuer Abschnitt in der Entwicklung des nationalen Staatsgedankens«, 1935 »An die Dunkelmänner unserer Zeit«, im gleichen Jahr »Der Bolschewismus als Aktion einer fremden Rasse« und 1937 »Protestantische Rompilger. Der Verrat an Luther und der Mythus des 20. Jahrhunderts«. Seine Hasstiraden auf Juden, Bolschewiken, Freimaurer und die katholische Kirche brachte er nicht nur schriftlich, sondern auch in Form umfangreicher Vortragsreisen unter das Volk. Ergänzend dazu hielt er trotz zunehmender gesundheitlicher Probleme groß angelegte Tagungen ab, führte Schulungen – vor allem zum Thema Rassenkunde – durch und nahm an Parteitreffen teil.

Für einen, der an der Spitze des Staates mitmischen wollte – sein Lieblingsjob wäre der eines »Ordenskanzlers der NSDAP« gewesen[30] –, war dies freilich zu wenig. Rosenberg litt schwer unter seiner Ausgrenzung. Er war erfüllt »von Verbitterung, Neid, Verfolgungswahn und einer fast beispiellosen Eitelkeit, mit der er sich unaufhörlich umdienerte.« Und er sammelte begierig »jedes beiläufige Kompliment Hitlers und schrieb es auf.«[31] So notierte er etwa in seinen »letzten Aufzeichnungen«: »Hitler wusste natürlich ganz genau, dass ich Kunst und Kultur tiefer verstand als Goebbels, ja dass dieser kaum tiefer als unter die Oberfläche zu blicken vermochte. Trotzdem überließ er die Leitung dieses von ihm leidenschaftlich geliebten Gebietes des deutschen Lebens jenem Mann.«[32]

Um seiner zunehmenden Abhalfterung entgegenzuwirken, ergriff Rosenberg selbst die Initiative, knüpfte ein eigenes Netz zu kulturpolitisch bedeutsamen Persönlichkeiten und gründete 1939 in Frankfurt das so genannte »Institut zur Erforschung der Judenfrage«. In seiner Eröffnungsansprache erklärte er, das Problem wäre erst dann gelöst, wenn der letzte Jude großdeutschen Boden verlassen habe. Hauptaufgabe des Institutes war die Plünderung von in jüdischen Händen befindlichen Bibliotheken, Archiven und Kunstsammlungen. Freie Hand in dieser Hinsicht erhielt er durch eine von Hitler am 29. Januar 1940 unterzeichnete Verordnung. Vom Oktober gleichen Jahres an führte der »Einsatzstab Reichsleiter Rosenberg« einen Raubzug durch, wie er in der Geschichte noch nie da war. 1940/41 wurde so genanntes »herrenloses jüdisches Eigentum« in Frankreich, Belgien und den Niederlanden, in den folgenden Jahren vor allem in Osteuropa »sichergestellt«.

Rosenberg gab sich aber mit Kunstfragen nicht zufrieden. Immer wieder versuchte er die Vollmachten seines außenpolitischen Amtes auszuweiten und setzte sich in Reden großartig in Szene. Dennoch blieb er im Schatten seines verhassten Kontrahenten Joachim von Ribbentrop, der an seiner Stelle im Februar 1938 zum Reichsaußenminister ernannt wurde. Als Ribbentrop im August des folgenden Jahres das deutsch-sowjetische Abkommen unterzeichnete, bezichtigte ihn Rosenberg des Landesverrats und verschärfte damit den innerparteilichen Zwist. Der Balte versuchte sich in diesem Zusammenhang als der einzig wahre NS-Außenpolitiker in Szene zu setzen, konnte aber letztlich nur einen einzigen größeren Erfolg verzeichnen, nämlich das Treffen Vidkun Quislings, des Führers der norwegischen Faschisten, mit NS-Führern im Dezember 1939. Als Folge davon wurde die Besetzung Norwegens in Angriff genommen, die für Rosenberg den ersten Schritt zur Schaffung des von ihm ersehnten »nordischen Großreichs unter deutscher Führung« darstellte.

Am 2. April 1941 erfuhr Rosenberg von Hitlers Plänen zur Eroberung Osteuropas. Drei Wochen später erhielt er den Auftrag zur »Schaffung einer zentralen Stelle für die Bearbeitung der Ostfragen«.[33] Nach Beginn des Russlandfeldzuges wurden seine Kompetenzen ausgeweitet und am 17. Juli ernannte ihn Hitler zum Minister für die besetzten Ostgebiete. Nach der Eroberung der Ukraine war er kurzzeitig als Reichskommissar für deren Verwaltung zuständig. Im Gegensatz zu den meisten seiner Mitstreiter bemühte sich Rosenberg um eine in seinen Augen »ritterliche Lösung« sowohl der Judenfrage als auch des Problems der besetzten Gebiete. Er wollte keine Massenschlachtungen, sondern bloß »Verschiebungen«, konnte aber die NS-Mordmaschinerie nicht mehr aufhalten. Rosenberg war über die Gräueltaten entsetzt und schrieb im Herbst 1942 empörte Berichte an seinen »Führer«, in denen er sich über die in Osteuropa herrschenden Zustände, die brutalen Zwangsarbeiteraushebungen und das Gemetzel an der Zivilbevölkerung beklagte. Außerdem »protestierte er brieflich gegen die barbarische Behandlung sowjetischer Kriegsgefangener in Deutschland«.[34] Aber diese schriftlichen Missfallensbekundungen blieben genauso wirkungslos wie seine öffentlichen Stellungnahmen gegen die Schreckensherrschaft des ukrainischen Reichskommissars Erich Koch. Informiert war Rosenberg vermutlich auch über die Massenmorde in den Konzentrationslagern, doch weigerte er sich, diese grausigen Stätten zu besichtigen. Freilich nicht aus grundsätzlichen Erwägungen, sondern weil er es prinzipiell ablehnte, Menschen in Gefangenschaft vorgeführt zu bekommen.

Bei all seiner politischen Tätigkeit war es Alfred Rosenbergs Ziel, das Ideal eines Nationalsozialismus als Glaubenssystem praktisch umzusetzen. Er zog sich dabei die erbitterte Feindschaft des Reichsführers-SS Heinrich Himmler zu, der diesbezüglich eine eigene Linie verfolgte. Gescheitert sind sie letztlich jedoch beide. Die Festnahme Rosenbergs in Flensburg am 21. April 1945 machte aus ihm fast so etwas wie eine tragische Figur. In seinem Drang, sich in Szene zu setzen und mehr darzustellen, als er in Wirklichkeit war, wurde er vom Nürnberger Tribunal überschätzt. In kleinlichem, intolerantem NS-Fanatismus versuchte der Balte vor dem Gericht seine im Kampf um die Macht erfolgreicheren Weggefährten als Verräter der eigentlichen Idee, an die er nach wie vor bedingungslos glaubte, darzustellen. »Bis zum Ende ist ihm nicht bewusst geworden, dass der Unrechtscharakter im Nationalsozialismus selbst angelegt war, dass die furchtbare Wirklichkeit nur auf dem Boden einer furchtbaren Theorie möglich war.« Kurz vor seinem Ende äußerte er noch die Hoffnung, »die Idee des Nationalsozialismus werde nie vergessen und ›von einem neuen leidgestählten Geschlecht neu geboren werden‹.«[35] Trotz seiner Unschuldsbeteuerungen wurde Rosenberg von den Nürnberger Richtern für die von ihm veranlasste Einziehung jüdischen Eigentums, die Ausrottung der Juden, die Deportation von Arbeitskräften und die wirtschaftliche Ausbeutung Osteuropas verantwortlich gemacht.[36] Das Urteil lautete auf Tod durch den Strang. Am 16. Oktober 1946 wurde Alfred Rosenberg in Nürnberg gehenkt.

Die Ehrung seines Angedenkens durch rechtsextreme Kreise hält sich in Grenzen. Lediglich von einzelnen Burschenschaften wird die »Menschenbild-Ideologie« des NS-Vordenkers bis heute als vorbildhaft gepriesen.[37] Einige wenige Verehrer fand Rosenberg zuletzt im Umfeld der Dark-Wave-Musikszene. So etwa verknüpfte Boyd Rice, eine Underground-Kultfigur und Gründer der Gruppe »Coup De Grâce«, Rosenbergs Mythagogie mit lärmigem Metal-Sound. Von Rice beeinflusst ist unter anderem Michael Moynihan, der mit seiner Verknüpfung von Dark Wave, Germanenglauben, »Neuer Rechter« und der Verherrlichung des Nationalsozialismus für Furore in der Szene sorgte.[38]

RUDOLF HESS

Der Gehilfe

Über Jahrzehnte hinweg galt Rudolf Heß, der »einsame Häftling von Spandau«, als eine Art Galionsfigur der extremen Rechten. Bis heute ist der Englandflug des einstigen »Führer-Stellvertreters« am 10. Mai 1941 von Mythen umrankt. Wollte er sich absetzen vom Unrechtsregime? Oder wollte er im Auftrag Hitlers über einen eventuellen Frieden mit den Briten verhandeln? Oder hatte sein unrühmlicher Abgang von der Bühne des Dritten Reiches gar kosmische Dimensionen, wie Okkultisten bisweilen vermuten?

Anders als sein »Führer« Adolf Hitler entstammte Rudolf Heß einer nach NS-Kriterien »untadeligen, völkisch reinen« Familie. Ursprünglich aus Böhmen kommend ließ sich der Ururgroßvater väterlicherseits Mitte des 18. Jahrhunderts im oberfränkischen Wunsiedel nahe Bayreuth nieder und begründete hier eine Schuhmacherdynastie. 1849 verließ Johann Christian Heß, Rudolfs Großvater, Deutschland und absolvierte in Livorno in der Toskana eine Kaufmannslehre. 1865 siedelte er mitsamt seiner Frau Margarete, einer direkten Nachfahrin des Reformators Ulrich Zwingli und des Pädagogen Hans Pestalozzi, sowie dem damals einjährigen Sohn Fritz in die ägyptische Handelsmetropole Alexandria über. Die »Importfirma Heß & Co« erwies sich als einträgliches Unternehmen, das der Familie ein gut situiertes Leben ermöglichte. 1892 heiratete der Firmenerbe Fritz Heß die aus dem oberfränkischen Hof stammende Industriellentochter Klara Münch. Knapp zwei Jahre später, am 26. April 1894, kam auf dem Familiensitz bei Alexandria ihr erster Sohn zur Welt: Rudolf Walter Richard Heß. 1897 folgte Bruder Alfred, elf Jahre später das »Nesthäkchen« Margarete.[1]

Die kalvinistisch geprägte, standes- und nationalitätsbewusste Kaufmannsfamilie lebte relativ isoliert inmitten der fremden Welt des Osmanischen Reichs. In übertriebener Heimatverehrung – ein typisches Merkmal des Auslandsdeutschtums – galt ihr des Kaisers Geburtstag, der 27. Januar, als höchster Feiertag des Jahres und das Bildnis Wilhelms II. wurde angebetet wie eine Ikone. Der Vater spielte dabei die Rolle des kaiserlichen Stellvertreters. »Äußerste Pünktlichkeit, penible Ordnung und uneingeschränkte Disziplin« gehörten zu den Grundwerten, die er seinen Kindern vermittelte.[2] Er »kommandierte die Familie in strengem Kasernenhofton, ›bei dem‹, wie sich Rudolf Heß später erinnerte, ›uns das Blut zu gerinnen drohte‹«. Die Mutter war demgegenüber einfühlsam und zärtlich. Sie vermittelte Rudolf »die Liebe zur Natur und zur Musik, das Vertrauen auf Heilkräuter und ein ausgeprägtes Interesse für die Gestirne.«[3]

Im Jahr 1900 kam der damals sechsjährige Junge in die kleine evangelische Gemeindeschule von Alexandria, wurde von den Eltern jedoch bald wieder herausgenommen und stattdessen von Privatlehrern unterrichtet. Deutsche Bezugspunkte standen dabei im Vordergrund, Fremdsprachen kamen auf dem Stundenplan nicht vor. Erst später, als die Heß'sche Firma die Versorgung deutscher Kriegsschiffe übernahm, waren Arabischkenntnisse – auch für Rudolf – unumgänglich. Aber abgesehen davon fühlte sich der Junge sowieso mehr den Naturwissenschaften und der Mathematik zugetan.[4]

Sooft es die Geschäfte zuließen, reiste die Familie Heß vom Jahr 1900 an nach Deutschland, besuchte Verwandte und baute sich allmählich eine zweite Existenz auf. In Reicholdsgrün bei Wunsiedel erwarb der Vater ein Grundstück und ließ dort eine großflächige Villa errichten. 1908 schickte man Jung-Rudolf in das Evangelische Pädagogikum von Bad Godesberg bei Bonn. Hier lebte er als Internatsschüler im »Deutschen Haus« und kam unter Vermittlung des Schulleiterehepaares von Eichenberg zum Verein »Jung Deutschland«. Diese völkische Jugendorganisation stand in enger Verbindung mit dem Deutschen Flottenverein, dem Alldeutschen Verband und der Deutschen Kolonialgesellschaft.

Die Eichenbergs beurteilten den Heß-Sprössling als brav und lerneifrig, aber wenig gesprächig, und sie empfahlen, ihn zwecks sozialer Anpassung bis zum Abitur in Bad Godesberg zu belassen. Die Eltern aber hatten andere Pläne und schickten Rudolf nach Erlangung der mittleren Reife im Jahr 1911 an die École Supérieure de Commerce von Neuchâtel in der Schweiz. Im Oktober des folgenden Jahres begann der damals 17-Jährige in Hamburg eine Kaufmannslehre. Er erwies sich dabei – entgegen seinen späteren Abscheubekundungen – als strebsamer Lehrling, unternahm mit Freunden an den Wochenenden »Ausflüge auf der Alster, spielte Tennis im piekfeinen ›Klipper‹-Verein oder besuchte Theatervorstellungen und Pferderennen. Jugendliche Eitelkeit ließ ihn die Frisur ändern und ein Monokel tragen.«[5] Die Eltern waren, wie ihre Briefe an Rudolf zeigen, offenkundig zufrieden.

Gegen Ende seiner Lehrzeit geriet der knapp 20-Jährige mitten hinein in die Kriegshysterie jener Zeit, war davon zunächst jedoch eher abgestoßen. »Richtiger Hurrapatriotismus!«, schrieb er am 27. Juli 1914 nach Hause. »Teilweise halbbesoffene Gestalten grölten unsere schönsten patriotischen Lieder und man fühlte sich als Held, wenn man irgendeinen Franzosen, Russen oder Serben rausgeschmissen hatte. Hat mir wenig imponiert.«[6] Der in seiner Familie herrschende Nationalstolz zog schließlich aber auch ihn in seinen Bann. Knapp nach Kriegsausbruch am 1. August reiste Rudolf nach München und bemühte sich um einen Beitritt zum Bayerischen Schweren Reiterregiment. Der Vater zeigte sich über diese Absichten höchst zufrieden, lobte den Spross als »mutigen, schneidigen Buben« und half ihm bei seinem Einstieg ins Soldatenleben.[7] Generalleutnant Ludwig von Nägelsbach, eine alte Familienbekanntschaft, nahm ihn unter seine Fittiche und erklärte ihm, dass es »natürlich besseren Eindruck« mache, wenn er sich freiwilllig melde. »Außerdem«, schrieb er nach Hause, »bin ich auch fest entschlossen, meinen Teil dazu beizutragen, diesen Barbaren und Völkerrechtsverbrechern die verdiente Haue zu verabreichen.«[8]

Binnen weniger Wochen wandelte sich der zunächst zaudernde junge Heß zu einem fanatischen Soldaten. Eine direkte Beteiligung am Krieg allerdings blieb ihm vorerst versagt und Rudolf hatte Angst, an der

Heimatfront zu verkümmern. Als er am 1. November zum ersten Bayerischen Armeekorps nach Péronne in Nordfrankreich verlegt wurde, hoffte er endlich auf einen Kampfeinsatz, doch wurde er wieder enttäuscht. Am 27. April 1915 erhielt der – mittlerweile Gefreite – Heß das Eiserne Kreuz II. Klasse, fühlte sich dessen jedoch nicht würdig, denn an kriegerischen Aktionen hatte er bis dahin ja nur am Rande teilgenommen. Und als man ihn im Juli endlich an die Front schickte, landete er nicht, wie gehofft, bei einer Eliteeinheit, sondern dort, wo er seinem Stand und seinen Fähigkeiten gemäß eigentlich nie hätte sein dürfen. »Dass ich aber gerade in dem elenden Schützengraben sitzen muss«, schrieb er in einem Brief vom 9. August 1915, »ich, der überall dabei sein wollte, ist tragisch.«[9]
Immerhin stieg der junge Heß in der militärischen Hierarchie empor, wurde am 21. Mai 1915 zum Unteroffizier und nach einem dreimonatigen Offiziers-Aspiranten-Kursus in Munsterlager am 26. Oktober gleichen Jahres zum Vizefeldwebel befördert. Unmittelbar danach schickte man ihn zurück an die französische Front. Was er dort so mitbekam, stieß ihn einmal mehr ab. Das wenig ehrenhafte Verhalten nicht nur der Soldaten, sondern auch der Offiziere schockierte ihn. »Ihr müsst bedenken, was da für Leute zusammen sind [...] Walzbrüder und Landstreicher [...] Ich hab bei den Gesprächen zugehört und meine Schlüsse gezogen.«[10] Schlüsse zog er auch über die »Schwarzseher und Flaumacher« zu Hause, die Kriegsgegner »am Biertisch« oder »im Kaffeekränzchen«. Sie alle waren ihm, der an der Front sein Leben einsetzte, widerlich und er hielt es für notwendig, »doch mal dazwischen [zu] fahren«.[11]
Während seiner Soldatenzeit entwickelte Rudolf Heß einen wachsenden Hang zum Mystischen, zur Astrologie und zu verschiedenen Wahrsagetechniken. Im März 1916 traf er auf einen alten Sanitäter, der ihn nach eingehender Kopfbefühlung so beschrieb: »Sehr viel Farbensinn, besonders für Farben in der Natur; überhaupt viel Freude an der Natur. [...] Gutmütig, weich, viel Mitleid mit Tieren. (Stimmt.) [...] Sehr scharfes und rasches Auffassungsvermögen. (Stimmt.) [...] Geeignet für Militär. Zuverlässig. Gute Urteilskraft. Gutes Vergleichs- und Abschätzungsvermögen. (Stimmt.) Religiöser Sinn, der aber mit bestimmten Konfessionen und Äußerlichkeiten wie Kirchengehen nichts zu tun hat. (Stimmt.)«[12]
Dieser religiöse Sinn äußerte sich in medialen Vorahnungen und Horrorvisionen, wie er sie etwa »Vor Verdun« in Gedichtform fasste:

Die Chauffourschlucht, die Totenschlucht
mit ihren tausenden von Spukgestalten,
die liegend, sitzend, knieend
an Bäume hingelehnt,
des Tages harren, an dem sie
unter der Erde Ruhe fänden.
Denn niemand darf es wagen,
die letzte Liebe ihnen zu erweisen,
ohn selbst ihr Schicksal bald zu teilen,
im Höllenfeuer dieser Höllenschluchten ...[13]

In einer dieser »Höllenschluchten« wurde er während des Stellungskriegs um das Fort Douaumont am 12. Juni 1916 an Oberarm und Hand verwundet. Heß erholte sich ein paar Wochen lang im Lazarett von Bad Homburg und wurde anschließend an die Südostfront versetzt. Dort nahm er – für ihn die »schönste Zeit« des ganzen Krieges – an den Kämpfen um Rimnicul-Sarat teil. Am 25. Dezember 1916 zum Zugführer ernannt, erfuhr er von den revolutionären Unruhen in Russland und fühlte sich sogleich zum »Kämpfer gegen die rote Gefahr« berufen. Als ihm im März 1917 ein Aufruf der Kommunisten in die Hände fiel, verfasste er – ganz spontan – einen Gegenaufruf, in dem er erklärte, dass erst dann wirklicher Frieden herrschen würde, wenn »wir ganz gesiegt haben!«[14]

Einer neuerlichen Verwundung am Arm im Juli 1917 folgte einen Monat später ein Durchschuss unter der linken Schulter. Nach seiner Genesung bewarb sich Heß um Aufnahme in die Fliegertruppe – und hatte Erfolg. Nach seiner Ernennung zum Leutnant am 8. Oktober 1917 kam er an die Fliegerschule von Lechfeld bei Augsburg. Hier gewann er mit Leutnant Max E. Hofweber einen engen Freund, der in seinem weiteren Leben eine wichtige Rolle spielen sollte.

Heß brachte seine Ausbildung in schnellstmöglicher Zeit zu Ende und kam Anfang November 1918 als Flieger zu der im Südwesten Belgiens stationierten Jagdstaffel 35. Nach ersten Einsätzen bei Valenciennes war der Krieg jedoch plötzlich zu Ende. Der in seinen Augen schäbige Friedensschluss erschien ihm wie ein »böser Traum« und er beklagte sich brieflich bitter darüber, dass es »zu viel Sozialdemokraten« gäbe. »Wer hätte gedacht, dass Teile unseres Volkes so niedrig, so gemein, so schamlos sein könnten.«[15] Als er am 13. Dezember 1918 aus dem Mi-

litärdienst entlassen wurde, sehnte er sich von ganzem Herzen nach dem »Tag der Rache« an den »roten Vaterlandsverrätern«.
Wieder im Zivilleben musste er aber erst mal sein materielles Fortkommen sichern. Das war kein leichtes Unterfangen, denn zurück nach Ägypten konnte er nicht – die dortigen Familienbesitzungen waren von den englischen Kolonialherren beschlagnahmt worden –, und die Dienststelle »Fliegeranmeldung« in Potsdam, bei der er sich bewarb, lehnte ihn ab. In dieser Notlage bot ihm ausgerechnet das von den bayerischen Sozialdemokraten ins Leben gerufene Studienprogramm für Kriegsheimkehrer einen Ausweg. Dieses Programm gab abgemusterten Soldaten die Möglichkeit, mit staatlicher Unterstützung ein Hochschulstudium zu beginnen. Rudolf Heß ergriff die Chance und wählte das Fach Volkswirtschaft. Richtig studiert hat er allerdings nie, denn für ihn rückten bald andere Interessen in den Vordergrund. Unter Vermittlung seines alten Fliegerfreundes Hofweber erhielt er im Februar 1919 eine Anstellung bei der Münchner Wohnungskunst GmbH und kurz danach eine Einladung zu der radikal völkischen Thule-Gesellschaft.
Dieser verschwörerische Zirkel traf sich im Münchner Hotel »Vier Jahreszeiten« und Heß scheint den Gründer der Gruppe, Rudolf Freiherr von Sebottendorff, ehrlich bewundert zu haben. Die Verbindung von Kampfbereitschaft und Spiritualität – Sebottendorff begeisterte sich wie er selbst für Astrologie und Germanenmystik – entsprach ganz seinen eigenen Vorstellungen. Von den Thule-Idealen angetan soll Heß als Waffenbeschaffer und Freiwilligenwerber tätig gewesen sein und im Frühjahr 1919 als Verbindungsmann zum Freikorps Regensburg an der Eroberung Münchens teilgenommen haben.[16] Um dieselbe Zeit trat er dem ebenfalls im Hotel »Vier Jahreszeiten« untergebrachten Freikorps Epp bei und machte dort die Bekanntschaft zweier Persönlichkeiten, die für seinen weiteren Lebensweg von entscheidender Bedeutung waren: der angesehene Universitätsprofessor für Geografie Karl Haushofer und der deutschvölkische Trommelredner Adolf Hitler. Mit Ersterem traf er erstmals am 4. April zusammen, wann genau er Letzterem erstmals begegnete, lässt sich indes nicht mit Sicherheit sagen. Wahrscheinlich geschah es im Umfeld der Thule-Gesellschaft im Mai, spätestens aber auf einer Versammlung der Deutschen Arbeiter-Partei (DAP), nachmals NSDAP, im September 1919.
Zu jener Zeit, konkret von 7. Mai bis 15. Oktober, war Heß Zeitfrei-

williger bei der 5. Alarm-Kompanie des Freikorps Epp. Anschließend kam er als Flieger zur Reichswehr nach Schleißheim und nahm von dort aus an der Niederschlagung der »Roten Ruhrarmee« teil. Am 30. April 1920 wurde er endgültig demobilisiert. Heß stellte sich von da an ganz in den Dienst der NSDAP und wählte als seinen Leitspruch: »Ich will der Hagen der Partei sein.« Damit nahm er Bezug auf eine Figur aus dem nicht nur in NS-Kreisen als deutsche Nationaldichtung gepriesenen Nibelungen-Epos. Hagen von Tronje, der Mörder des gegen das Gesetz der altüberlieferten Moral verstoßenden Helden Siegfried, galt den Nazis als Inbegriff germanischer Treue, als ehrlich, zuverlässig, unbeugsam und unbestechlich.[17] Solchen Wertvorstellungen folgend wurde Heß am 1. Juli 1920 Mitglied der NSDAP.
In der Zwischenzeit hatte der asketisch lebende junge Mann in einer Schwabinger Pension eine Parteipionierin kennen gelernt, die ihn stark beeindruckte, Ilse Pröhl. Ihr erstes Zusammentreffen schilderte die Offizierstochter später so: »Plötzlich sprang, durch einen äußeren Zugang in den Garten gelangt, ein junger Mann in feldgrauer Uniform, am Arm den bronzenen Löwen des Freikorps Epp, drei Stufen auf einmal nehmend, die kleine Treppe hinauf. Ein Ruck bei meinem unerwarteten Anblick, ein höchst finsterer und abweisender Blick unter buschigen Brauen, ein knappstes, aber höfliches Verbeugen – weg war er! Das war Rudolf Heß.« Die junge Frau wollte ihn nicht so einfach ziehen lassen und suchte Kontakt zu ihm. Der Umworbene zeigte sich ein wenig geschmeichelt und schrieb nach dem ersten Rendezvous seinen Eltern, dass er sich aus einer »Grube voller Schlangen« den »einzigen Aal« gefischt hätte.[18] Ein »Aal«, der sich noch als äußerst nützlich erweisen sollte. Denn Ilse Pröhl war Rudolf Heß nicht nur eine treue Freundin und später Ehefrau, sondern auch eine unersetzliche Gehilfin bei der politischen Arbeit.
Diese Arbeit bestand zunächst in der Herstellung und Pflege von Kontakten zur besseren Gesellschaft. Zu den Haushofers etwa oder zu dem renommierten Weltkriegs-General Erich Ludendorff, den er im Sommer 1920 für die Partei gewann. Zugang fand Heß auch zum nationalkonservativen bayerischen Ministerpräsidenten Georg Ritter von Kahr, dem er Hitler im Mai 1921 in hochtrabenden Worten als politischen Partner anempfahl: »Er ist ein lauterer Charakter, voll tiefer Herzensgüte, religiös, ein guter Katholik. Er hat nur ein Ziel: das Wohl des Landes. Für dieses opfert er viel in selbstloser Weise.«[19] Ob Heß seinen

»Führer« – ein Ausdruck, den er im Herbst 1921 von Dietrich Eckart übernahm – in Wirklichkeit auch so »lauter« sah, lässt sich nicht eindeutig sagen. Für den jungen Laufburschen der Partei wurde Hitler jedenfalls nach dem Wegzug des leiblichen Vaters, der sein Geschäft in Ägypten wieder aufzubauen begann, zu einer gleichsam ersatzväterlichen Autorität.

Umgekehrt war Heß laut Kurt Mayr »Hitlers erster und erfolgreichster Mentor [...] Als Amateur im Hypnotisieren und Gesundbeten hatte [er] sicher besonders großen Einfluss auf Hitler. Vor jeder wichtigen Rede zog sich Heß mit Hitler zurück, manchmal gingen sie für mehrere Tage in Klausur. Dort gelang es Heß irgendwie, Hitler in jenen rasenden Zustand zu versetzen, in dem er sich dann an die Massen wandte.«[20] Heß selbst beschrieb diesen Vorgang später so: »Der Führer gab sich große Mühe, peinlich genau jede Einzelheit zu proben. Immer vor einer Rede – und jede Rede war ihm wichtig – verbrachte er Stunden damit, die Emphase seiner Ausführungen zu wiederholen, ebenso wie die Gesten, mit denen er sie unterstreichen würde. Er war ein hypnotisierender Redner. Er beeindruckte seine Zuhörer und hatte sie vollkommen in der Hand.«[21] Und Heß hatte über Hitler als dessen Einpauker die Möglichkeit, selbst Einfluss auszuüben. Denn als Redner war er gänzlich ungeeignet, wie etwa Hermann Esser, der Chefredakteur des Parteiblattes »Völkischer Beobachter«, feststellte: »Vor einem Dutzend Menschen kann Heß keinen zusammenhängenden Satz reden.«[22] Immerhin schaffte es der angehende Führer-Stellvertreter, mit seinem Draufgängertum Eindruck zu schinden. Etwa wenn er seine Reden mit der Bemerkung begann: »Wer wie ich blutend vor dem Führer zusammengebrochen ist ...« Heß nahm damit Bezug auf eine Schlägerei im Jahr 1921, bei der ihm in Gegenwart Hitlers »von Kommunistenhand« per Bierseidel »eine klaffende Kopfwunde zugefügt« worden war.[23]

Mit seinem Fanatismus und seiner Parteigläubigkeit wirkte der stets starr blickende Mann an der Seite Hitlers vor allem auf die Parteibasis mobilisierend. Im November 1922 verfasste Heß im Rahmen eines anonymen Preisausschreibens einen zehn Jahre später in gekürzter Form veröffentlichten, preisgekrönten Aufsatz zum Thema »Wie wird der Mann beschaffen sein, der Deutschland wieder zur Höhe führt?« Seiner darin geäußerten Ansicht nach wäre dieser Mann »zwar auch ein Diktator, aber in heiliger Vaterlandsliebe hält er über allem Ehrgeiz seines Landes Wohl und zukünftige Größe als einziges Ziel im Auge.« Er muss vor allem »frei vom Einfluss der Juden und jüdisch verseuchten Freimaurer« bleiben. Er »darf seinen Hörern nie die Freiheit lassen, auch anderes für richtig zu halten und übertragen auf ein Volk und seine Mission etwa zu erklären, außer seinem eigenen Volk gibt es noch soundsoviel andere Völker, die ebenso gut, ebenso tüchtig, ebenso zur Größe bestimmt sind wie das eigene. Hier trifft sich der große Volksführer mit dem großen Religionsstifter: Den Hörenden muss ein apodiktischer Glaube vermittelt werden, nur dann vermag die Masse der Anhänger dorthin geführt zu werden, wohin sie geführt werden soll. Sie wird auch dann dem Führer folgen, wenn Rückschläge eintreten, aber nur dann, wenn sie den unbedingten Glauben an die unbedingte Richtigkeit des eigenen Wollens, an die Mission des Führers und in unserem Falle an die Mission des eigenen Volkes vermittelt erhielt.«[24]

Heß war von dieser »Mission« offensichtlich zutiefst überzeugt und bestrebt, Hitler in diesem Sinne so weit wie möglich zurechtzubiegen. So half er mit, ihn zu »schulen und ihn als Führerpersönlichkeit zu präsentieren«. Er organisierte Auftritte vor Unternehmern und anderen einflussreichen Kreisen und arbeitete beharrlich am Ausbau des Hitler-Mythos mit. Angesichts seiner stillen, scheuen, zurückhaltenden Art hatten Beobachter den Eindruck, dass der in der »Maske des servilen Verehrers« auftretende Heß »Hitler mit schwärmerischem Fanatismus bedingungslos ergeben« wäre.[25] Im September 1923 zog er sich – angeblich aus einem »Bedürfnis nach ruhigem Schaffen« – kurzzeitig von der Parteiarbeit und seinem »Führer« auf das Familiengut nach Reicholdsgrün zurück. Aber schon Mitte Oktober nahm er in Nürnberg an einer Parteitagung teil und ließ sich von der Begeisterung und dem Elan der Bewegung wieder mitreißen.[26]

Einem eventuellen Umsturzversuch stand Heß damals skeptisch bis ablehnend gegenüber. Dennoch nahm er als treuer Parteisoldat am Abend des 8. November in bayerischer Heeresuniform an der Seite Hitlers an der Erstürmung des Münchner Bürgerbräukellers teil. Während des Putsches war er für die Beaufsichtigung der Gefangenen – Ministern und jüdischen Geschäftsleuten – zuständig. Er brachte diese zunächst in Großhesselohe bei München im Landhaus des antisemitischen Verlegers J. F. Lehmann unter. Von dort aus zog er mit einigen ausgesuchten Geiseln weiter zur Schwester seiner Verlobten nach Bad Tölz, wo ihm am Abend des 9. November die letzten Gefangenen abhanden kamen. Von der bayerischen Polizei gesucht, floh er weiter nach Salzburg und versteckte sich schließlich für mehrere Monate bei den Haushofers in München. Dort erfuhr Heß im April 1924, dass Hitler eine recht milde Strafe für seinen Hochverrat bekommen hatte, und beschloss daraufhin, sich auch selbst den Behörden auszuliefern, »damit es endlich Klarheit gibt«.[27]

Am 11. oder 12. Mai stellte er sich der Münchner Polizei und kam wenige Tage später zu seinen Kampfgefährten nach Landsberg. Von den Wächtern »ehrenhaft« behandelt, machten Hitler und Co. ihre Haftanstalt zum »Feldherrnhügel« und entwickelten Pläne zur Erlangung der Macht auf legalem Wege. Gleichzeitig begann Hitler seine Weltanschauung in Worte zu fassen. Bei der Niederschrift von »Mein Kampf« war ihm Heß als »Diskussionspartner, Stichwortgeber, Testpublikum« und Berater eine unentbehrliche Stütze. Und er war wohl auch an der inhaltlichen Gestaltung des zweibändigen Hetzwerkes beteiligt. Nach Abschluss der Schreibarbeit fielen die beiden einander, wie Heß seiner Freundin schrieb, tränenüberströmt in die Arme. »Ich bin ihm mehr ergeben denn je«, gestand er, »ich liebe ihn.«[28] Als Ilse Pröhl ihren Verlobten mit dem Auto am 2. Januar 1925 aus Landsberg abholte, war er zum bedingungslosen Nationalsozialisten geworden.

Zurück in München, wurde dem Exsträfling von Haushofer eine Assistentenstelle angeboten, die er jedoch ablehnte. Es war ihm wichtiger, bei den anstehenden politischen Kämpfen an vorderster Front dabei zu sein, und deshalb entschloss sich Heß am 25. April 1925, Hitlers Privatsekretär und Adjutant zu werden. Während der folgenden zwei Jahre sorgte er dafür, dass niemand seinem »Führer« zu nahe kam. Er regelte seinen Terminplan, beantwortete seine Post und bestimmte, wer sich ihm als »Freund« nähern durfte und wer nicht. So beklagte sich etwa Alfred Rosenberg 1926: »Man kommt einfach nicht an Hitler heran, dauernd ist dieser Heß um ihn herum.«[29] Am 20. November 1927 schrieb der getreue Führer-Sekretär an seine Eltern: »Für mich, der ich dauernd in seiner Umgebung bin, ist es erstaunlich, zu sehen, wie er jetzt geradezu von Tag zu Tag wächst, immer neue Erkenntnisse grundlegender Art hat. [Außer] ihm und mir weiß hier keiner Einzelheiten, ja kaum etwas von der großen Linie.«[30]

Heß – laut Joseph Goebbels »der Anständigste« in der Partei, »ruhig, freundlich, klug, reserviert« – war offensichtlich mit viel Elan bei der Sache, was der NS-Elite nicht immer gepasst zu haben scheint. So vermerkte etwa Hitlers Fotograf Heinrich Hoffmann damals: »Heß' feierlicher Ernst geht mir an die Nerven!«[31] Abgesehen von seiner Fliegerei blieb Hitlers Adjutant für ein Privatleben, vor allem das Zusammensein mit seiner Freundin Ilse Pröhl kaum noch Zeit. Ein paar gemeinsame Bergwanderungen waren ihr für eine Beziehung zu wenig und so plante sie, sich von ihm zu trennen. Erst in dieser Situation lenkte Heß – wohl auch auf Betreiben des »Führers« – ein und ehelichte seine Mitstreiterin am 30. Dezember 1927 in einer schlichten Zeremonie. Als Trauzeugen fungierten Hitler und Haushofer, während elterlicherseits niemand anwesend war – die Heßens weilten in Ägypten und die Pröhls waren mit dem »politischen Boden«, auf dem sich das Paar befand, nicht einverstanden.[32]

Kaum verehelicht widmete sich Rudolf Heß mit altgewohntem Elan der Parteiarbeit, vor allem der Absicherung des materiellen Bodens der NSDAP. Zu diesem Zweck führte er Hitler in die Wirtschafts- und Bankenwelt Deutschlands ein, knüpfte die Fäden zu Angehörigen der deutschen Oberschicht und stellte im Herbst 1928 den Kontakt zu den Industriellen Emil Kirdorf und Fritz Thyssen her. Angesichts seiner hohen Stellung in der Partei fühlten sich umgekehrt immer mehr – vor allem kleinere – Sympathisanten der Bewegung bemüßigt, sich bei Heß anzubiedern, um so an den »Führer« heranzukommen. Abseits seiner parteipolitischen Tätigkeit huldigte Heß weiter seiner Flugleidenschaft und entwickelte dabei eine Waghalsigkeit, die in Widerspruch zu seiner sonst zur Schau getragenen ernsten Art stand. So sprengte er 1931 in Hannover mit dem Parteiflugzeug eine sozialdemokratische Kundgebung, indem er zweieinhalb Stunden lang über den Köpfen der »roten Brüder« kreiste und einem Marsch durch die Häuserschluchten der Innenstadt folgte.[33]

Von derart gefährlichen Aktionen abgesehen lebte Rudolf Heß – wie auch seine Frau – ausgesprochen gesund. Er ernährte sich fleischlos, nahm zu Parteitreffen bisweilen sein eigenes, biologisches Essen mit, rauchte nicht und trank keinen Alkohol, nur sehr selten mal »einen guten Wein«. Als Anhänger der Lebensreformbewegung und ganzheitlich-natürlicher Heilweisen zog er die Homöopathie der Schulmedizin vor und begeisterte sich für »Kräuterdoktoren«. Diese zog er auch zu Rate, als ihn im Sommer 1932 eine Furunkulose für einige Zeit außer Gefecht setzte.

Als Heß nach einem längeren Genesungsurlaub samt Sanatoriumsaufenthalt im September dieses Jahres wieder an seinen Arbeitsplatz zurückkehrte, befand sich die Partei in einer schweren Krise. Nach der Niederlage bei den Reichstagswahlen vom 6. November eskalierte der Streit zwischen Hitler und dem Reichsorganisationsleiter Gregor Strasser. Am 8. Dezember legte Letzterer sämtliche Parteiämter nieder und stärkte dadurch nicht nur Hitlers Position, sondern auch jene seines Adjutanten Heß, der nun zum Vorsitzenden der politischen Abteilung der NSDAP vorrückte und auch einen führenden Rang in Heinrich Himmlers SS erhielt.

Die Machtübernahme der NSDAP im Januar 1933 bedeutete für Heß bloß eine weitere »Etappe zum Sieg« und den Beginn der »zweiten schweren Kampfperiode«.[34] Während die Nazis ihre Macht Schlag auf Schlag absicherten – Reichstagsbrand, Einrichtung erster Konzentrationslager, Ermächtigungsgesetz, Ausschaltung der Parteien, Auflösung der Gewerkschaften –, war Heß stets an der Seite Hitlers zu finden. Am 24. März 1933 übernahm er den neu geschaffenen Verbindungsstab der NSDAP und am 21. April folgte seine offizielle Ernennung zum »Stellvertreter des Führers«. Der freute sich allerdings nur bedingt und stellte Göring gegenüber fest: »Ich hoffe nur, dass Heß mich niemals ersetzen muss. Ich wüsste nicht, wer mir mehr Leid täte, Heß oder die Partei.«[35]

Immerhin hatte Heß nun genug Macht, um seinen Sympathien und Antipathien freien Lauf zu lassen. Besondere Zuneigung hegte er zu der von Rudolf Steiner begründeten anthroposophischen Bewegung, den darauf fußenden Waldorfschulen und der ebenfalls von Steiner grundgelegten biologisch-dynamischen Wirtschaftsweise. Mit Letzterer kam der Führer-Stellvertreter über Alwin Seyfert, seinen Nachbarn im Münchner Vorort Harlaching, wo die Heßens eine Villa erworben hatten, in Kontakt. Auf seine Veranlassung hin »ließ Heß seinen eigenen Garten von dem biologisch-dynamischen Landwirt Dr. Erhard Bartsch anlegen«. Seyfert war später als Gartenbauarchitekt »für die gärtnerische Gestaltung der Reichsautobahnen zuständig«. Bartsch übernahm 1933 den Vorsitz im Reichsverband für biologisch-dynamische Wirtschaftsweise, die, von Heß gegenüber der Kunstdüngerindustrie in Schutz genommen, zur Nazizeit einen starken Aufschwung erlebte.[36]

Dadurch ermutigt wandten sich auch die von der Schließung bedrohten Waldorfschulen mehrmals an den mächtigen Förderer. Elisabeth Klein, die Mitbegründerin der Dresdener Schule und Bekannte von

Seyfert und Bartsch, schaffte es, zu Heß, seiner Frau und seinen Mitarbeitern im Frühjahr 1934 eine »tragfähige Verbindung« herzustellen. Diese Verbindung sicherte den meisten Waldorfschulen ihren Bestand zumindest bis zu einer internen Krise des Bundesverbandes im Schuljahr 1936/37. Einige wenige Einrichtungen bestanden noch bis in die Kriegszeit fort. Die letzten Waldorfschulen wurden nach Heß' Englandflug im Mai 1941 geschlossen.[37]
In der Zwischenzeit hatte Heß als Stellvertreter des Führers untergeordnete Repräsentationspflichten zu erfüllen und den »Herold seines Herrn« zu mimen. Bei Parteiveranstaltungen kündigte er »mit begeistertem Blick und der Ekstase des echt Gläubigen« seinen »Führer« an, was bis zur totalen Persönlichkeitsaufgabe gehen konnte. So etwa erklärte er im Jahr 1934: »Unser aller Nationalsozialismus ist verankert in kritikloser Gefolgschaft, in der Hingabe an den Führer, die im Einzelfalle nicht nach dem Warum fragt, und in der schwer wiegenden Ausführung dessen, was er befiehlt.«[38]
Dass Heß, seit 2. Dezember 1933 Reichsminister ohne Geschäftsbereich, über ein abgesondertes Tätigkeitsfeld verfügte, hatte zur Folge, dass er von seinem geliebten »Führer« immer mehr getrennt wurde. Dazu kam, dass ihm ab Juli 1933 der verschlagene und skrupellose Emporkömmling Martin Bormann als Stabsleiter zugeteilt war, dessen Intrigen nicht folgenlos blieben. Mit seiner Ahnungslosigkeit und einem nach außen hin penetrant zur Schau getragenen unterwürfigen Verhalten bildete der »Stellvertreter des Führers« eine eigene Größe innerhalb der Partei. Dass er von deren Mitgliedern immer wieder eine gesunde Lebensführung einforderte und seine Leute ermahnte, das Rauchen und den Alkohol aufzugeben, mag bisweilen etwas belustigend gewirkt haben. Der Gesundheitsapostel zeigte sich aber auch von einer ganz anderen Seite, hetzte in schwülstigen Reden gegen die Feinde der Bewegung und äußerte mehrmals seine Bereitschaft, auch selbst Hand anzulegen, wenn es um die Interessen der Partei ging. Dieser Haltung zum Trotz galt Heß als eine Art Saubermann und »moralisches Gewissen« der NSDAP und er bezeichnete sich selbst verschiedentlich als »Klagemauer der Bewegung«. Als solche hatte er sich vor allem mit Amtsmissbräuchen und dem Fehlverhalten einzelner Parteimitglieder auseinander zu setzen und interne Querelen zu klären.
Bei einer dieser Querelen konnte er freilich nichts mehr regeln. Gegenstand des Streits war die SA, die sich bei der Pfründenverteilung im

NS-Staat übergangen fühlte und im Frühjahr 1934 zu einem gefährlichen Unruheherd wurde. Ihr Führer, Ernst Röhm, ein grobschlächtiger Volkstribun, forderte mehr Macht für sich auf Kosten der Reichswehr und brachte dadurch Hitler in Bedrängnis. Nach längerem Überlegen beschloss dieser, den »Revoluzzer« und seine Kumpane liquidieren zu lassen. Am 30. Juni wurde Röhm mitsamt seinen engsten Vertrauten verhaftet und zwei Tage später erschossen. Heß fühlte sich bei dieser Aktion übergangen, klinkte sich im letzten Moment aber doch noch ein und soll mit den Worten: »Das größte Schwein muss weg!« verlangt haben, Röhm eigenhändig zu Tode befördern zu dürfen. Dieses Vorrecht wurde ihm dann allerdings nicht erteilt. Stattdessen musste er mit anhören, wie als einer der zu Liquidierenden sein alter Freund August Schneidhuber genannt wurde. Heß' Adjutant Alfred Leitgen berichtete später, dass sein Chef plötzlich »totenbleich« wurde, seinem »Führer« etwas ins Ohr flüsterte, aber mit seinem Anliegen offensichtlich abblitzte. »Grün im Gesicht« ging Heß »in ein Nebenzimmer. Als ich ihm kurze Zeit darauf folgte, winkte er mich hinaus. Er krümmte sich vor Schmerzen, als ob er einen Magenkrampf hätte. In seinen Augen standen Tränen.«[39]
Heß fügte sich, wie er sich immer fügte. Zweifel am Vorgehen Hitlers kamen ihm nicht. Sein Credo: »In welcher Stellung immer: Ich bin lediglich der Diener am Werk des Nationalsozialismus Adolf Hitlers.« Der wiederum war für ihn »eine genialische Einzelerscheinung«, ja mehr noch, der von der Vorsehung auserkorene »Sämann« für eine neue Welt.[40] Für Heß war letztlich alles, was im Dritten Reich geschah, kosmische Fügung. So auch das massive Vorgehen gegen die Juden, zu denen er ein sehr zwiespältiges Verhältnis hatte. Kannte er doch etliche – wie etwa Karl Haushofers Frau –, denen er keinen Schaden wünschte. Prinzipiell aber hatte er nichts gegen ein hartes Vorgehen und er beteiligte sich auch selbst an den Vertuschungen begangener Verbrechen.
Seinem Mitarbeiterstab gegenüber zeigte sich Heß als überaus korrekter Chef. Seine langjährige Privatsekretärin Hildegard Faht etwa schilderte ihn als äußerst zuvorkommend. »Er war immer höflich und nett und wir haben viel zusammen gelacht. Auch sein Gerechtigkeitssinn war sehr ausgeprägt. [Wann] immer er von besonderen Härten hörte, griff er ein und half den Betroffenen […] Viele baten ihn um Hilfe und Beistand. Zornig habe ich ihn kaum erlebt.«[41] Ähnlich äußerte sich

auch Walther Sommer, ein altgedienter Beamter, der von 1933 bis 1940 in Heß' Diensten stand und ihm vor allem bei der Herstellung von Kontakten zu Juristen und Wirtschaftstreibenden half. Auch bei der Sichtung der stetig wachsenden Aktenberge unterstützte Sommer seinen Chef.

Dass diesem nicht langweilig wurde in seinem Amt, dafür sorgte eine Anordnung Hitlers vom 27. Juli 1934, derzufolge Heß »in seiner Eigenschaft als Kabinettsmitglied bei der Bearbeitung von Gesetzentwürfen in sämtlichen Reichsressorts die Stellung eines beteiligten Reichsministers« erhielt.[42] Einer weiteren Anordnung vom 24. September 1935 gemäß sollte der »Stellvertreter des Führers« auch bei der Ernennung höherer Beamter zugezogen werden. In Ausführung dieser Instruktionen schuf sich Heß »im viel gegliederten Parteigefüge ein besonderes, auf ihn zugeschnittenes Segment, indem er Organisationen und Personen an sich band und sich direkt unterstellte.« Diese Hausmacht spielte im Rahmen der parteiinternen Rivalitäten eine nicht unbedeutende Rolle.[43]

Ausgespielt hat Heß diese Rolle zumeist nur im Hintergrund. Direkte Auseinandersetzungen scheute er und in der Öffentlichkeit wirkte er eher matt. Joseph Goebbels etwa charakterisierte im Oktober 1936 eine Ansprache von ihm als »leblos und tot«, der »Stellvertreter des Führers« wäre »kein Redner, höchstens ein Prediger«.[44] Als solcher machte er sich nur dann recht gut, wenn er die ritualisierten Parteitage mit salbungsvollen Worten einleitete. Oder wenn er den »Führer« vor dessen Auftritten in beschwörendem Tonfall ankündigte. Von 1936 an wurde Heß seitens hochrangiger Parteigenossen nicht nur wegen seiner Unfähigkeit, vor größeren Menschenmassen mitreißende Reden zu halten, angeprangert, sondern auch wegen seines mangelnden Durchsetzungsvermögens. Bormann etwa vermisste bei ihm Initiativkraft und Goebbels urteilte, Heß wäre seiner Aufgabe nicht ganz gewachsen und trete bei parteiinternen »Stänkereien« nicht entschieden genug auf.[45]

Ein deutlich günstigeres Bild hinterließ Heß unterdessen bei seinen sportlichen Auftritten. Während der Olympischen Winterspiele 1936 in Garmisch-Partenkirchen und mehr noch bei den Sommerspielen in Berlin präsentierte er der Welt einen Nationalsozialismus, der sich »für sportliche und freundschaftliche Begegnungen der jungen Generationen« einsetzte. Der körperbewusste »Stellvertreter des Führers« betrieb eine Reihe verschiedener Sportarten und munterte seine Kampfgefähr-

ten auf, es ihm gleichzutun. Er machte sich offenbar ernsthaft Sorgen um die »verfetteten« NSDAP-Mitglieder, deren Mangel an Gesundheitsbewusstsein, wie er meinte, auch der Partei zum Schaden gereichen konnte.[46] In diesem Sinne äußerte er sich unter anderem im August 1937 auf dem XII. Internationalen Homöopathen-Kongress, wo er das Interesse des NS-Staates »an allen Heilweisen« zum Wohle der Gesundheit der Staatsführung und des ganzen Volkes zum Ausdruck brachte.
Mit seiner eigenen Gesundheit war es unterdessen zunehmend schlechter bestellt. Immer häufiger litt Heß ab 1937 »unter Magen- und Gallenkoliken. Weder die Schulmedizin noch Quacksalber und Wunderheiler, die der notorische Hypochonder konsultierte, verschafften Linderung. Alfred Rosenberg berichtete, dass sich Heß auf den Ratschlag eines dieser Heilkundigen hin sämtliche Zähne des Oberkiefers habe ziehen lassen, um einer vermuteten Infektion zu begegnen. Eine Besserung stellte sich auch dadurch nicht ein. Natürlich blieb die wachsende Kauzigkeit seines Stellvertreters auch Hitler nicht verborgen.« Der unverkennbare Realitätsverlust des mächtigen Mannes »wurde von seiner näheren Umgebung genau registriert. Immer schon hatte Heß eine Vorliebe für Lehren im Grenzbereich menschlicher Erkenntnis gehabt. Zur Astrologie, die er zunehmend ernsthafter mit seinem Mitarbeiter Ernst Schulte-Strathaus betrieb, gesellten sich nach und nach andere obskure Leidenschaften: Wünschelrutengänger, Pendler, Traumdeuter und Hellseher gaben sich ein Stelldichein beim Stellvertreter.«[47]
Angesichts dessen verwundert es nicht, dass Heß immer seltener in Aktionen der Partei eingeweiht wurde. Und dies, obwohl er am 4. Februar 1938 Mitglied des Geheimen Kabinettsrats, am 30. August 1939 Mitglied des Ministerrates für die Reichsverteidigung und zwei Tage danach Hitlers zweiter Nachfolger nach Hermann Göring wurde. Von der Reichskristallnacht am 9. November 1938 erfuhr er – trotzdem er zu ihren ideologischen Urhebern gehörte – erst, als die Sache schon vorüber war. Was Rudolf Heß allerdings nur wenig ärgerte, denn an jenem Tag fand die Taufe seines einzigen Sohnes statt. Als Pate fungierte Adolf Hitler höchstselbst und der »Führer« war auch Vorbild für die Namensgebung des Buben – Wolf-Rüdiger bezog sich zum einen auf die alte Kampfbezeichnung des »Führers«, zum andern auf den treuesten aller Helden des Nibelungenliedes.
Den Kriegsausbruch am 1. September 1939 erlebte Heß in Berlin. Vom Angriff auf Polen hatte er wohl gewusst – in die vorhergehenden mili-

tärischen und diplomatischen Beratungen war er aber nicht einbezogen worden. Dies mag dazu geführt haben, dass er ganz eigene strategische Pläne entwickelte – das umso mehr, als das von ihm mit einer gewissen Sympathie bedachte England am 3. September dem Deutschen Reich den Krieg erklärte. Dieser Akt schockierte Hitler wie Heß gleichermaßen. In einem Anfall blinden nibelungischen Heldentums bat der »Stellvertreter« den »Führer« damals um die Erlaubnis, »als Kampfflieger an die Front« ziehen zu dürfen. Hitler jedoch lehnte ab und erteilte ihm ein einjähriges Flugverbot. Heß fügte sich – und blickte zugleich neidvoll auf Göring. Der hatte vor, mit Billigung Hitlers nach London zu fliegen, um dort Friedensverhandlungen zu führen, ließ diesen Plan aber wieder fallen, als die Briten kundtaten, in keinem wie auch immer gearteten Fall verhandeln zu wollen.[48]

Die Nazi-Führer empfanden dies nicht als Schaden, denn in Anbetracht der Blitzkriegs-Erfolge waren Separatabkommen in ihren Augen sowieso nicht mehr notwendig. Das empfand auch Heß so und er fühlte sich bemüßigt, zur Absicherung des in seinen Augen bevorstehenden »Endsieges« jeglichen inneren Widerstand von vornherein auszuschalten. In einer Anordnung vom 19. Oktober 1939 forderte er das sofortige Einschreiten von Polizei und Gestapo dort, »wo das Volksempfinden verletzt wird«. Verletzt wurde das Volksempfinden seiner Ansicht nach schon allein durch entgegenkommendes Verhalten »Volksfremden« gegenüber. Verletzt wurde es aber auch dadurch, dass sich Soldatenfrauen, während ihre Männer an der Front waren, Liebhaber nahmen. Die von Heß dafür in Aussicht gestellten schweren Strafen fanden jedoch keine Zustimmung bei den anderen Parteioberen[49] – was den »Stellvertreter« schwer grämte. Immerhin aber durfte er Mutterkreuze und sonstige Orden verteilen und so zur Stärkung der »Heimatfront« beitragen.

Unterdessen verschlechterte sich sein Gesundheitszustand erneut, und als sich im Sommer 1940 endgültig die Hoffnung zerschlug, dass England doch noch auf die Seite des Dritten Reichs umschwenken könnte, verfiel Heß zudem in Depressionen. In dieser Lage hörte er Hitler einmal sagen: »Mein Gott, was soll ich denn sonst noch tun? Ich kann doch nicht hinfliegen und mich vor den Engländern auf die Knie werfen!«[50] Diese nebenbei gemachte Bemerkung scheint ihn tief berührt und zu dem Entschluss gebracht zu haben, auf eigene Faust zu handeln. Er wollte selbst fliegen, weihte in seine diesbezüglichen Pläne

aber nur wenige Personen ein. Eine davon war Albrecht Haushofer, der Sohn seines väterlichen Freundes Karl Haushofer, der als NS-Gegner im Geheimen ganz andere Absichten verfolgte als der um das Wohl des Führer-Staates bemühte Heß.
Kurz nach einer Hetzrede Hitlers, in der er eine Invasion Englands ankündigte, wandte sich der »Stellvertreter« im September 1940 brieflich an den Duke of Hamilton in der Hoffnung, in ihm einen Partner hinsichtlich eines eventuellen Separatfriedensschlusses zu finden. Eine schwere Fehleinschätzung Heß', der nach außen weiter seinen Pflichten nachging, innerlich aber nur noch für seinen Plan lebte, nach England zu fliegen und dort einen »Siegfrieden« zwischen den beiden »nordischen Ländern« herbeizuführen. Ehe er startete, wartete er – pflichtgetreu – auf die Aufhebung des ihm von Hitler auferlegten Flugverbots. Seine Sekretärin Laura Schroedel berichtete: »Ich habe damals oft für Heß Reden getippt. Einmal, wir waren gerade alle zur Erholung bei einem Freund in Karlsbach, diktierte er mir dort im Garten eine Rede. Er wollte sie vor englischen Offizieren halten. Darin stand so ungefähr: ›Wir wollen mit euch ein Gentleman-Agreement vereinbaren, wir haben euch kaputtgemacht, ihr habt uns kaputtgemacht, nun müssen wir gegen den Osten zusammenhalten.‹ Während er mir die Rede diktierte, dachte ich mir immer: Ich möchte bloß wissen, wo Herr Heß diese Rede halten wird, wie kommt er jetzt wohl an englische Offiziere heran. Ich wurde aus der Sache nicht schlau, doch nahm er mir das Ehrenwort ab, nicht über die Rede zu sprechen. Dass er mit einem Flugzeug allein nach England fliegen will, darauf kam ich nicht.«[51]
Am 10. Januar 1941 unternahm Heß einen ersten Versuch, musste aber wegen schlechten Wetters wieder umkehren. Als sein Adjutant Karl-Heinz Pintsch einen der mitgeführten Briefe entdeckte, wurde er vom angehenden »Friedensboten« notgezwungen in seine Pläne eingeweiht. Er hielt dicht – ebenso wie jener Astrologe, der ihm den 10. Mai als von der Sternkonstellation her günstigste Gelegenheit zum Flug errechnete. Ansonsten war keiner seiner Parteigenossen in die Pläne eingeweiht, auch nicht seine Frau, die sich am Morgen des Abflugtages noch über sein Verhalten wunderte, und schon gar nicht Hitler. Der hatte sich am 4. Mai zum letzten Mal von seinem »Stellvertreter« verabschiedet. Irgendeine Verabredung zwischen den beiden lässt sich nicht belegen.

Am Abend des 10. Mai um 18 Uhr startete Rudolf Heß mit einer Me 110 vom Flughafen Augsburg-Haunstetten aus in Richtung Westen. Sein Ziel war Dungavel, eine Besitzung des Duke of Hamilton. Von englischen Abfangjägern verfolgt, musste er seine Route jedoch kurzfristig ändern und entschloss sich schließlich zum Absprung per Fallschirm. Sein Flugzeug zerschellte im Bonnyton-Moor und Heß musste im Dunkeln erst mal eine Bleibe suchen. Als ihn die schottische Home Guard im Dorf Eaglesham aufstöberte, gab er sich zunächst als Hauptmann Alfred Horn aus. Nach Preisgabe seiner wahren Identität wurde er in Haft genommen. Während der ersten beiden Tage in englischer Kriegsgefangenschaft traf der entfleuchte Hitler-Stellvertreter mit dem Duke of Hamilton und dem Ex-Diplomaten Ivone Kirkpatrick zusammen. Die Staatsführung, allen voran Premier Winston Churchill, lehnte ein Treffen mit ihm jedoch ab. Kein englischer Politiker war bereit, in irgendeiner Weise auf das vorgebrachte Anliegen eines separaten Friedensschlusses einzugehen.
Soweit sich dies aus den erhalten gebliebenen schriftlichen Unterlagen – darunter einem Abschiedsbrief an Hitler – erschließen lässt[52], wusste Heß von dem für Juni geplanten Feldzug gegen Russland. Sein »Friedensflug« ist von daher wohl als Versuch zu sehen, der deutschen Armee den Rücken frei zu machen. Gleichsam als »Geschenk an den Führer« sollte durch den Frieden mit England eine gemeinsame Front gegen den Kommunismus geschaffen werden. Dass dies auch NSDAP-intern so gesehen wurde, geht aus Stellungnahmen hervor, die dem Flug Heß' lauterste Absichten bescheinigten. Nach außen hin aber wurde der ehemalige »Stellvertreter«, als das Scheitern seiner Mission klar wurde, für »geistig umnachtet« erklärt. Bei Hitler in Ungnade gefallen, wäre er im Falle einer Auslieferung sofort vor einem Standgericht gelandet.
Dazu aber kam es nicht. Stattdessen wurde Heß in England mehrfach einvernommen und verhört. Am 10. Juni 1941 hatte er nach kurzem Zwischenstopp im Londoner Tower Gelegenheit, seine Absichten vor Kirkpatrick und dem britischen Lordkanzler John Simon auszubreiten. Die dabei zu Tage tretenden größenwahnhaften Vorstellungen ließen die Briten erschauern. Heß' Aktion bewirkte damit letztlich genau das Gegenteil dessen, was er geplant hatte. In dieser Situation schrieb der gescheiterte Botschafter einen Abschiedsbrief an Hitler: »Haben Sie von ganzem Herzen Dank für alles, was Sie mir gegeben haben und was Sie mir gewesen sind [...] In Ihnen, mein Führer, grüße ich unser

Großdeutschland, das einer ungeahnten Größe entgegengeht. Vielleicht bringt mein Flug trotz meines Todes oder gerade durch meinen Tod Frieden und Verständigung mit England. Heil mein Führer.«[53]
Während der Zeit seiner Inhaftierung auf einem ländlichen Anwesen im Süden Londons versuchte sich Heß mehrmals umzubringen, brach sich dabei aber jedes Mal nur ein paar Knochen. Trotz bester Behandlung fühlte er sich unwohl. Vor allem das Essen schmeckte ihm nicht – er hatte ständig Angst, es könnte vergiftet sein –, und neben chronischen Magenkrämpfen stellte sich bei ihm bald ein ausgeprägter Verfolgungswahn ein. Die behandelnden Ärzte und Psychologen konstatierten bei ihm schließlich eine durch die »starken Belastungen im Kriege« bedingte Amnesie.
Auf Gedächtnisverlust setzte Heß auch in seiner Verteidigungsstrategie vor dem Nürnberger Kriegsverbrechertribunal. Im Oktober 1945 wurde er in den Justizpalast von Nürnberg überstellt, dort von Vertretern der Alliierten verhört und seinen ehemaligen Mitstreitern gegenübergestellt. Dabei zeigte er sich als völlig realitätsfremder, reuloser Nationalsozialist. Zu Göring etwa sagte er: »Sie werden sehen, diese Geistererscheinung wird verschwinden und Sie werden binnen eines Monats Führer von Deutschland sein!«[54]
Die Gerichtsverhandlungen gegen ihn begannen am 20. November 1945. Der ehemalige »Stellvertreter« zeigte sich dabei teilnahmslos und stur. Vermutlich wäre das Urteil milder ausgefallen, hätte er nicht in seinem Schlusswort vom 31. August 1946 eine Erklärung abgegeben, die ihn als unnachgiebig gläubigen Nazi auswies: »Ich erhebe keinen Einspruch gegen Äußerungen, die darauf abzielen, mich oder das ganze deutsche Volk in der Ehre zu treffen. Ich betrachte solche Anwürfe von Gegnern als Ehrerweisung. Es war mir vergönnt, viele Jahre meines Lebens unter dem größten Sohne zu wirken, den mein Volk in seiner tausendjährigen Geschichte hervorgebracht hat [...] Ich bin glücklich, zu wissen, dass ich meine Pflicht getan habe meinem Volk gegenüber, meine Pflicht als Deutscher, als Nationalsozialist, als treuer Gefolgsmann meines Führers. Ich bereue nichts.«[55]
Zu lebenslanger Haft verurteilt, wurde Rudolf Heß nach Spandau im Westsektor von Berlin gebracht. Dort unternahm er sogleich einen Selbstmordversuch, ließ sich jedoch von seinen Mitgefangenen beruhigen und ergab sich schließlich in sein Schicksal. Der ehemalige Rüstungsminister und Architekt Albert Speer und der Ex-Reichsjugend-

Rudolf Heß in der Gefängniszelle während der Nürnberger Prozesse

führer Baldur von Schirach »passten immer wieder ein bisschen auf den alten Mann auf. Speer machte ihm sogar das Bett. Am Schluss aber überlebte er sie alle.«[56] Vom 1. Oktober 1966 an war Heß der einzige Häftling in Spandau. Nach einem neuerlichen Selbstmordversuch mehrten sich die Stimmen, die seine Freilassung forderten. Heß' starre Haltung und die Tatsache, dass er eine märtyrerhafte Symbolfigur des wieder erstarkenden Neonazismus bildete, machten einen solchen Akt jedoch unmöglich. Neben zahlreichen historischen und psychologischen Studien erschienen seit den 1970er-Jahren immer mehr rechtsextreme Schriften, die den Fall aufgriffen und Heß, den »Heiligen von Spandau«, zu einer Schachfigur im Netz internationaler Verschwörerbanden umstilisierten.[57] 1986 wurde sogar ein Sprengstoffanschlag auf das Gefängnis verübt.

Im Falle seiner Entlassung hätte sich der alte Mann wohl kaum mehr in der gewandelten Welt zurechtgefunden. Nach 1980 verkam er geistig und körperlich immer mehr. Im Frühjahr 1987 war sein Lebenswille, wie der Gefängnispfarrer Michel Rörig später aussagte, endgültig gebrochen. Der starke gesundheitliche Verfall des nun schon 93-Jährigen führte zu depressiven Zuständen und in einem dieser Zustände setzte der einsame Häftling am 17. August 1987 im Gartenhäuschen des Spandauer Gefängnisses seinem Leben ein Ende. Die unmittelbar darauf verbreiteten Mordgerüchte nährten sich unter anderem aus einer Aussage des aus Tunesien stammenden Betreuers Heß', der neben dem Toten zwei Amerikaner in Uniform gesehen haben wollte, die »wie Mörder« ausgesehen hätten. Die Obduktion des Leichnams ergab jedoch keine Anhaltspunkte für einen von fremder Hand verursachten Tod.[58] Nichtsdestotrotz versuchten und versuchen, ausgehend von Rudolfs Sohn Wolf-Rüdiger Heß, rechtsradikale Kreise bis heute die Mordthese aufrechtzuerhalten.

Schon unmittelbar nach Bekanntwerden des Todes von Rudolf Heß kam es in ganz Deutschland zu rechtsextremistischen Ausschreitungen. Mit der Parole »Rudolf Heß – das war Mord!« wurde ein Fahrzeug des US Army attackiert und an verschiedenen Orten hielten aufgebrachte Neonazis »Gedenkmärsche« ab. Nach zunächst unorganisierten Protest- und Gedenkkundgebungen entstanden 1988 das »Aktionskomitee Rudolf Heß« und die »Rudolf Heß Gesellschaft e.V.«, die sich beide dezidiert der Erinnerung an den »Stellvertreter des Führers« und dessen Rehabilitierung verschrieben. Das Begräbnis Rudolf Heß' in Wundsiedel in der Nähe seines Jugenddomizils Reicholdsgrün am 17. März 1988 wurde von Neonazi-Aufmärschen umrahmt und konnte nur unter Polizeischutz durchgeführt werden.

Dass die Akten im Fall Heß immer noch nicht zur Gänze freigegeben sind, nährt die Spekulationen um seinen »Friedensflug« genauso wie um seinen Tod. Nach wie vor pilgern Jahr für Jahr Hunderte Neonazis – speziell an seinem Sterbetag – zum Grab des ehemaligen Hitler-Stellvertreters, um dort jenem wahnhaften Deutschtums- und Führerglauben zu huldigen, dem schon Rudolf Heß zu Lebzeiten erlegen ist. Der Parade-Nazi wird dabei mitunter zu einer in spirituelle Sphären entrückten Heldengestalt hochstilisiert. So erklärte etwa der ehemalige Generalmajor und aktive Holocaust-Leugner Otto Ernst Remer anlässlich eines Sommersonnwendfestes in Orleans: »Wir haben in dieser Nacht den flammenden Holzstoß als Symbol des Lichtes errichtet [...] Wir gedenken an dieser Stelle einer einmaligen Lichtgestalt, wie sie in Jahrhunderten nur selten in dieser Eindeutigkeit und Klarheit sich uns offenbart hat. Ich spreche von Rudolf Heß.«[59] Der damit seine Rolle als Stellvertreter des Führer-Erlösers auch im Jenseits der neuen Rechten fortspielt.

Heinrich Himmler

Der willige Vollstrecker

Dass sich das abgrundtief Böse manchmal hinter einem sehr banalen Gesicht verbirgt, wird im Fall des Heinrich Himmler eindrucksvoll vor Augen geführt. Als Reichsführer-SS war er der Architekt der so genannten Endlösung, der massenweisen Vernichtung von Juden, Roma, Sinti, Homosexuellen und Gegnern des Nazi-Regimes. Derartigem »Ungeziefer« weinte der nach Hitler mächtigste Mann im Dritten Reich keine Träne nach. Als Privatmensch aber war er mitunter wehleidig, empfänglich für okkulte Weltsichten jedweder Art, auf Korrektheit bedacht und zurückhaltend gegenüber Frauen. Er konnte sich beinah väterlich um das Wohl seiner Leute sorgen und im nächsten Moment die bedingungslose Vernichtung angeblichen »Übels« verordnen. Himmler, der Endlöser – ein Mann aus deutschem Blut und Boden, der an ein Unkrautvertilgungsmittel geraten war und damit in wahnhaft bürokratischer Manier alles niederspritzen ließ, was »nordischer« Zucht und Ordnung zuwiderlief.

Zur Welt kam der nachmalige Reichsführer in der Münchner Hildegardstraße am 7. Oktober 1900.[1] Er war das zweite von drei Kindern einer gut situierten Familie – der ältere Bruder, Gebhard(t), wurde im Juli 1898, der jüngere, Ernst, im Dezember 1905 geboren. Heinrichs

Mutter Anna Maria, geb. Heyder, war die Tochter eines aus Regensburg stammenden Geschäftsmannes und brachte ein kleines Vermögen in die im Juli 1897 geschlossene Ehe. Vater Gebhard stand lange Zeit als Hauslehrer im Dienst des Wittelsbacher-Prinzen Heinrich, den er hoch verehrte und auf dessen Namen er den zweiten Sohn taufen ließ. Der »Durchlauchtigste Gnädige Prinz und Herr« übernahm sogar die Patenschaft über das Kind und verlieh ihm damit einen besonderen gesellschaftlichen Status. Der seit 1897 als Lehrer für klassische Sprachen am Wilhelmsgymnasium tätige Vater wusste diesen »gnädigen Akt« ergebenst zu schätzen und bezog im Frühjahr 1901 mit seiner Familie eine dem aristokratischen Beistand entsprechende, deutlich größere Wohnung in der Liebigstraße.

Heinrich und seinen Brüdern wurde von klein auf das Bewusstsein vermittelt, einem alten und erfolgreichen Geschlecht anzugehören. Die Vorfahren der Familie wurden sogar in einem eigenen »Ahnenzimmer« geehrt.[2] Eine besondere Rolle in diesem Ahnenkult spielte Großvater Johann Himmler, der sich 1827 vom Königlich-Bayerischen Regiment hatte anwerben lassen. 1854 war er zur königlichen Polizeikompanie in München gekommen und bis zum Brigadier aufgestiegen. Mit seinem beruflichen Erfolg hatte er, wie Heinrich Himmler später immer wieder stolz betonte, »eine Basis der Ehrbarkeit und finanziellen Sicherheit geschaffen«.[3] Der Aufstieg in den Mittelstand wurde von Vater Gebhard Himmler in seiner Funktion als pflichtbewusster Höfling fortgesetzt und Sohn Heinrich sollte diese Entwicklung zum Höhepunkt bringen. Mutter Anna und die Haushälterin Thilda Nöbauer umsorgten ihn diesen Vorgaben entsprechend wie einen Königsspross.

Den Sommerurlaub verbrachte die Familie Himmler stets in Füssen in der Nähe von Hohenschwangau und König Ludwigs Märchenschloss Neuschwanstein. In der erfrischenden Natur und dem aristokratischen Umfeld fühlte man sich wohl und fast wie zu Hause. Schlimme Folgen hatte indes der durch den Schulwechsel des Vaters bedingte Umzug nach Passau im September 1902. Heinrich, der das Klima an der Donau offensichtlich nicht vertrug, erkrankte wenige Wochen nach der Übersiedlung an einer schweren Atemwegsinfektion mit Anzeichen von Tuberkulose. Seine Pflege nahm viel Zeit und Mühe in Anspruch und zeitigte erst Erfolg, als die Familie im Frühjahr 1904 nach München zurückkehrte. Vermutlich mit Unterstützung des um die Gesundheit des Jungen besorgten Patenonkels Prinz Heinrich bekam Papa

Himmler eine Stelle am Ludwigsgymnasium und die Familie eine Wohnung in der Amalienstraße. Kaum jedoch war Heinrich wieder einigermaßen gesund, wurde sein Bruder Gebhard krank, und auch mit dem jüngsten Spross Ernst war nicht alles eitel Wonne. Ständige Sorgen um die Gesundheit der Kinder lasteten also wie ein Fluch auf dem Himmler'schen Familienleben.

Mitte September 1906 begann für Heinrich die Schulzeit an der Münchner Domschule. Das erste Jahr dort war für ihn ein ständiger Kampf gegen Krankheiten verschiedenster Art – Mumps, Masern, Lungenleiden und anderes mehr. Um den Schulabschluss trotz des versäumten Unterrichts zu schaffen, nahm man die Hilfe eines Privatlehrers in Anspruch. Zu Ferienbeginn begab sich die Familie Himmler wieder nach Füssen, wo »Heini« in »gesunder Natur« zu viel Lernen und körperlicher Ertüchtigung angehalten wurde. Dem Willen der Eltern gemäß sollte er durch Eifer wettmachen, was ihm durch körperliche Gebrechlichkeit als Bürde mit auf den Lebensweg gegeben worden war. Der Junge fügte sich und schloss auch das zweite Schuljahr trotz anhaltender Kränklichkeit erfolgreich ab. Im Herbst 1908 wechselte er dann »aus familiären Gründen« an die Amalienschule und scheint dort erstmals ein paar Freunde gefunden zu haben. Nach Beendigung der Grundschulbildung »mit Note II« im Juli 1910 machten die Himmlers Urlaub in Lenggries bei Bad Tölz in Oberbayern.

Der kleine Heinrich wurde streng gehalten und ständiger Kontrolle unterzogen. Vom siebten Lebensjahr an führte er ein Tagebuch, das vom Vater tagtäglich kontrolliert und korrigiert wurde. Der gestrenge Schulmann »schrieb sogar den ersten Eintrag, um dem Sohn ein Muster zu liefern.«[4] Bei seinen Korrekturen legte er größten Wert auf eine schöne äußere Form und pedantische Genauigkeit im Inhalt. Erwachsene etwa wurden stets mit allen Titeln genannt. Während Heinrich seine Eltern und Lehrer in höchsten Tönen pries, finden sich über Spielkameraden nur vereinzelte Andeutungen in seinem Tagebuch. Wenn sich da und dort mal kindliche Gefühlsregungen zeigten, strich der Vater sie zumeist weg. Und wo der Bub über Hobbys schrieb, waren es ausnahmslos solche, die auch dem Vater zu Eigen waren – etwa das Briefmarkensammeln. Heinrich war, wie einer seiner Mitschüler feststellte, »ein merkwürdiger kleiner Junge, der schlecht sah und ständig eine Brille oder einen Zwicker tragen musste; dadurch und durch seinen Ruf als Musterschüler wirkte er ziemlich lächerlich [...] Trotz aller Witze über seine Schwäche und Schwerfälligkeit arbeitete er beharrlich, verlor nie seine Fassung und gab selten sein schwaches Lächeln auf, das typisch für ihn wurde.«[5]

Die Erziehung, die Heinrich in Schule und Familie erhielt, orientierte sich an den durch den bayerischen Mittelstand vorgegebenen Normen. »Man war katholisch und königstreu, sittsam und gebildet«, bodenständig und bayerisch-patriotisch mit einem Schuss deutschnationalen Bewusstseins und antipreußischen Ressentiments.[6] Ein gehöriges Maß an Frömmigkeit paarte sich mit einer streng konservativen Gesinnung auf der Grundlage solider bürgerlicher Verhältnisse. Kontakte wurden nachhaltig nur dort gepflegt, wo sie sich lohnten, also zu akademischen Kreisen und höheren Beamten wie dem bayerischen Generalkonservator Eduard Hager und der Prinzessin von Hohenburg.[7]

Heinrich tat, was man von ihm verlangte, gab sich wichtigen Personen gegenüber unterwürfig höflich und leistete mit besonderem Eifer seinen Dienst als Ministrant. Vom September 1910 an besuchte er das Wilhelmsgymnasium und entwickelte sich dort zu einem äußerst lerneifrigen Schüler. Seine Strebsamkeit erlosch auch während der Ferien nicht, und so wurde er bald zum erklärten Liebling der Lehrer. Denjenigen von ihnen, die er während der schulfreien Zeit nicht sah, schrieb er – wohl auf Drängen des Vaters – freundlich andienernde Briefe. Dieses Verhalten stieß bei seinen Mitschülern allerdings nur bedingt auf Verständnis. Von seinen Gymnasialfreunden waren die meisten vermutlich solche, die über ihn Vorteile für sich selbst erhofften. Heinrich dürfte dies gemerkt haben und bald zeigten sich bei ihm Ansätze von Bitterkeit, Neid und Hass auf all jene, die durch Adel oder Erbschaft Privilegien genossen und sich ihre Lebensgrundlagen nicht so hart erarbeiten mussten wie er.[8]

Die meiste Zeit der im Raum Füssen verlebten Sommerferien der Jahre 1911 bis 1913 verbrachte der Junge mit Schwimmen und Wandern. Dabei wurde er zum Entsetzen des Vaters jedoch »etwas nachlässig und unordentlich«, was seine Lernpflichten betraf. Um dieser gefährlichen Entwicklung entgegenzuwirken, ließ Papa Himmler den Filius zusätzlich zu seinen üblichen Studien Kurse wie etwa einen über Kurzschrift absolvieren.[9] Diese Maßnahme zeigte Wirkung und Heinrich ordnete sich rasch wieder ins solide bürgerliche Leben ein.

Im September 1913 erhielt Professor Himmler die Stelle eines Konrektors am Gymnasium von Landshut etwa 70 Kilometer nordöstlich von

München. Dies bedeutete für die Familie nicht nur den Umzug in eine ländlichere Gegend, sondern auch den Bruch mit altvertrauten Gewohnheiten. Während Bruder Gebhard den Wechsel ins neue Leben nur schwer verkraftete – er musste mit Rippenfellentzündung für einige Zeit ins Krankenhaus –, hatte Heinrich Glück. Denn zur selben Zeit wie er zog auch sein Münchner Schulfreund Wolfgang Falk Zipperer nach Landshut. Die beiden blieben eng befreundete »Mannesgefährten« bis ins Dritte Reich, in dem es Zipperer bis zum Rang eines SS-Hauptsturmführers brachte.[10]
Den Sommer 1914 verbrachte die Familie in Tittmonig – wie üblich mit Kirchenbesichtigungen, Wanderungen, Spazierfahrten und Fortbildungsarbeiten. Die Ruhe und Sicherheit des Ferienlebens wurde jedoch jäh unterbrochen durch den Ausbruch des Krieges, der die Himmlers mitten in der Nacht des 6. August ihren Urlaubsort verlassen und nach Landshut zurückkehren ließ. Der fanatische Patriotismus seiner Umgebung schwappte auf Heinrich über und schlug sich deutlich in den Tagebuchaufzeichnungen der Folgezeit nieder. Dabei vermischte sich das Kriegsgeschehen mit familiären Banalitäten. So etwa notierte Heinrich unter dem 26. August 1914: »Mit Falk im Garten gespielt. 1000 Russen gefangen von unseren Truppen östlich der Weichsel. Vormarsch der Österreicher. Nachm. im Garten gearbeitet. Klavier gespielt. Nach dem Kaffee besuchten wir Kissenbarths. Wir durften dort Pflaumen vom Baum nehmen. Es sollen furchtbar viele gefallen sein. Wir haben jetzt 42-cm-Kanonen.«[11]
Abseits jugendlicher Kriegsspiele und der üblichen Ereiferung für die nationale Sache war Heinrich militaristische Hysterie fremd. Er lernte weiter, strebsam wie je, und übte sich, vom Vater unterstützt, in strenger Selbstkontrolle und Pflichterfüllung. Mit sichtbarem schulischem Erfolg: Abgesehen von den Leibesübungen hatte er stets die besten Noten. Und er hatte auch genug Muße, um nebenbei für den musikalischen Hausgebrauch Klavier und Cembalo zu lernen.
Anfang 1915 meldete sich Heinrich Himmler zur Ausbildung bei der Jugendwehr an. Dort erlebte er, wie er in sein Tagebuch schrieb, zwar »ein bisschen Spaß«, fühlte sich aber von der Amateurhaftigkeit des 1890 eingeführten Armee-Vorbereitungsprogramms für Studenten höherer Schulen eher abgestoßen.[12] Getrübt wurde der Spaß auch durch seine Kränklichkeit – Erkältungen, Grippe und chronische Magenschmerzen minderten Heinrichs Einsatzfähigkeit. Wohl um hier ein

wenig göttliche Hilfe zu erbeten, unternahmen die Himmlers im Sommer 1915 als Ergänzung zu den sowieso schon recht häufigen Kirchenbesuchen – drei- bis viermal pro Woche – umfangreiche Wallfahrten. Dadurch wurde nebenbei auch die moralische Enge, die die Welt des jungen Himmler prägte, noch weiter vertieft – und mithin auch seine Beziehung zum anderen Geschlecht. Dieses lernte Heinrich damals in Gestalt der Beamtentochter Luisa Hager näher kennen, doch verkam das ansatzweise sexuelle Interesse sehr rasch in den Wirrnissen des Krieges.

Bei dem 15-Jährigen machte sich unterdessen eine wachsende Sucht nach Anerkennung breit. Nie der sozialen Kontrolle der Eltern entwachsend, verursachte es ihm tiefe seelische Nöte, dass man ihn seitens der Behörden »nur als Kind« bewertete. Um als eigenständige Person geachtet zu werden, begann sich Heinrich zu kasteien. Er trainierte mit Hanteln, unternahm mit einem Fahrrad, das er im Frühjahr 1916 geschenkt bekam, weitschweifige Ausflüge und war im Turnverein, dem er Anfang 1917 beitrat, eins der eifrigsten Mitglieder.[13] Dennoch gelang es ihm nicht, seine körperlichen Schwächen zu überwinden. Immerhin aber schaffte er es, dass man ihn trotz seiner Kurzsichtigkeit für kriegstauglich erklärte.

Als sich Bruder Gebhard Anfang 1916 entschloss, die Offizierslaufbahn einzuschlagen, wollte Heinrich natürlich nicht zurückstehen. Noch dazu, wo immer mehr seiner Kameraden einrückten. Seine darob gefasste Absicht, auch selbst in die Armee einzutreten, fand in der Familie allgemein Beifall. Ganz angetan mit militärischem Elan studierte man tagtäglich die Kriegsberichte und feierte ausgiebig die Siege der deutschen Truppen. Als dann jedoch im November 1916 Heinrichs Pate und Gönner, Prinz Heinrich, an der rumänischen Front fiel, bedeutete dies einen schweren Schlag für die Himmlers. Hatte der Wittelsbacher doch den »Ausblick auf ein helles, sonniges Hochland« und damit die Hoffnung auf ein besseres Leben nach der »alten Ordnung« präsentiert.[14] Für den jungen Heinrich war der Tod seines Vorbilds ein Grund mehr, endlich selbst seine Pflicht als Soldat erfüllen zu wollen.

Anfang Juni 1917 gab Vater Himmler seinem drängenden Sohn die Einwilligung zur Bewerbung für eine Offizierslaufbahn. Doch trotz der vom Schulmeister in Anspruch genommenen prominenten Unterstützung durch die Wittelsbacher-Prinzessin Arnulf und Generalarzt Patin wurde Heinrich, der im Aufnahmeantrag »Infanterieoffizier« als seinen »Lebensberuf« angab, abgelehnt. Man brauchte Soldaten, keine Karrieristen. Schwer enttäuscht meldete sich der Junge im Oktober beim Landshuter Hilfsdienst und wurde dem Kriegsfürsorgebüro zugeteilt. Nach sechs Wochen kehrte er ans Gymnasium zurück, ehe er am 23. Dezember doch noch als Offiziersanwärter angenommen wurde. Am 1. Januar 1918 meldete er sich bei dem ihm zugeteilten, in der Nähe von Regensburg stationierten 11. Regiment.

Es erfüllte Heinrich mit enormem Stolz, dass er nun Soldat war, und er unterzeichnete die Briefe an seine Eltern stets als »miles Heinrich«. Dies konnte aber nicht darüber hinwegtäuschen, dass er zunehmend unter gesundheitlichen Problemen und Depressionen litt. Mit ein Grund dafür war das Ausbleiben von Kampfeinsätzen – nicht einmal an der Heimatfront gegen Streikende ging es zur Sache. So vertrieb er sich die Zeit mit Lesen oder Theaterbesuchen, begann zu rauchen und pflegte seinen Hang zu übertriebener Unterwürfigkeit gegenüber Vorgesetzten. Im Sommer 1918 wurde Heinrich nach Freising versetzt und besuchte von dort aus, sooft es ging, seine Familie. Anfang September, unmittelbar nach Ende des Ausbildungslehrgangs, schickte man ihn zu einem Maschinengewehrkurs nach Bamberg. Im Oktober war er wieder zurück und durfte nun selbst Rekruten ausbilden. Es war dies seine einzige Befehlserfahrung, denn kurz nach Beginn seines Ausbildungskursus war der Krieg zu Ende und Himmlers Kompanie wurde aufgelöst.

Die Revolutionszeit Ende 1918 erlebte er abseits des Geschehens im sicheren Landshut und in Regensburg. Er hoffte immer noch auf eine besondere Kriegsschulung und einen eventuellen Einsatz. Doch stattdessen wurde Heinrich Himmler am 17. Dezember nach Hause geschickt. Zuvor schon hatte er erstmals politische Versammlungen besucht und sich schließlich dafür entschieden, der Bayerischen Volkspartei beizutreten. Die in dieser an sich föderal ausgerichteten Gruppierung verbreiteten »konservativen Schreckensgeschichten« verstärkten seine Vorurteile und er beschloss, wenn nötig auch mit Waffengewalt gegen die »linken« Feinde zu Felde zu ziehen. Bedenken der Eltern entgegnete er brieflich – in Kurzschrift verschlüsselt: »Wegen mir braucht Ihr keine Angst zu haben. Ich bin schlau wie ein Fuchs.«[15]

Im Frühjahr 1919 setzte der ausgemusterte Soldat in Landshut seine gymnasiale Ausbildung fort. Nebenher betätigte er sich als deutschnationaler Untergrundwühlarbeiter, er trat im April dem Freikorps

Landshut bei und meldete sich kurz darauf auch noch beim Freikorps Oberland. Bei Letzterem fungierte er als Adjutant mit der Aussicht, doch noch eine Armeelaufbahn einschlagen zu können. Im Juli 1919 machte er sein Abitur und wurde in dem mit 15. Juli datierten Reifezeugnis insgesamt so beurteilt: »Er hat sich stets wohlgesittet betragen und gewissenhaften Fleiß an den Tag gelegt.«[16] Das freudige Ereignis des Schulabschlusses wurde jedoch getrübt durch die in konservativen Kreisen als äußerst demütigend empfundenen Friedensbedingungen, die Deutschland im Vertrag von Versailles zwei Wochen zuvor aufgezwungen worden waren. Mit diesem Vertrag schienen die alten Werte endgültig außer Kraft gesetzt und Heinrich Himmler fühlte sich zutiefst verunsichert. In dieser Situation stieß er auf die Theorien von M. Wilhelm Meyer, der Wissenschaft und Religion zu einem exotischen Ideengebäude vermischte. Der nach neuen weltanschaulichen Anknüpfungspunkten suchende Abiturient beurteilte das Werk Meyers als »hochinteressant, streng wissenschaftlich, philosophisch, religiös« und ließ sich dadurch zu eigenen weiterführenden Gedanken anregen.[17]
Im August 1919 entschloss sich Heinrich Himmler überraschend, an der Technischen Hochschule in München ein Landwirtschaftsstudium aufzunehmen. Warum er dies tat, ist unklar, denn es entsprach nur bedingt seinem Naturell und ganz sicher nicht den Statuserwartungen der Eltern. Nichtsdestotrotz blieb der Lehrerspross auf dem eingeschlagenen Weg und verpflichtete sich am 1. August für ein Jahr zu einem Praktikum auf dem Gut des Ökonomierats Winter, wo sich jedoch rasch zeigte, dass er der harten Arbeit nicht gewachsen war. Am 2. September erkrankte der damals 19-Jährige an einer typhusähnlichen Infektion und musste seine Arbeit abbrechen. Während der anschließenden mehrwöchigen Genesungszeit las er, soviel er konnte – hohe Literatur ebenso wie Bücher aus dem antisemitischen Verlag Lehmann. Wieder gesundet nahm Himmler am 28. Oktober sein Landwirtschaftsstudium an der Technischen Hochschule auf – und entwickelte eigentümlich-weltflüchtige Pläne für seine ganz persönliche »deutsche Zukunft«. So schrieb er am 11. November in sein Tagebuch: »Ich arbeite, weil es meine Pflicht ist, weil ich in der Arbeit meine Ruhe finde, und arbeite für mein deutsches Mäderl, mit dem ich einmal im Osten fern vom schönen Deutschland mein Leben durchleben und durchkämpfen will als Deutscher.«[18]
Heinrich wohnte zunächst bei seinem Bruder Gebhard und trat zusam-

men mit ihm der 14. Alarmkompanie der 21. Schützenbrigade, einer Reserveeinheit der Reichswehr, später auch der Einwohnerwehr und der Schützengesellschaft Freiweg bei. Zusätzlich dazu war er im Allgemeinen Studenten-Ausschuss und im Reichs-Kriegsteilnehmer-Verband aktiv und immatrikulierte sich auch noch an der Universität München, um auch dortige Vereine frequentieren zu können. Ihr Essen bekamen die Himmlers tagtäglich bei Frau Loritz, zu deren Töchtern Käthe und Maja sich allmählich eine engere Beziehung entwickelte. Die keimende Romanze Heinrichs mit Maja scheiterte allerdings an seiner Gehemmtheit und dem von der Kirche übernommenen Keuschheitsideal. Über Bücher, Freunde und einmal sogar über eine Prostituierte versuchte er sich die notwendige sexuelle Aufklärung zu verschaffen. Einen für ihn stimmigen Zugang hat er jedoch nie gefunden. Stattdessen suchte er sein Heil in der Verherrlichung angeblicher weiblicher Tugenden, in Männerbündelei und deutschnationaler Lektüre. Von dieser angespornt entwickelte er einen starken Glauben an die Willenskraft und daran, dass ein »eiserner Mann, der mit seinem Geist und Willen für sein Volk bis zum letzten Tag alles [will,] in unserer Zeit so notwendig ist«. Davon ausgehend äußerte er mehrmals den »Wunsch, sich für eine große Sache zu opfern«.[19]

Als Student war Heinrich Himmler eher unauffällig – oder »tapsig«, wie ihn seine Kommilitonen beschrieben. Beim Bund Apollo, einer angesehenen Burschenschaft, kam er in Verruf, weil er beim Trinken nicht mithalten konnte. Zunächst für »nicht satisfaktionsfähig« erklärt, wurde er nach medizinischer Bestätigung seines »Reizmagens« vom Biertrinken befreit und schließlich doch noch mit den Weihen der schlagenden Verbindung versehen. Kaum in den erlesenen Kreis aufgenommen, verursachte ihm die anstehende erste Mensur schwere religiöse Probleme, wie aus einer Tagebucheintragung vom 26. Dezember 1919 ersichtlich wird: »Ich hatte […] in meinem Inneren Glaubenskämpfe zu bestehen wie noch nie zuvor […] Am Abend betete ich […] Gott wird mir in allen meinen Zweifeln weiterhelfen.«[20] Und da Gott nicht zu helfen vermochte, sprang der Vater ein und löste in langen Gesprächen allmählich seine Qualen. Heinrich verschob die Mensur fürs Erste und blieb seinem katholischen Glauben samt damit verbundener Moral treu. Daran änderte sich auch nichts, als er im Zuge seiner politischen Entwicklung – der Abwendung von der konservativ-katholischen BVP und der Hinwendung zur NSDAP – in Konflikt mit der Kirche kam.

Anschluss suchte Heinrich unterdessen nicht nur bei typisch studentischen und politischen Gruppierungen, sondern auch in ganz banalen Vereinen wie der Deutschen Gesellschaft für Züchtungskunde, der Vereinigung der Freunde des humanistischen Gymnasiums, dem Altbayerischen Schützenbund, dazu in mehr oder weniger politischen Verbänden wie der Offiziersvereinigung seines alten Regiments, dem Alpenverein, dem Allgemeinen Studentenausschuss und der Bayerischen Volkspartei. Neben seinen vereinsmeierischen Tätigkeiten besuchte er auch gesellschaftliche Vergnügungen wie den Münchener Fasching, wo er einmal als Türkensultan gesichtet wurde.[21] Derartige »Ausschweifungen« aber änderten nichts an seinen engstirnigen, bürgerlichen Idealen, an denen er hölzern festhielt und die er in zunehmendem Maße seiner Umgebung aufzuzwingen versuchte. Seinem Bruder »Ernsti« zum Beispiel hielt er am 14. November 1920 eine briefliche Moralpredigt, die er mit der Belehrung schloss: »Gelt, werde mir nicht einseitig. Und sei fein immer brav und ärgere Vati u. Mutti nicht.«[22]

Die Einhaltung strikter moralischer Richtlinien erachtete Himmler als unumgängliche Grundlage nicht nur im privaten Bereich, sondern für die gesamte nationale Bewegung, deren Entscheidungskampf gegen den Bolschewismus in seinen Augen unmittelbar bevorstand. Als sich die politische Lage wider Erwarten beruhigte, begann Heinrich am 1. September 1920 zum zweiten Mal ein Praktikum, diesmal am Hof der Familie Rehrl in Fridolfing bei Tittmonig. Er fand schnell Gefallen am bäuerlichen Leben und war seinem Lehrherrn ein gefügiger Schüler. Neben der Arbeit besuchte er Obst- und Gemüseausstellungen, machte ausgedehnte Wanderungen, nahm an verschiedenen Festlichkeiten teil und wurde Mitglied im Gesangsverein und im Kirchenchor. Dass sein Bruder Gebhard unterdessen für seine Kriegsverdienste mit dem Eisernen Kreuz Erster Klasse ausgezeichnet wurde, erfüllte ihn ein wenig mit Neid und nährte den Wunsch in ihm, auch selbst endlich seine militärischen Fähigkeiten unter Beweis stellen zu können. Dazu erhielt er vorerst jedoch keine Gelegenheit, immerhin war er nach Beendigung des Praktikums im August 1921 körperlich ein wenig stabiler.

Heinrich Himmler wollte seine akademische Ausbildung nun rasch zum Abschluss bringen und trieb seine Studien daher zügig voran. Gleichzeitig geriet er aber immer wieder in tiefe Zweifel, innere Konflikte und Depressionen, wie etwa aus einer Tagebuchnotiz vom 21. November 1921 hervorgeht: »Ich bin jetzt wieder in einem furchtba-

Heinrich Himmler vereidigt die österreichische Polizei in Wien

ren Zustand inneren Kampfes. Wenn ich nur jetzt Gefahren zu bestehen hätte. Mein Leben aufs Spiel setzen. [Der Mensch] ist ein armseliges Geschöpf. Und doch bin ich stolz, diesen Kampf zu kämpfen. Ich will nicht unterliegen.«[23]

Innere Krämpfe verursachte dem frustrierten jungen Mann auch sein Verhältnis zur Weiblichkeit. Als Antwort auf Vorwürfe, er würde das

andere Geschlecht verachten, schrieb er drei Tage nach der obigen Eintragung in sein Tagebuch: »Eine Frau wird von einem rechten Mann auf 3 Arten geliebt. Als liebes Kind, das man zanken, auch vielleicht strafen muss in seiner Unvernunft, das man schützt u. hegt, weil es eben zart u. schwach ist u. weil man es eben so lieb hat. Dann als Gattin und treuer, verständnisvoller Kamerad, der das Leben mit einem durchkämpft, einem überall treu zur Seite steht, ohne den Mann u. seinen Geist zu hemmen u. in Fesseln zu schlagen. Und als Göttin, der man die Füße küssen muss, die einem Kraft gibt, durch ihre weibliche Weisheit und kindlich reine Heiligkeit in den härtesten Kämpfen nicht zu erlahmen u. einem in idealen Stunden der Seele Göttlichstes gibt.«[24]
Derart »Göttlichstes« blieb ihm indes versagt und so stürzte er sich in sein Studium, verschiedene Vereinstätigkeiten und Kampfesfantasien. Im Juni 1922 erhielt er endlich die so lange hinausgeschobene Mensur und »ertrug voller Stolz die Übungen, die ihm die ehrenvollen Narben garantierten«.[25] Gleichzeitig radikalisierte sich sein politisches Weltverständnis, wobei zum Erbfeind Frankreich nun das »Judenproblem« kam, dessen Lösung ihm dringlicher denn je erschien. Seine Lektüre – darunter die »Protokolle der Weisen von Zion« – und Gespräche mit antisemitischen Kampfgefährten bestärkten Himmler in seiner Meinung, dass die Juden unglaublich gerissen und hinterhältig wären und nur mit den gleichen Methoden geschlagen werden könnten, mit denen sie selbst die Welt »terrorisierten«. Bei Sitzungen deutschnationaler Gruppierungen wurden diese Methoden konkret durchdiskutiert und bei der Schützengesellschaft Freiweg konnte er sich im Rahmen paramilitärischer Übungen auf den neuen Feind einschießen.
Im Juli 1922 absolvierte Himmler die Abschlussexamina und erhielt am 1. August sein Diplom als Landwirt. Für kurze Zeit wusste er nicht, was er weiter tun sollte – und geriet erneut in eine persönliche Krise. In dieser Notlage half ihm ein früherer Lehrer, der ihm ein Stellenangebot bei einer Nitrogen-Düngemittel-Firma in Schleißheim wenige Kilometer nördlich von München unterbreitete.[26] Der diplomierte Agrarier nahm an und bezog im September eine Wohnung nahe der Fabrik.
Als Arbeitsbereich wurde ihm zunächst die Forschungsabteilung des Unternehmens zugeteilt und Himmler arbeitete sich gut ein. Dass der Wert des verdienten Geldes ständig sank, bestärkte ihn in seinem Glauben, dass dunkle Mächte Deutschland zerstören wollten. Durch

diese fixe Idee weiter fanatisiert, nahm er an den paramilitärischen Übungen des in Schleißheim stationierten Bundes Blücher teil und wurde Mitglied der »Reichsflagge«, die der von Adolf Hitler geführten Arbeitsgemeinschaft der Vaterländischen Kampfverbände angehörte. Die Radikalisierung seines Weltbildes führte Himmler in die Arme der NSDAP, der er im August 1923 beitrat. Als politischen Ziehvater gewann er damals Ernst Röhm, dem er bei der Gründung des rechtsextremen Vereins »Reichskriegsflagge« Anfang Oktober gleichen Jahres zur Seite stand.

Das Scheitern des Hitler'schen Putschversuchs vom 8./9. November, an dem er als Fahnenträger der Reichsflagge mit von der Partie war, bedeutete für den jungen Kämpfer einen herben Rückschlag, doch änderte die Niederlage nichts an seiner politischen Überzeugung. Im Gegenteil. Anfang 1924 hielt er Reden vor nordbayerischen Aktivisten und verfasste antisemitische Artikel. Am 24. Februar notierte er in sein Tagebuch: »Bitter hart u. dornenvoll ist dieser Dienst am Volk.«[27] Um dieselbe Zeit besuchte er zum letzten Mal einen katholischen Gottesdienst. Von da an wollte er mit dem alten Glauben nichts mehr zu tun haben. Zur unheiligen Allianz der »Feinde der germanischen Rasse« gesellten sich in seinen Verschwörungsfantasien nun auch die Jesuiten.[28] Und er begann überall nach »geheimen Zuständen« zu suchen, nach jüdischen Versippungen und politischen Tarnungen der Feinde. Im Frühjahr 1924 wurde Himmler Mitglied des eben entstandenen Deutschvölkischen Offiziersbundes (DVOB) und gewann als dessen Verbindungsmann zu anderen deutschvölkischen Vereinigungen allmählich stärkeren politischen Einfluss.

In der ihm eigenen Pedanterie begann Heinrich Himmler damals an alle Personen in seinem Umfeld Zensuren nach verschiedenen Gesichtspunkten zu verteilen.[29] Gleichzeitig führte die zunehmende Fixierung auf ein völkisch-moralisches, reinheitsfanatisches Weltbild zu einer, so Heinz Höhne, »martialischen Fürsorglichkeit«. Als sich etwa sein Bruder Gebhard im April 1923 mit der Bankierstochter Paula Stölzle zu vermählen beabsichtigte, schrieb er dem Ehewilligen: »Soll euer Bund ein glücklicher werden für euch zwei und zum Heil für das Volk, das sich auf gesunden, sittlich reinen Familien aufbaut, so musst du an der Kandare gehalten werden mit barbarischer Strenge.« Und an Paula gewandt: »Da du dich selbst nicht streng u. hart behandelst, u. dein künftiger Mann zu gut ist für dich [...] fühle ich mich dazu verpflichtet.«[30] In seiner Rolle als Sittenwächter schaltete Heinrich daraufhin zwei Detekteien ein, die eventuelle frühere Verhältnisse von »Fräulein Stölzle« auskundschaften sollten. Die Sache löste sich schließlich von selbst, da die beiden Heiratswilligen die Machenschaften des Überbruders nicht ertrugen und ihre Verlobung wieder lösten.

Was Himmler im Kleinen einforderte, verlangte er auch im Großen. 1924 vermerkte er in seinem Tagebuch, dass es notwendig wäre, aus den »mischrassigen« Deutschen wieder »reinrassige« Germanen zu machen. Am Rande der Wohnstätten »nordischer Menschen« sollte es Lager geben für minderrassige »Arbeitssklaven, die ohne Rücksicht auf irgendeinen Verlust unsere Städte, unsere Dörfer, unsere Bauernhöfe bauen« sollten.[31] Solcherart weltanschauiich untermauert, erhielt Himmler Ende Juni 1924 von Gregor Strasser, dem damaligen Führer der Nationalsozialistischen Freiheitsbewegung (NSFB), das Angebot eines Assistenzpostens. Der Lehrersohn zögerte trotz massiver elterlicher Bedenken nicht lange und übersiedelte nach Landshut, wo Strasser sein Büro hatte. Damit begann Himmlers Karriere als Parteibürokrat.

Der eifrige junge Kämpfer, der 1925 Strassers Stellvertreter als Gauleiter von Niederbayern wurde, lernte schnell, wie man im Untergrund Organisationsarbeit leistete, und stellte sich ganz in den Dienst der 1925 wieder zugelassenen NSDAP. Abseits dessen zeigte er ein wachsendes Interesse an alten Kulten, Germanenmystik und Okkultismus. In diesem Zusammenhang stieß er vermutlich Ende 1924 auf den Bund der Artamanen. 1923 durch Willibald Hentschel ins Leben gerufen, empfand sich diese jugendbewegte Vereinigung als eine »ritterliche Kampfgenossenschaft auf deutscher Erde«, die ein »neues Heils-Heer« für den Krieg gegen die Slawen bilden sollte. Im Rahmen eines freiwilligen Arbeitsdienstes zogen sie »nach Ostland«, um in landwirtschaftlicher Pionierarbeit den Boden für eine Germanisierung Osteuropas zu bereiten.[32] Als Schöpfer des Leitspruchs »Blut und Boden« waren die Artamanen der Ansicht, dass »nur durch die Wiederbelebung der bäuerlichen Gemeinschaften rassische und nationale Stärke neu entstehen könnten«.[33] Dies zu erreichen wäre »heiligstes revolutionäres Wollen« im Sinne von »Artam«, dem »Hüter der Scholle, Kämpfer für Ehre, Art, Acker und Lebensraum. Artam bedeutet Erneuerung des Volkes, ist Richte zu neuem Lebenssinn und Lebenswerk.«[34]

Himmler war ebenso wie Rudolf Höß, der nachmalige Kommandant des Vernichtungslagers Auschwitz, und der spätere Reichsbauernführer Richard Walther Darré eine Zeit lang praktizierender Artamane. Er übernahm von der deutsch-bündischen »Werkgemeinschaft« die »Blut und Boden«-Ideologie, die völkische Utopie der Ostsiedlung, das Ideal so genannter Thingbauern – Thing bezeichnete bei den alten Germanen eine Gauversammlung – und die Idee von Wehrbauerndörfern, die einen »germanischen Schutzwall« gegenüber den nach Asien zurückzudrängenden Slawen bilden sollten. Die mystischen Züge der Lehre der Artamanen stießen bei Himmler auf besonderen Widerhall, doch ließ er sie in seine öffentlichen Stellungnahmen nur am Rande einfließen. Da er höhere Posten in der Partei anstrebte, wäre ihm – und das war ihm klar – der Vorwurf mystischer Verzücktheit sicher hinderlich gewesen. Nichtsdestotrotz pflegte er im Privaten seine Vorlieben für Blut-und-Boden-Romantik, Germanenkult und Spiritismus.

Mit Hitler traf Himmler erstmals im Jahr 1926 persönlich zusammen. Dass er sich dabei dem Parteichef devot ergeben zeigte, nahm Hitler wohlwollend zur Kenntnis und ließ ihm fortan seine Unterstützung zukommen. Als mit organisatorischem Talent ausgestatteter, fleißiger Bürokrat war Himmler – anders als sein Chef Strasser – ein treuer Gefolgsmann des NSDAP-Führers und stieg in der Parteihierarchie dementsprechend rasch empor. Noch 1926 wurde er stellvertretender Gauleiter von Oberbayern, danach stellvertretender Propagandaleiter. Himmler arbeitete brav, galt aber in Parteikreisen eher als Sonderling.

1928 fand der reinheitsfanatische Parteibürokrat endlich sein »deutsches Mädel«. Marga, eigentlich Margarete Boden, war die Tochter eines preußischen Gutsbesitzers aus Goncerzew bei Bromberg in Polen. Sie war um sieben Jahre älter als Heinrich, blond, blauäugig, walkürenhaft, hatte während des Krieges als Krankenschwester gearbeitet und danach mit väterlichen Geldern in Berlin eine kleine Privatklinik aufgebaut. Heinrich lernte sie in einem Hotel in Bad Reichenhall kennen, wo er vor einem Regenguss Zuflucht suchte und seinen Hut so schwungvoll vor ihr zog, dass er sie von oben bis unten bespritzte. Aus der Verlegenheitsbekanntschaft wurde bald eine intensivere Beziehung und am 3. Juli 1928 ein ehelicher Bund. Als Protestantin war Marga den Himmler-Eltern nicht genehm und Heinrich wagte es eine Zeit lang nicht, sie mit nach Hause zu bringen.[35] Dass sich der NS-Karrierist trotzdem mit ihr einließ, hing möglicherweise mit seinen gesundheitlichen Problemen zusammen. Häufig kränkelnd und in ständiger

Angst vor neuen Krankheiten lebend, fand er in der Klinik-Leiterin eine vielseitige Betreuerin, die ihm neue Heilweisen jenseits der Schulmedizin – Homöopathie, Mesmerismus, Haferstrohbäder, Kräuter- und esoterische Kuren – näher brachte.[36]
Marga war in ihrer Verhärmtheit ein Abbild von Himmlers eigenem Charakter. Lina Heydrich beschrieb sie später als herrschsüchtige, »spießige, humorlose und von Platzangst besessene blonde Frau«.[37] Nach dem Verkauf ihrer Klinik zog sie mit ihrem Mann zunächst aufs Land. In Waldtrudering bei München erwarben die Eheleute ein Grundstück und errichteten dort – artamanischen Idealen folgend – ein kleines Holzhaus samt Hühnerstall. Die 50 Zuchthennen brachten jedoch nicht genug ein, um davon angemessen leben zu können, und so gaben die Himmlers den Versuch, eine Kleintierzüchterexistenz zu gründen, bald wieder auf. Zurück in München kam 1929 ihr einziges Kind, Gudrun, zur Welt.
Zu jener Zeit begann sich Himmler wieder mehr der Arbeit für die NSDAP zu widmen. Als neuer Aufgabenbereich wurde ihm damals die Leitung der 1925 gegründeten Schutzstaffel (SS), eine damals 280 Mann starke Unterabteilung der SA, übertragen. Ursprünglich eine Art Leibwache Hitlers, hatte diese Elitetruppe zur Zeit von Himmlers Antritt als Reichsführer-SS am 6. Januar 1929 die Aufgabe, die Parteiführung gegenüber rivalisierenden Gruppen innerhalb der NSDAP abzusichern. Der neue Organisationsleiter machte aus der Parteipolizei bis 1933 eine schlagkräftige Untergrundarmee, zugleich aber eine religiöse Sekte, die wie eine Geheimgesellschaft agierte und ihrem »Reichsführer« Himmler bedingungslos ergeben war. Unter dem Wahlspruch »Meine Ehre heißt Treue« wurde von den Mitgliedern der als Orden strukturierten Truppe die stete Bereitschaft zum Einsatz des eigenen Lebens gefordert. 1930/31 hatte die SS ihre erste Bewährungsprobe bei der Niederschlagung des von Walter Stennes angezettelten SA-Aufstandes zu bestehen. Aus diesem Kampf ging sie gestärkt hervor und bildete von da an den harten Kern der nationalsozialistischen Bewegung. Zusammen mit seinem Mentor Darré schuf Himmler 1931 das Rasse- und Siedlungshauptamt, zu dessen Aufgaben es unter anderem gehörte, aus der SS durch »Menschenzüchtung« einen »nordischen Adel« zu formen.[38]
Himmlers Rolle in der Partei insgesamt blieb vorerst noch bescheiden. 1930 wurde er als Abgeordneter für den Bereich Weser-Ems in den

Reichstag gewählt. Nach der Machtübernahme der Nazis fungierte er im März 1933 vorübergehend als kommissarischer Polizeipräsident von München, ab 1. April war er Politischer Polizeikommandeur von ganz Bayern. Gemeinsam mit Reinhard Heydrich organisierte Himmler in der Folgezeit den Sicherheitsdienst (SD) der Partei. Gleichzeitig festigte er die Position der damals 52.000 Mann starken SS als eigenständige Truppe innerhalb des NS-Staates.

Der eigentliche Aufstieg Himmlers zur Macht fand erst 1934 statt. Ab Januar dieses Jahres befehligte er die gesamte politische Polizei außerhalb Preußens und im April wurde er Leiter der preußischen Gestapo. Am 30. Juni war er mit beteiligt an der Säuberung der in Hitlers Augen zu machtbesessenen SA. Deren Führer Ernst Röhm hatte ihn zwar lange Zeit gefördert, war ihm nun aber als Konkurrent und wegen seiner Homosexualität verhasst. Durch die Zerschlagung der SA rückte Himmler ins Zentrum des politischen Geschehens. Ab Juli 1934 war der SD der einzige Nachrichtendienst der Partei, während die nunmehr eigenständige SS die alleinige Verantwortung für die Konzentrationslager übertragen erhielt. Am 20. Juli wurde Himmler als Reichsführer-SS direkt der Befehlsgewalt Hitlers unterstellt und damit zum zweitmächtigsten Mann im Staat. Den Gipfelpunkt seiner Karriere erreichte er am 17. Juni 1936 mit seiner Ernennung zum Chef der Deutschen Polizei.

Durch seine hohe Stellung abgesichert, hatte Himmler verstärkt Gelegenheit, sich seinen okkulten Hobbys zu widmen. Schon von klein auf hatte er sich für Ahnenforschung interessiert, ohne dabei allerdings über rein geschichtliche Annäherungen hinauszugelangen. Durch seine persönliche Beziehung zum Wittelsbacher-Prinz Heinrich war er zur Überzeugung gelangt, dass er auch selbst adelige Wurzeln hätte. Diese Idee, verknüpft mit dem Glauben an die Inkarnation, die Wiederverkörperung von Menschenseelen, führte ihn spätestens 1935 zu der Überzeugung, dass er eine Wiedergeburt des »Slawenbezwingers« Heinrich I. »des Voglers« wäre. Von 1936 an ließ er alljährlich am 2. Juli in Quedlinburg ein pompöses Fest zu Ehren dieses im Jahr 1024 verstorbenen »großen deutschen Königs« ausrichten.[39] Seine Suche nach Relikten Heinrichs nahm bisweilen wahnhafte Züge an.

Damit nicht genug, vergrub sich Himmler immer mehr »in der Welt germanischer und indogermanischer Ahnen«. Stundenlang konnte er »mit verschrobensten ›Experten‹, aber auch mit durchaus einsichtigen

Wissenschaftlern darüber beraten, was ihm vielleicht zu tun obliege, um in die verschütteten Geheimlehren unserer Altvordern einzudringen.« Er ließ nach Runen forschen und unterstützte Expeditionen nach Skandinavien, Tibet und in die Antarktis, »um den Schlüssel zur Weisheit zu finden«. Seine Lieblingsliteratur waren die Bhagavadgita, »die Edda, die Veden und Rhig-Veden, Buddhas Reden, die Visudi-Magga und das Buch der Reinheit«. Er glaubte fest an das Gesetz des Karma »im Blick auf das Gesamtgermanentum« und daran, dass er durch »Ausmerzung alles Rassefremden« und gezielte »nordische Zurückzüchtung« einen positiven Beitrag zur kosmischen Entwicklung leisten konnte.[40]

In seiner Germanomanie ließ sich Himmler immer wieder mit zwielichtigen Persönlichkeiten ein, die er protegierte und gegen parteiinterne Kritik in Schutz nahm. Eine davon war der Okkultist Karl Maria Wiligut, der ihm als »Ahnerinnerer« und »Runenexperte« zur Seite stand und den er mit der Ausgestaltung der SS-Rituale betraute. Eine andere war Herman Wirth, den er im Herbst 1934 kennen lernte. Zusammen mit ihm und Mitarbeitern des Reichsbauernführers Darré gründete er am 1. Juli 1935 den Verein »Deutsches Ahnenerbe. Studiengesellschaft für Geistesurgeschichte«. Diese Vereinigung von »Germanenforschern« gab eigene Schriftenreihen und Zeitschriften – als wichtigste die Monatsschrift »Germanien« – heraus, führte Expeditionen durch und war von Anfang an eng mit der SS verbunden. Im März 1937 wurde die Gesellschaft in »Das Ahnenerbe« umbenannt und als SS-Anhängsel geführt. Es sollte vor allem »deutsches Volkserbe« aufarbeiten und spielte später eine wichtige Rolle als Institution zur Durchführung von medizinischen Versuchen an KZ-Gefangenen.

Abseits ihrer Einbeziehung in die NS-Massenmordmaschinerie beschäftigten sich die »Ahnenerbe«-Mitarbeiter vor allem mit »Germanenkunde«, Hanns Hörbigers Welteislehre, Geomantie und alten Kultstätten, allen voran den Externsteinen, die als uraltes germanisches Heiligtum angesehen wurden. Auch der Wewelsburg, dem Ordenszentrum der SS, wurde kultischer Charakter zuerkannt. Jenseits spekulativer »Ahnerinnerungen« war Himmler jedoch bestrebt, den Ahnenerbe-»Forschungen« einen wissenschaftlichen Anstrich zu geben, um so auch über die SS hinaus allgemeine Anerkennung für seinen Verein zu erhalten. Intern aber war klar, dass er über das »Ahnenerbe« eine neugermanische Ahnenkult-Religion schaffen wollte. So schrieb er 1939:

»Ebenso wie ein Baum verdorren muss, wenn man ihm seine Wurzeln nimmt, geht ein Volk zu Grunde, das nicht seine Ahnen ehrt. Es gilt, den deutschen Menschen wieder hineinzustellen in den ewigen Kreislauf von Vergangenheit, Gegenwart und Zukunft, von Vergehen, Sein und Werden, von Ahnen, lebenden und Enkeln.«[41] Hitler nahm dieses Anliegen des Reichsführers-SS durchaus ernst und ernannte ihn im Oktober jenes Jahres zum Reichskommissar für die Festigung des deutschen Volkstums.

In seiner antikirchlichen Grundhaltung entwickelte Himmler von 1935 an eine besondere Vorliebe für Hexen. Angeblich soll sich eine solche – konkret die 1629 in Mergentheim verbrannte Margareth Himbler – sogar in seiner Ahnengalerie befunden haben.[42] Der Reichsführer-SS ließ jedenfalls umfangreiche Forschungen durchführen und eine reichhaltige Hexenbibliothek zusammentragen. Mit dem dabei zu Tage geförderten Material wollte er zu gegebener Zeit gegen die katholische Kirche zu Felde ziehen.

Der Kampf gegen das Judentum wurde unterdessen der von ihm schon zu Beginn der NS-Herrschaft ins Auge gefassten »Endlösung« zugeführt. Himmler trug seinen Fanatismus beinah reglos zur Schau und stellte KZ-Häftlinge für medizinische Tests, Unterkühlungsversuche und ähnliche mörderische Experimente zur Verfügung. Nachdem er einmal an einer Exekution teilgenommen hatte, empfahl er, Juden künftig »humaner« umzubringen, nämlich durch Giftgas in als Duschen getarnten Gaskammern. Ideologisch untermauerte er die Massenvernichtung 1942 in einer millionenfach aufgelegten Broschüre so: »Jene biologisch scheinbar völlig gleich geartete Naturschöpfung mit Händen, Füßen und einer Art Gehirn, mit Augen und Mund, ist doch eine ganz andere, eine furchtbare Kreatur, ist nur ein Wurf zum Menschen hin, mit menschenähnlichen Gesichtszügen – geistig, seelisch jedoch tiefer stehend als jedes Tier. Im Innern seines Wesens ein grausames Chaos wilder, hemmungsloser Leidenschaften: namenloser Zerstörungswille, primitivste Begierde, unverhüllteste Gemeinheit. Untermensch – sonst nichts!«[43]

Während der Reichsführer-SS dieses »Ungeziefer« ausrotten ließ, schickte er seine Leute aus, um arisches Erbgut einzusammeln. »Das, was in den Völkern an gutem Blut unserer Art vorhanden ist«, verkündete er 1940, »werden wir uns holen, indem wir ihnen, wenn notwendig, die Kinder rauben und sie bei uns großziehen. Ob die anderen

Völker in Wohlstand leben oder ob sie verrecken vor Hunger, das interessiert mich nur so weit, als wir sie als Sklaven für unsere Kultur brauchen, anders interessiert mich das nicht.«[44]
Der von derart wahnhaften Vorstellungen besessene, kompromisslose Zeremonienmeister der Vernichtung kannte, wenn es um seine Prinzipien ging, keine Gnade. Kleinlaut wurde er nur vor Hitler. »Niemand, der es nicht selbst mit angesehen hat, wird glauben, dass ein Mann mit den Machtbefugnissen Himmlers Angst hatte, wenn er zu Hitler befohlen war«, stellte etwa Felix Kersten fest. »Zuverlässige Beobachter erzählten mir, dass Hitler ihn mit einigen Worten und Handbewegungen einfach so hinwegfegen oder so erledigen konnte, dass er nichts mehr zu sagen hatte. Himmler litt persönlich unter diesem Zustand.«[45]
Gelitten hat er auch unter seiner Krankheitsanfälligkeit. Im März 1939 verschaffte dem an schmerzhaften nervösen Störungen leidenden Reichsführer-SS ein »Wunderarzt« Linderung, der ihm als Masseur und Duzfreund des Prinzgemahls von Holland, Heinrich von Mecklenburg, empfohlen worden war: der oben genannte »Medizinalrat« Felix Kersten. 1898 im estnischen Dorpat, heute Tartu, geboren, war er 1917 kurzzeitig finnischer Offizier, floh vor den Bolschewisten nach Deutschland, verdingte sich als Tellerwäscher und Filmkomparse und wurde mit seinen »Zauberhänden« in den späten 1920er-Jahren medizinischer Betreuer einer großen Zahl prominenter Persönlichkeiten.[46] Für Himmler war er bald so unentbehrlich, dass er sich Freiräume schaffen konnte wie sonst kaum jemand im Umfeld des mächtigen Mannes. Dabei verstand es Kersten geschickt, Himmlers Schwächen auszunutzen. Während er den »gemarterten Leib« des Reichsführers-SS knetete, entlockte er ihm ungewöhnliche Konzessionen, verhinderte Hinrichtungen und bewahrte Tausende Juden vor der Endlösungsmaschinerie. Als er sich 1943 ins neutrale Schweden absetzte, blieb er mit Himmler in telefonischer Verbindung und übte selbst auf diese Weise noch einigen Einfluss auf ihn aus, konnte ihn aber nicht grundsätzlich von seinem Weg abbringen.
Dieser Weg war für Außenstehende nicht immer klar ersichtlich. So machte Himmler auf einen englischen Besucher einmal einen so harmlosen Eindruck, dass dieser sich kaum vorstellen konnte, welche Gräuel der Reichsführer-SS anzurichten im Stande war. Widersprüchlich aber auch das Privatleben Himmlers. Vermutlich im Jahr 1940, zu einer Zeit, da er sich von seinem »deutschen Mädel« merkbar entfrem-

det hatte, nahm er seine Sekretärin Hedwig »Häschen« Potthast als Geliebte. 1942 gebar sie ihm als erstes Kind den Jungen Helge, 1944 die Tochter Nanette Dorothea. Himmler war offenbar sehr bemüht, diese Beziehung aufrechtzuerhalten und ließ für seine Zweitfamilie ein eigenes Heim, das »Haus Schneewinkellehen«, in Berchtesgaden-Schönau in der Nähe des Königssees bauen.[47] Nach außen aber wurde die Sache vertuscht.

Nach dem Attentat auf Hitler am 20. Juli 1944 festigte sich Himmlers Machtposition im NS-Staat noch mehr. Er, der einst unbedingt Offizier werden wollte, träumte nun davon, selbst eine Truppe zu leiten und bewarb sich um die Führung der Heeresgruppe »Weichsel«. Am 20. März 1945 vergab Hitler diesen Posten jedoch an Generaloberst Gotthard Heinrici. Es deutet vieles darauf hin, dass mit dieser Zurückweisung nicht nur Himmlers Traum von einer hohen Position in der Armee zerbrach, sondern auch sein Glaube an den »Führer«. Zutiefst enttäuscht nahm er Abschied von diesem Gott, dem »der Mystiker im SS-Rock die grausigsten Blutopfer dargebracht hatte«, und wollte von nun an »retten, was er noch retten zu können glaubte: das eigene Leben, den Orden, die Illusionen einer düsteren Karriere«.[48]

In realitätsfremder Überschätzung der eigenen Möglichkeiten versuchte Himmler, unterstützt durch Walter Schellenberg, den Leiter des SS-Auslandsnachrichtendienstes, über den Chef des schwedischen Roten Kreuzes, Graf Folke Bernadotte, mit den Westmächten in Kontakt zu treten. Er wollte mit ihnen einen separaten Frieden aushandeln und befahl zum Beleg seines guten Willens den sofortigen Abbruch der Judenvernichtung. Offensichtlich glaubte er tatsächlich, von den westlichen Alliierten als Staatsoberhaupt eines Deutschen Reiches ohne Hitler und im Falle einer Kapitulation an der gesamten Westfront als gleichberechtigter Partner akzeptiert zu werden.[49] Am 20. April reiste er noch einmal zu Hitler ins Führerhauptquartier nach Berlin, um ihm die alljährlich praktizierte geburtstägliche Reverenz zu erweisen. Danach handelte er wieder als selbst ernannter »Retter Deutschlands« und versuchte – unter anderem über den in Schweden lebenden Kersten – mit Vertretern der Westmächte Verbindung aufzunehmen.

Als Hitler von diesem »Verrat« seines vermeintlich treuesten Gefolgsmannes erfuhr, schloss er ihn in einem Wutanfall aus der Partei aus und enthob ihn am 28. April sämtlicher Ämter. Wie Hitler brach auch der zu dessen nominellem Nachfolger bestellte Admiral Karl Dönitz sämtliche Kontakte zu dem untreuen Reichsführer ab. Himmler ließ sich dadurch jedoch nicht beirren, trug sich mit Gründungsplänen für eine neue NS-Gruppierung, die »Nationale Sammlungspartei« heißen sollte, und stellte eine provisorische Nachkriegsregierung zusammen.[50] Erst nach der Kapitulation am 6. Mai begriff Himmler, dass er keine Chance mehr hatte. Den aus SS-Kreisen an ihn herangetragenen Rat, die Verantwortung für seinen Orden zu übernehmen und sich dem britischen Feldmarschall Montgomery zu stellen, schlug er aus. Eine Zeit lang lebte er im Verborgenen, legte sich am 20. Mai eine Augenklappe zu und versuchte mit dem Ausweis eines hingerichteten Delinquenten, Heinrich Hitzinger, zu fliehen. Am 23. Mai 1945 wurde Himmler, »ein kleiner, schlecht aussehender und schäbig gekleideter Mann«, am Rande des Dorfes Barnstedt bei Hamburg von Captain Tom Sylvester gefangen genommen und nach Lünburg überstellt.[51] Dort zerbiss der ehemals mächtige Mann eine Zyankalikapsel und setzte damit seinem Leben ein Ende. Britische Soldaten verscharrten den Leichnam drei Tage später in einem nahe gelegenen Waldstück.

Adolf Hitler

Messias der braunen Massen

»So bitte ich euch denn: erneuert [...] euer Bekenntnis zu eurem Volk, zu unserer Gemeinschaft und zu unserem nationalsozialistischen Staat! Mein Wille – das muss unser aller Bekenntnis sein – ist euer Glaube! Mein Glaube ist mir – genau wie euch – alles auf dieser Welt! Das Höchste aber, was mir Gott auf dieser Welt gegeben hat, ist mein Volk! In ihm ruht mein Glaube. Ihm diene ich mit meinem Willen und ihm gebe ich mein Leben! Das sei unser gemeinsames, heiliges Bekenntnis.«[1] Diese Botschaft brachte Adolf Hitler am »Tag der deutschen Arbeit«, dem 1. Mai 1935, einer erlesenen Zuhörerschar zu Gehör. Er hatte damals die nationalsozialistische Bewegung an die Spitze des Staates geführt und den Zenit seines politischen Wirkens erreicht. Der nach eigenem Bekunden von der Vorsehung zum Führer und Erlöser des deutschen Volkes ausersehene gebürtige Österreicher wollte aber noch viel mehr: die Er- und Endlösung der ganzen Menschheit mit Feuer und Schwert.

Den Gepflogenheiten altüberlieferter Namensgebung gemäß hätte Adolf Hitler eigentlich Adolf Schicklgruber heißen müssen. Denn der 1837 geborene Vater Alois trug als uneheliches Kind den Nachnamen seiner Mutter, der Köchin Anna Maria Schicklgruber, ließ sich aber

später, ohne von deren Gatten Johann Georg Hiedler anerkannt worden zu sein, als »ehelich« registrieren und 1876 in »Hitler« umtaufen. Wobei allerdings ungewiss bleibt, wer der wirkliche Vater war. Dass es ein Angehöriger der verruchten »jüdischen Rasse« gewesen sein könnte, wurde selbst in Nazi-Kreisen nicht für ausgeschlossen gehalten.[2] Und so hing eine mögliche »israelitische Versippung« zeitlebens wie ein drohender Donnerkeil über dem Haupt des Führers, der den seinem Volk abverlangten Ariernachweis selbst nicht erbringen konnte.
Zur Welt kam Adolf Hitler am 20. April 1889 in Braunau am Inn an der Grenze zwischen dem oberösterreichischen Innviertel und Bayern. Sein Vater Alois Schicklgruber bzw. Hitler war gelernter Schuhmacher und praktizierender Zollamts-Oberoffizial. Er hatte einen kräftigen Körperbau und herrschte über die Familie im Stil eines allmächtigen Patriarchen. Die ganz im Haushalt aufgehende Mutter Klara geb. Pölzl war ihrem Sohn Adolf, der sie zeitlebens zutiefst verehrte, »in ewig gleicher liebevoller Sorge zugetan«.[3] Sie war eine Nichte zweiten Grades des um 23 Jahre älteren Alois und hatte, ehe sie ihn heiratete, dessen dahinsiechende Frau und deren Kinder, Alois, Jahrgang 1882, und Angela, geboren 1883, betreut. Noch vor ihrer Verehelichung gebar Klara dem gestrengen »Herrn Hitler« drei Kinder, die noch im Babyalter an Diphtherie verstarben. Nach Adolf brachte sie zwei weitere Sprösslinge zur Welt: 1894 Edmund – er starb im Alter von sechs Jahren an Masern – und 1896 Paula. Mit jeweils gewachsener Kinderschar übersiedelten die Hitlers im August 1892 nach Passau, im April 1895 nach Hafeld bei Lambach an der Traun und 1898 nach Leonding.
Adolfs Kindheit verlief zwischen den Extrempolen mütterlicher Fürsorglichkeit und väterlich-brutaler Strenge. Vom Jähzorn des mittlerweile pensionierten, aber nach wie vor von unbeugsamem »Beamtenstolz« erfüllten Vaters besonders betroffen war Alois, der älteste Bub im Haus. Immer wieder wurde er »unbarmherzig mit der Nilpferdpeitsche geschlagen«, einmal sogar bis zur Bewusstlosigkeit geprügelt.[4] Um der Gewaltspirale zu entkommen, verließ er 1896, knapp 14 Jahre alt, fluchtartig den elterlichen Haushalt.
Als väterliches Hassobjekt zurück blieb Adolf, der vom tyrannischen Familienoberhaupt mit äußerster Härte und zugleich machthaberischer Distanz erzogen wurde. So rief der Patriarch den Jungen üblicherweise nicht mit Namen, sondern pfiff ihn je nach Bedarf herbei.[5] Und selbst-

verständlich wurden Ungehörigkeiten stets schlagkräftig geahndet. Wie seine Schwester Paula feststellte, provozierte Adolf den nicht grad zimperlichen Herrn Papa ständig »zu extremer Härte« und bekam »jeden Tag sein gehöriges Maß an Prügeln« ab. »Er war ein etwas unflätiger kleiner Lausbub und alle Versuche seines Vaters, ihm die Frechheit auszuprügeln und ihn dazu zu bringen, den Beruf eines Staatsbeamten zu wählen, waren vergeblich.«[6] Erstaunlicherweise behauptete der tagtäglich in schlimmster Weise gezüchtigte Bub später, das »hoch verehrte« Familienoberhaupt wäre »vor allem uns Kindern in ewig gleicher liebevoller Sorge zugetan« gewesen. Adolfs mit zunehmendem Alter wachsender Widerstand gegen die »herrisch gewordene Natur« des Vaters veranlasste diesen indes dazu, den Druck zu verstärken und ihn mit Demütigungen weiter in die Knie zu zwingen. Der Bub seinerseits lernte die erlittenen Erniedrigungen an andere Menschen weiterzugeben und so den Kreislauf der Gewalt in Gang zu halten.[7]

Vom 1. März 1895 an besuchte Jung-Adolf nacheinander die Volksschulen von Fischlham, Lambach und Leonding bei Linz mit jeweils lauter Einsern. »Das lächerlich leichte Lernen in der Schule«, schrieb er später, »gab mir so viel freie Zeit, dass mich mehr die Sonne als das Zimmer sah.«[8] Mit dem Übertritt in die Linzer Realschule war die schöne Zeit jedoch vorbei und er musste die erste Klasse 1901 wegen miserabler Leistungen wiederholen. Während ihm der Vater deswegen schwer zusetzte und ihm nach wie vor mit aller Härte und Entschlossenheit eine beamtete Berufslaufbahn aufzuzwingen versuchte, entwickelte der Bub ganz andere Neigungen und Pläne für sein Leben. Fest entschlossen, Kunstmaler zu werden, vernachlässigte er alles, was ihm diesbezüglich nicht in den Kram passte. Sein Französisch- und Deutschlehrer Eduard Huemer merkte später dazu an: »Hitler war nicht nur ein flotter Zeichner, sondern wusste auch in den wissenschaftlichen Fächern Entsprechendes zu leisten, nur pflegte seine Arbeitslust sich immer rasch zu verflüchtigen.«[9] Die »Lernsabotage« des Buben führte zu letzten heftigen Auseinandersetzungen mit dem Vater, die erst endeten, als der Familienpatriarch im Januar 1903 verstarb.

Die Mutter war Adolf die ganze Zeit über zwar eine geheime Verbündete gewesen, hatte jedoch aus »Ehrfurcht« vor ihrem Mann dessen Jähzornausbrüche gegen den Buben unwidersprochen hingenommen. Diese zwiespältige Haltung führte möglicherweise dazu, dass auch Adolf »durch Verstellung und Verleugnung seiner wahren Gefühle« die

Umwelt zu täuschen versuchte – und es dabei zu einer gewissen Meisterschaft brachte.[10] Nicht täuschen konnte er indes seine Mutter. Die nach dem Tod des Vaters verstärkten Träume Adolfs von künstlerischer Größe wurden von ihr zwar oberflächlich und durchaus mit Sympathie zur Kenntnis genommen, doch hielt sie einen »guten Beruf« als materielle Lebensgrundlage für unumgänglich.

Im Herbst 1904 kam der junge Hitler ins Internat der Oberrealschule von Steyr und geriet dort im nachfolgenden Februar erstmals in gröbere disziplinäre Schwierigkeiten. Nachdem er damals in volltrunkenem Zustand sein Halbjahreszeugnis als Toilettenpapier verwendet hatte, wurde er vom Direktor in so peinlicher Weise zur Rechenschaft gezogen, dass er den Mitschülern nicht mehr vor die Augen treten konnte. Und er beschloss, nicht nur dem Alkohol für alle Zeiten abzuschwören, sondern bei dieser Gelegenheit auch gleich seine schulische Laufbahn abzubrechen. Später nannte er als Grund für diese schwer wiegende Entscheidung eine hartnäckige Lungenerkrankung, an der er zwar tatsächlich litt, die allerdings keinesfalls eine so wesentliche Rolle spielte, wie er behauptete.

Im Mai/Juni 1905 besuchte der 16-jährige Schulabbrecher zum ersten Mal Wien. Um dieselbe Zeit verkaufte seine Mutter die Leondinger Familienbesitztümer und bezog eine Wohnung in Linz, in der sich im Juli auch Adolf einrichtete. Spätestens zu diesem Zeitpunkt wurde aus dem heranwachsenden Jungen ein Tagträumer mit ausgeprägten Größenvisionen und Hang zu monologischen Selbstbeweihräucherungen. Sein Jugendfreund August Kubizek berichtete in diesem Zusammenhang von einem Lotteriespiel, an dem der spätere Drittreichsführer in absoluter Siegesgewissheit teilnahm und von dessen Gewinn er sich ein großbürgerlich-herrschaftliches Dasein ausgestalten wollte. Als der Erfolg ausblieb, stürzte er in tiefe Depressionen.[11] Was Adolf beim Wiederaufbäumen nach diesem und anderen Rückschlägen in besonderer Weise half, war die Musik Richard Wagners, den er als eine Art künstlerischen Gott zu verehren begann. »Die jugendliche Begeisterung«, vermerkte er später dazu, »kannte keine Grenzen. Immer wieder zog es mich zu seinen Werken.« Und ganz besonders begeisterte es ihn, dass der »große Komponist« mit so starkem Ausdruck »das heldenhafte Volkstum, das Deutschtum darstellte«.[12]

Nach einer längeren Phase des Müßiggangs beschloss Hitler im Sommer 1907, sein Ziel, Maler zu werden, konkret in Angriff zu nehmen.

Im September bewarb er sich, »überzeugt, die Prüfung spielend leicht bestehen zu können«, an der Wiener Akademie der Bildenden Künste, Abteilung Malerschule – und wurde abgelehnt. Eine herbe Enttäuschung, die er nur schwer verkraftete. Immerhin wurde der Negativentscheid ein wenig abgeschwächt durch die Bemerkung des Rektors, dass aus seinen Zeichnungen zwar einwandfrei eine »Nichteignung zum Maler hervorgehe«, seine Fähigkeit jedoch »ersichtlich auf dem Gebiete der Architektur liege«.[13] Dieser kleine Hoffnungsschimmer brachte Hitler dazu, in die empfohlene Richtung umzudenken, und er nahm sich vor, dass er, wenn schon nicht Maler, dann halt »einst Baumeister werden würde«.

Adolfs diesbezügliche Absichten wurden jedoch stark gebremst, als seine Mutter Klara Hitler im Dezember 1907 an einer Krebserkrankung starb. Der Vollwaise schuf einen fast abgottischen Kult um die Dahingeschiedene und machte ihren Geburtstag, den 12. August, später zum »Ehrentag der deutschen Mutter«. Vorerst aber zog sich Adolf für etliche Monate »schmerzgebrochen und leiderfüllt« zurück – und entwickelte während dieser Zeit möglicherweise seine später so fatalen Zerstörungsfantasien. Dem jüdischen Arzt Eduard Bloch, der die Mutter bis zuletzt mit viel Hingabe behandelt hatte, hielt er indes in tiefer Dankbarkeit für sein Engagement zeitlebens die Treue.[14]

Nach dem Ende seiner Trauerpause trat Hitler im September 1908 ein zweites Mal zur Aufnahmeprüfung vor den Professoren der Kunstakademie an. Als Vorbereitung dazu hatte er sogar Unterricht bei einem Bildhauer genommen, aber es nutzte nichts – Hitler wurde erneut abgelehnt. Dennoch blieb er bei seiner Überzeugung, dereinst ein erfolgreicher Maler und »einer der ersten Architekten, wenn nicht der erste Architekt Deutschlands« zu werden. Sein materielles Auskommen war unterdessen auch ohne akademisches Fundament gesichert. Eine recht passable Waisenrente und Erbschaften sicherten ihm ein angenehmes Grundauskommen. Daneben verdiente er etwas Geld durch den Verkauf kleiner Aquarellbilder und fotogetreuer Nachzeichnungen von Bauwerken. Die finanziellen Mittel flossen so gut, dass Hitler es sich schließlich sogar erlauben konnte, die Waisenrente zu Gunsten seiner Schwester Paula zurückzustellen. Dass der spätere »Reichsbaumeister« im Herbst 1909 kurzzeitig in einem Meidlinger Obdachlosenasyl untergekommen ist, erscheint dennoch durchaus möglich, wenngleich dafür sicher keine finanziellen Gründe ausschlaggebend waren. Vielmehr bot ihm das Asyl die Möglichkeit, sich vor der Stellungskommission der k.u.k. Armee, die ihn zwecks Musterung suchte, zu verstecken. Ganz so arm, wie in rechtslastigen Mythen vom Selfmade-Führer Hitler bis heute behauptet wird, war er sicher nicht.[15]

Von Dezember 1909 bis Mai 1913 bewohnte der Möchtegern-Architekt ein Einzelzimmer im »Männerheim«, einer stattlichen Großpension in der Meldemannstraße. In »Mein Kampf« schrieb er über diese Zeit: »Fünf Jahre Elend und Jammer sind im Namen dieser Phäakenstadt für mich enthalten. Fünf Jahre, in denen ich erst als Hilfsarbeiter, dann als Maler mir mein Brot verdienen musste; mein wahrhaft kärglich Brot, das doch nie langte, um auch nur den gewöhnlichen Hunger zu stillen.«[16] In Wirklichkeit aber langte sein Auskommen, um ein müßiggängerisches Leben führen zu können. Wo immer möglich besuchte er Wagner-Aufführungen, verschlang Unmengen an Büchern und zimmerte sich sein eigenes Bild der Welt zurecht. Die dabei entstandene Ideologie erhielt durch Vorbilder wie den Wiener Bürgermeister Karl Lueger und den Anti-Rom-Ritter Georg von Schönerer eine stark judenfeindliche Note. Seine antisemitischen und deutschtumsorientierten Ideen wurden verstärkt durch okkult-rassistische Wahnvorstellungen wie jene des »Arioheroen« Jörg Lanz von Liebenfels, dessen »Ostara«-Hefte Hitler gesammelt haben soll. Dass seine in Wien entwickelte Weltanschauung mit Lanz'schen Elementen zersetzt war, lässt sich zwar durchaus belegen[17], zu einem tief gläubigen Ariosophen ist Hitler aber nie geworden.

Während er in der Habsburgermetropole wichtige Impulse für sein weiteres Leben empfing, fühlte sich der gescheiterte Maler durch das hier angetroffene Völkergemisch zunehmend angeekelt. Diese Abneigung war auch der Grund, weshalb Hitler in der Armee des Vielvölkerstaats nicht dienen wollte. Nachdem Ende 1909 erfolglos nach dem Stellungsverweigerer gefahndet worden war, ließ man ihn mehr als drei Jahre lang in Ruhe. Als seine Wehrdienstflucht im Mai 1913 öffentlich bekannt zu werden drohte, zog es Hitler vor, die ungeliebte Donaumetropole zu verlassen und nach München zu übersiedeln. Er nahm Quartier beim Schneidermeister Josef Popp und führte dort sein kontaktarmes, leseversessenes und kunstdilettierendes Leben fort. In seiner Zurückgezogenheit eignete sich Hitler ein umfassendes Allgemeinwissen an, mit dem er später so manchen Kritiker zu verblüffen wusste.[18]

Dank der Wachsamkeit eines Wiener Inspektors kam unterdessen die

»Militär-Akte Adolf Hietler« wieder zum Vorschein und schließlich konnte der Fahnenflüchtige tatsächlich ausfindig gemacht und zur Stellung nach Linz einberufen werden. Vor der militärischen Kommission gab sich Hitler als ärmlicher Leidender aus, beantragte eine Verlegung der »Nach-Stellung« nach Salzburg und wurde dort am 5. Februar 1914 als »zum Waffen- und Hilfsdienst untauglich, zu schwach« ausgemustert.[19] Was den angeblich Waffenunfähigen freilich nicht daran hinderte, sich am 1. August gleichen Jahres anlässlich der deutschen Mobilmachung bei der bayerischen Armee als Freiwilliger zu melden.
Von der »unerbittlichen Hand der Schicksalsgöttin« erfasst, war Hitler »bereit, für Volk [...] und Reich jederzeit zu sterben«.[20] Solcherart spirituell untermauert, kam er am 16. August als einfacher Soldat zum Infanterieregiment Nr. 16 (List). In den folgenden Monaten war er im französischen Teil Flanderns, an der Somme und der Marne, in der Champagne und im Oberelsass im Einsatz. Am 1. November 1914 avancierte er zum Gefreiten, am 2. Dezember erhielt er für tapferes Verhalten vor dem Feind das Eiserne Kreuz II. Klasse. Hitler schwärmte später von dieser Zeit, »als der Tod gerade geschäftig hineingriff in unsere Reihen«. Immer mehr erfassten ihn damals »Todeserotik und Kriegsglaube: Das Schlachtfeld wird zum Ehebett, zur Kommunion mit dem Tode, zur orgiastischen Verschlingung. Das militärisch sinnlose, ja verbrecherische Abschlachtenlassen der Freiwilligen vor Langemarck« wurde für ihn »zum mythischen Heldenopfer. Die geschlechtlich unerwachten Jünglinge werden hier, in der tödlichen Vermählung mit der Mutter Erde, mannbar. Die Schlacht wird zur Weihe, zur Initiationsfeier.«[21]
Die meiste Zeit über fungierte Hitler als Meldegänger, der, von seinen Kriegskameraden für »geradezu kugelsicher« gehalten, einzelgängerisch zwischen den Bataillonen hin und her zog und dabei sein Feindesdenken vertiefte. Die Umstände seines militärischen Einsatzes ließen späteren Interpreten viel Raum für Spekulationen. So soll Hitler einer Eintragung in seinem Kriegstagebuch zufolge Mitte 1915 »mit dunklen Mächten einen Bund« geflochten haben. Und es könnte durchaus sein, dass der Gefreite in den gefährlich dunklen Stunden der einsamen Meldegängerei messianische Welterrettungsfantasien entwickelte.[22]
Am 5. Oktober 1916 wurde Hitler am Oberschenkel leicht verwundet und bekam daraufhin einen »Heimatschuss« nach München. Im März

1917 kehrte er an die Front zurück, begab sich im Oktober gleichen Jahres auf Urlaub nach Berlin und wurde nach neuerlichen Meldegänger-Einsätzen an der Front zum Kriegsschluss mit etlichen Ehrungen versehen: Am 9. Mai 1918 erhielt Hitler das Regimentsdiplom für hervorragende Tapferkeit und am 4. August das Eiserne Kreuz I. Klasse, eine recht selten verliehene Auszeichnung. Einen Monat später durfte er zum letzten Mal auf Heimaturlaub gehen, musste ihn jedoch großteils im Spital verbringen. Durch Gasgranaten kurzzeitig erblindet, erlebte er das Kriegsende Anfang November 1918 im Lazarett von Pasewalk in Pommern. Nach wie vor im Meldegänger-Dienst stehend, wurde Hitler am 21. November zur 7. Kompanie des I. Ersatz-Bataillons im Regiment List nach München versetzt.

Dort erlebte der ordensumflorte Deutsch-Oberösterreicher die revolutionären Arbeiterunruhen als Augenzeuge mit. Bis Juni 1919 blieb er in der Kaserne stationiert und gehörte eine Zeit lang – vermutlich als Spion oder und geheimer V-Mann deutschvölkischer Kreise – dem linken Soldatenrat an. Nach der Erstürmung der Stadt durch Regierungstruppen wurde er Anfang Mai Mitglied der dreiköpfigen Kommission seines Regiments zur Untersuchung kommunistischer Umtriebe. Um dieselbe Zeit nahm er an so genannten »Aufklärungskursen« in der Universität teil, in deren Rahmen er durch »national zuverlässige Hochschullehrer« politisch wie auch rhetorisch im Sinne der völkischen Bewegung geschult wurde. Zum Antisemitismus aus der Wiener Zeit gesellte sich nun ein ebenso entschiedener Antimarxismus und im August hielt der Gefreite erstmals »aufklärerische« Brandreden vor »marxistisch infizierten« Heimkehrern im Lager Lechfeld. Sein Hauptmann Karl Mayr urteilte damals, »Herr Hitler« sei »ein geborener Volksredner, der durch seinen Fanatismus und sein populäres Auftreten« die Zuhörenden »unbedingt zur Aufmerksamkeit und zum Mitdenken« zwinge.[23]

Am 12. September 1919 schickte Mayr seinen Schützling zu einer Sitzung der Anfang des Jahres von Anton Drexler gegründeten Deutschen Arbeiter-Partei, kurz DAP. Für Hitler wurde dieser Auftritt zum »politischen Erwachen«. Laut Drexler griff er damals »mit seiner Gosch'n« in die Debatte ein und verschaffte sich rasch die uneingeschränkten Sympathien der Anwesenden.[24] Wenige Tage später war Hitler, der sein schon so lange verspürtes Sendungsbewusstsein endlich in die Praxis umsetzen zu können glaubte, Mitglied der DAP. Zahlreiche seiner dort

gewonnenen Freunde gehörten zur Thule-Gesellschaft, die sich germanen- und geheimnistümelnd dem Kampf gegen »die rote Brut« auf spiritueller wie militärischer Ebene verschrieben hatte.[25] Um die Hintergründe der Verbindung Hitlers zu dieser Vereinigung wird bis heute gerätselt. Mit Sicherheit fest steht, dass das Neo-DAP-Mitglied als Gast in den Thule-Listen aufschien, »Eingeweihter« war er mit Sicherheit nicht, wurde als solcher aber wohl schon von Zeitgenossen betrachtet. Der Gründer der Thule-Gesellschaft, Rudolf Freiherr von Sebottendorff alias Rudolf Glauer, schrieb später dazu: »Unsere Arbeit war nicht vergeblich, sie war die Aussaat, sie schmiedete die Werkzeuge, mit denen Hitler arbeiten konnte und nach seiner Bestimmung arbeiten musste [...] Thule-Leute waren es, zu denen Hitler zuerst kam, und Thule-Leute waren es, die sich mit Hitler zuerst verbanden.«[26]
Hitler war zunächst Werbeobmann der Partei und mitverantwortlich für deren Umbenennung in Nationalsozialistische Deutsche Arbeiterpartei, kurz NSDAP, im Februar 1920. Während der beiden folgenden Monate nahm man Kontakt mit den rechtsradikalen Berliner Kapp-Putschisten auf und gründete in Rosenheim die erste Ortsgruppe außerhalb Münchens. Hitler war bald ein über Bayern hinaus berüchtigter, unter anderem auch mit ariosophischen Versatzstücken hantierender Hetzredner gegen das Judentum und den Bolschewismus. Mit seinem Fanatismus gelang es ihm, immer mehr Menschen aufzuwiegeln und die Partei bekannt zu machen.[27]
Der Aufstieg der nationalsozialistischen Bewegung hing von Anfang an eng mit seiner Person zusammen, und als Hitler nach einer internen Auseinandersetzung im Juli 1921 seine Mitgliedschaft zurücklegte und für den Fall eines Wiedereintritts »diktatorische Machtbefugnisse« forderte, krochen ihm die Kampfgenossen zu Füßen.[28] Sie jubelten ihm zu, feierten und bewunderten ihn. Im August 1921 ließ sich Hitler von seinem Mentor Dietrich Eckart erstmals als nationaler Erretter feiern. Zu seinem 34. Geburtstag im April 1923 beschrieb ihn Eckart als »Deutschlands Führer« und Messias: »Die Herzen auf! Wer sehen will, der sieht! Die Kraft ist da, vor der die Nacht entflieht!«[29] Abseits derart hochtrabender Ambitionen war Hitler mitbeteiligt an der Formierung einer Schutz- und Ordnertruppe und der Gründung der »Sturmabteilung« (SA) im November 1921.
Viele NSDAP-Gefolgsleute verehrten Hitler schon damals als Erlöser der Deutschen aus Siechtum und Knechtschaft. Rudolf Heß, einer sei-

ner glühendsten Bewunderer und nachmals sein Stellvertreter, etwa beschrieb, auf ihn Bezug nehmend, den kommenden »Erretter« Deutschlands in einem preisgekrönten Aufsatz 1922: Der »Glaube an die Reinheit der eigenen Sache und an den endlichen Sieg, eine unbändige Willenskraft geben ihm die Macht der hinreißenden Rede, die die Massen ihm zujubeln lässt […] Er hat einzig und allein vor Augen, sein Ziel zu erreichen, stampft er auch dabei über seine nächsten Freunde hinweg […] Noch wissen wir nicht, wann er rettend eingreift, der ›Mann‹. Aber dass er kommt, fühlen Millionen.«[30]

Für jene Zeit eine etwas übertriebene Einschätzung, aber die Gabe der Überzeugung war Hitler zweifellos zu Eigen. Und hinweg gestampft ist er von Anfang an über Freund und Feind genauso wie über gesetzliche Bestimmungen. Er stand mehrmals mit staatlichen Behörden in Konflikt und verbüßte von 24. Juni bis 27. Juli 1922 in München-Stadelheim erstmals eine Haftstrafe wegen Landfriedensbruchs. Nebenbei bemühte sich der NS-Einpeitscher aber auch um Zugang zur feinen Gesellschaft, etwa über Ernst und Helene Hanfstaengl – spätere Gegner des NS-Regimes –, die ihm lange Zeit eine Art Ruhepol boten, sowie über Winifred Wagner und weitere Mitglieder des Komponisten-Klans, die in ihm eine Art Heiland der Deutschen sahen.

Als sich 1923 die wirtschaftliche und politische Lage der Weimarer Republik zuspitzte, schuf Hitler eine eigene »Reichs(gegen)regierung« mit General Erich Ludendorff als militärischen Führer an seiner Seite. Am 8. November schlug die NS-Kerntruppe zu. Während einer Rede des Rechtsbürgerlichen Georg Ritter von Kahr stürmte Hitler, unterstützt durch ihm ergebene Waffenträger, in den Bürgerbräukeller und verkündete: »Die nationale Revolution ist ausgebrochen.« In grotesker Selbstüberschätzung bildete er eine »provisorische Reichsregierung«, verteilte Ämter an linientreue Bürgerliche und wähnte sich bereits am Ziel, ehe dem Spuk Tags darauf nach einem Feuergefecht, dem 19 Personen zum Opfer fielen, ein Ende bereitet wurde.[31]

Adolf Hitler kam zusammen mit seinen Putschgefährten in die Festung Landsberg. Im Februar/März 1924 machte man ihm wegen Hochverrats den Prozess, doch schaffte er es, den Gerichtshof in Brandreden für sich einzunehmen. Die »ewige Göttin des ewigen Gerichts wird lächelnd den Antrag des Staatsanwalts zerreißen und lächelnd zerreißen das Urteil des Gerichts, denn die spricht uns frei«.[32] Schon am 20. Dezember wurde er auf Bewährung entlassen. Während der Haft in

Adolf Hitler fuhr im Auto und nicht – wie manch rechter Okkultist behauptet – im UFO …

Landsberg verfasste er mit Unterstützung seines Bewunderers Heß »Mein Kampf«, eine in wahnhafte Rassendiskurse abgleitende Darstellung seiner »großen Mission für das deutsche Volk«, in der die spätere Politik der nach dem Putsch verbotenen und im Februar 1925 neu gegründeten NSDAP grundgelegt wurde. Ebenso grundgelegt wurde in »Mein Kampf« die Endlösung der Judenfrage: »So glaube ich heute im Sinne des allmächtigen Schöpfers zu handeln; indem ich mich des Juden erwehre, kämpfe ich für das Werk des Herrn.«[33] Um für diesen Kampf besser gerüstet zu sein, beschloss Hitler seine Lebensgewohnheiten umzustellen. Er reduzierte seinen Bierkonsum und hörte auf, »Fleisch, Milch und Käse« zu essen. Dass er Vegetarier wurde, hatte keine spirituellen, sondern praktische Gründe – es half ihm, sich bei seinen Auftritten besser zu konzentrieren.[34]

Hitlers Weg an die Macht wurde durch seine Haft zwar kurz verzögert, aber nicht gestoppt. Der selbst ernannte Volkserlöser hielt sich nicht an irgendwelche Bewährungsauflagen und hetzte weiterhin gegen »das linke Gesindel«. Auch ein Redeverbot vom 9. März 1925 konnte ihn nicht bremsen. Und innerhalb der NSDAP schaffte er es, oppositionelle Strömungen, insbesondere den »linken Flügel« um Gregor Strasser, lahm zu legen. Die im November gleichen Jahres als Sonderverband der SA gegründete Schutzstaffel (SS) bildete zunächst eine Art persönlicher Leibwache und wurde von 1929 an unter der Führung Himmlers zur inneren Kerntruppe der Partei mit religiösem Anstrich ausgestaltet. Mit SA und SS als Stoßtrupps und der »Göttin der Vorsehung« als seiner Lenkerin kämpfte sich Hitler langsam an die Spitze des Deutschen Reiches vor. Dabei entstand eine Art braune Gegenwelt, die von der im Juli 1926 gegründeten »Hitler-Jugend« bis zu Berufs- und Heimatverbänden so ziemlich alle Bereiche des »deutschen Lebens« umfasste.

»Was wir brauchen«, verkündete Hitler seinen Anhängern, »sind nicht hundert oder zweihundert verwegene Verschwörer, sondern hunderttausend und aberhunderttausend fanatische Kämpfer für unsere Weltanschauung.«[35] Er fand diese Kämpfer tatsächlich in wachsender Zahl – und malte seinen Zuhörern in immer neuen prophetischen Botschaften eine Zukunft nationaler Größe und der Herrschaft über die Welt aus. Die Parteistrategen an seiner Seite verstanden es geschickt, die im Volk brodelnden Sehnsüchte aufzugreifen und über mythische Pfade seelische Tiefen anzusprechen. Die von der NSDAP entworfene Symbolik – mit dem Hakenkreuz als Kernstück – griff auf Sinnbilder esoterischer Strömungen zurück und präsentierte diese in germanischer Verkleidung, wobei allerdings darauf geachtet wurde, die Kirchen nicht zu sehr zu verschrecken.

Hitler entsprach offensichtlich weit mehr als die Inflationsheiligen der 1920er-Jahre den in großen Teilen des Volkes herrschenden Vorstellungen einer idealen Führerfigur. Seine Mark und Bein durchdringende, hypnotisierende Sprechweise, das Appellieren an urtümliche Instinkte, die vorgebliche Abgehobenheit von irdischen Belangen, die bedingungslose Vaterlandstreue und nicht zuletzt seine nach außen hin zur Schau getragene junggesellige – um nicht zu sagen jungfräuliche – Männlichkeit machten ihn zu einer charismatischen Kultfigur. Dass – ungeachtet möglicher homosexuellen Neigungen – das mit der durch Frauen unberührten Mannhaftigkeit nicht stimmte, war freilich nur wenigen bekannt. Unter dem sinnigen Kosenamen »Wolf« pflegte Hitler – vermutlich nicht nur platonischen – Kontakt zu meist deutlich jüngeren Frauen. »Es gibt nichts Schöneres«, vermerkte er dazu in ei-

nem seiner »Tischgespräche«, »als sich ein junges Ding zu erziehen: ein Mädchen mit achtzehn, zwanzig Jahren, das biegsam ist wie Wachs.« Und ein andermal: »Einem Mann muss es möglich sein, jedem Mädchen seinen Stempel aufzudrücken. Die Frau will es nicht anders.«[36]
1926 näherte sich Hitler mit derartigen Absichten der 17-jährigen Maria »Mizzerl« Reiter, einer blonden Textilverkäuferin aus Berchtesgaden. Vom »Wolf« nach kurzer Zeit des Abtastens verstoßen, wollte sich die junge Frau aus unglücklicher Liebe an einem Türpfosten erhängen, konnte aber im letzten Moment gerettet werden. Wesentlich folgenreicher war Hitlers Verbindung mit der 1908 geborenen Angela Raubal. »Geli«, wie sie genannt wurde, war die Tochter seiner zeitweilig bei ihm im Haushalt arbeitenden Halbschwester Angela und von Anfang 1928 an seine ständige Begleiterin. Der herrische, eifersüchtige Onkel »Wolf« ließ dem »Mäderl« nicht viel Freiraum. Hitler untergrub ihre Liebe zu seinem Chauffeur Emil Maurice, wachte über sie als gestrenger Vormund und fertigte Nacktzeichnungen von ihr an. Inwieweit es auch zu körperlichen Annäherungsversuchen kam, ist nicht klar. In Hitlers Haus in Bogenhausen und der Wohnung am Prinzregentenplatz wie in einem goldenen Käfig gehalten, beging Geli Raubal am 18. September 1931 Selbstmord. Das Ermittlungsverfahren gegen Hitler wurde auf Betreiben des bayerischen Justizministers Franz Gürtner nach wenigen Tagen abgebrochen.[37]
In der Zwischenzeit hatte der Nazi-Führer ein anderes »frisches Mädel« kennen gelernt, das nach kurzer Bekanntschaft seine heimliche Geliebte wurde – Eva Braun, eine Beschäftigte seines Fotografen Heinrich Hoffmann. 1912 geboren, war sie 17, als sie Hitler kennen lernte. Anfang 1932 entwickelte sich zwischen den beiden – dem »Wolf« und seinem »Hascherl«, wie sie einander mit Kosenamen bezeichneten – ein intimes Verhältnis. Dass sie von ihrem Angebeteten nach außen hin abgeschottet wurde, machte ihr offensichtlich schwer zu schaffen. Am 1. November 1932 unternahm sie tief deprimiert einen ersten Selbstmordversuch – was auf Hitler zwar einigen Eindruck machte, ihre Lage aber nicht wesentlich veränderte. Die folgenden Jahre verbrachte Eva hauptsächlich mit Warten auf ihren »geliebten Führer« – teils in München, wo sie sich am 28. Mai 1935 zum zweiten Mal das Leben nehmen wollte, teils auf dem 1928 angemieteten »Berghof«, bis 1933 »Haus Wachenfeld«, am Obersalzberg bei Berchtesgaden. Trotz aller Verzweiflung und Eifersucht – vor allem auf Winifred Wagner und die

in Hitlers Nähe vorgedrungene, junge, machtgierige englische Aristokratin Unity Mitford – blieb Eva Braun dem »Führer« treu und hörig bis in den Tod.

Private Vergnügungen waren freilich dem »großen Ziel«, der Erlangung der Macht im Staat, untergeordnet. Im September 1930 schaffte es die NSDAP, im Gefolge der Weltwirtschaftskrise 6,4 Millionen Wähler, das waren immerhin 18,4 % aller gültigen Stimmen, zu erlangen, und der Trend hin zu den Braunhemden wuchs weiter. Ein Jahr später, im Oktober 1931 schlossen sich die Deutsch-Nationalen unter Alfred Hugenberg und die Frontkämpfer-Vereinigung »Stahlhelm« unter Franz Seldte mit den Nationalsozialisten zur so genannten Harzburger Front zusammen. Am 25. Februar 1932 wurde Hitler als Vormann dieser Front Regierungsrat des Landes Braunschweig und erlangte dadurch die formale Anerkennung seiner deutschen Staatsbürgerschaft. Bei den Reichstagswahlen vom 31. Juli gleichen Jahres erhielt die NSDAP 37,4 % der Stimmen und damit den höchsten Anteil, den sie je unter demokratischen Bedingungen errang. Mit diesem starken Votum im Rücken peilte Hitler die Machtübernahme an – und erreichte binnen eines halben Jahres sein Ziel. Nach längerem Hinundherlavieren der Zentrumsparteien wurde er mit ihrer Duldung am 30. Januar 1933 durch Präsident Paul von Hindenburg zum Reichskanzler ernannt.

In den ersten Reden, die er als nunmehr mächtigster Mann im Staate hielt, schwelgte Hitler ganz im Rausch der Erhabenheit. Im Berliner Sportpalast fabulierte er am 10. Februar 1933 vor einer gebannt lauschenden Zuhörerschaft über Liebe, Größe, Kraft, Treue, Ehre und Gewalt. »Denn ich kann mich nicht lösen von dem Glauben an mein Volk«, schloss er seine Rede, »und hege felsenfest die Überzeugung, dass eben noch einmal die Stunde kommt, in der die Millionen, die uns heute hassen, hinter uns stehen und mit uns dann begrüßen werden das gemeinsam geschaffene, mühsam erkämpfte, bitter erworbene neue deutsche Reich der Größe und der Ehre und der Kraft und der Herrlichkeit und der Gerechtigkeit. Amen!«[38] Drei Wochen später ergänzte er: »Wir sind alle stolz, dass wir durch Gottes tätige Hilfe wieder zu wahrhaften Deutschen geworden sind. Wir bitten: Herrgott, lass uns niemals wankend werden und feige sein, lass uns niemals die Pflicht vergessen, die wir übernommen haben!«[39]

Endlich am Ziel seines politischen Strebens angelangt, machte sich

Hitler daran, die errungene Macht abzusichern. Der geschickt inszenierte Reichstagsbrand vom 27. Februar gab ihm die Möglichkeit, gegen Sozialisten und Kommunisten vorzugehen. Die Verhafteten wurden ab März 1933 in Konzentrationslagern zusammengepfercht und nach den Wahlen vom 5. März, die der NSDAP 43,9 % der Stimmen einbrachten, ließen sich die Machthaber ihre Herrschaft am 24. März durch ein spezielles, im Parlament nur von den Sozialdemokraten abgelehntes Ermächtigungsgesetz absichern. Die einschneidendsten Maßnahmen, zu denen sich die Nationalsozialisten damals »ermächtigen« ließen, waren gegen die Juden gerichtet. Am 1. April begann der Boykott ihrer Geschäfte und ab 7. April wurden Angehörige »mosaischen Glaubens« vom Staatsdienst ausgeschlossen. Um die neue Politik umfassend durchzusetzen, schaltete man die Länder durch Einsetzung so genannter Reichsstatthalter gleich. Während die deutschen Gliedstaaten auf diese Weise ein zentralistisches Lenkungsinstrument erhielten, stärkte man andererseits ihr jeweiliges Selbstwertgefühl. In einem Umfang wie nie zuvor wurden lokale Heldengeschichten und Überlieferungen regionaler Bewegungen, die sich wie einstens Robin Hood gegen obrigkeitsstaatliche Willkür richteten, aufgearbeitet und in Reden heraufbeschworen.

Wie im Kleinen so gestalteten die Nazis auch das neue deutsche, so genannte »Dritte Reich« im Großen rituell aus. Der 1. Mai 1933 etwa wurde als »Feiertag der nationalen Arbeit« im ganzen Land mit religiös ausgestalteten Festen begangen. Von Fackeln umrahmte Braunhemdenumzüge, nach gottesdienstlichem Muster ausgestaltete Parteitage, ein neuer, zum »Heil Hitlers« mahnender Gruß und die zu allen möglichen Gelegenheiten verkündeten NS-Glaubensbekenntnisse sollten das Volk unter der wegweisenden Führung Hitlers zusammenschweißen. »Nibelungentreue« wurde schon den Schulkindern als deutsches Urkulturgut eingebläut – und bis zum bitteren Ende durchexerziert.[40]

Nach der mehr oder weniger erzwungenen Selbstauflösung der anderen Parteien erließ die NSDAP am 14. Juli 1933 ein Gesetz gegen die Neubildung politischer Gruppierungen. Am 20. Juli folgte das Reichskonkordat mit der Kurie, in dessen Folge sich die Kirchen auf die Nazi-Fahne einschworen. Wie viele führende Kirchenvertreter begrüßten auch okkulte, esoterische Gruppierungen die Machtübernahme der Braunhemden, meist sogar recht enthusiastisch. Hermann Rudolph, der Vorsitzende der deutschen Theosophischen Gesellschaft, etwa meinte, dass die lichtvoll weltbestimmenden Kräfte der Zukunft Seite an Seite der Nationalsozialismus und die Theosophie sein würden.[41] Noch weiter gingen Ariosophen und verwandte Bewegungen, die gar eine Endzeit heraufkommen sahen, in der das Ariertum durch die Kampfkraft des Nationalsozialismus endlich die Herrschaft über die Welt antreten würde. Diese Träume zerflossen jedoch sehr bald. Viele Ario-Esoteriker und Okkultisten wurden kaltgestellt oder landeten in KZs – wohl deshalb, weil Hitler daran gelegen war, derart skurrile Visionäre nicht als seine ideologischen Wegbereiter in Erscheinung treten zu lassen und dadurch eventuell sein für die eigene Machterhaltung wichtiges Bündnis mit den Kirchen zu gefährden.[42]

Am 12. November 1933 ließ Hitler eine letzte Reichstagswahl durchführen, deren manipuliertes Ergebnis der NSDAP 92 % der Stimmen einbrachte. Im Juni 1934 traf er erstmals mit seinem italienischen Amtsgenossen, dem Duce Benito Mussolini, zusammen und legte dabei den Grundstein für das spätere Achsenbündnis zwischen dem Deutschen Reich und Italien. Im Monat darauf räumte der Führer innerparteilich auf, indem er so genannte SA-»Revoluzzer« ausschalten und erstmals Regimegegner hinrichten ließ. Der Verselbstständigung der SS unter der Führung Heinrich Himmlers am 20. Juli folgte am 2. August die Vereidigung der – ein halbes Jahr später durch die Wiedereinführung der allgemeinen Wehrpflicht personell aufgestockten – Reichswehr auf den »Führer und Reichskanzler Adolf Hitler«. Damit war die Macht nach innen und fürs Erste auch nach außen gefestigt.

In dieser Situation fühlte sich Hitler laut Max Domarus bemüßigt, »wieder einmal als Feldprediger [und] Messias aufzutreten und zu seinen alten Kämpfern in biblischem Stil zu sprechen, so wie einst Christus zu seinen Jüngern«. So erklärte er etwa am 24. Februar 1935: »Ich bin in meinem Leben so oft Prophet gewesen und ihr habt mir nicht geglaubt, sondern mich verlacht und verspottet. Ich will wieder Prophet sein und euch sagen: Ihr kehrt niemals mehr zurück!«[43] Und am 30. Januar 1936 verkündete er vor SA-Männern: »Ich habe euch kennen gelernt. Ich weiß: Alles, was ihr seid, seid ihr durch mich, und alles, was ich bin, bin ich nur durch euch allein.«[44]

Während sich die Nazi-Führung vom »deutschen Volk« in rituell untermauerter Art verehren ließ, wurden Juden und andere so genannte »Minderrassige« massenweise in KZs abtransportiert. Im Januar 1935 gliederte sich das Saarland per Volksabstimmung dem Deutschen

Reich an und im März 1936 löste Hitler die »entmilitarisierte Zone« des Rheinlandes auf. Im August gleichen Jahres hatte er Gelegenheit, sich bei den Olympischen Spielen von Berlin, filmisch-medial aufbereitet durch Leni Riefenstahl, als arioheroische Lichtgestalt zu präsentieren. Gleichzeitig begann die NS-Staatsführung Literatur, Kunst und Architektur auf heldenhaftes Germanentum umzutrimmen. Hitlers Freund Albert Speer erhielt in diesem Zusammenhang den Auftrag, die kolossalen architektonischen Jugendträume des »Führers« in die Praxis umzusetzen.[45]

Im Oktober 1936 kam es zum Bündnis zwischen der Achse Berlin–Rom mit der Falange des »Caudillo« Francisco Franco. Dies eröffnete den Nazis die Möglichkeit, im eben ausgebrochenen Spanischen Bürgerkrieg die Kampftüchtigkeit ihrer eigenen Armee, vertreten durch die »Legion Condor«, zu testen. Am 14. März 1937 zeigte sich Papst Pius XI. »besorgt« über die Entwicklungen in Deutschland, doch hielt die katholische Kirchenhierarchie im Dritten Reich weiter treu zu Hitler, der sich unterdessen auf seine Rolle als zukünftiger Messias einzustimmen begann und seinen »geopolitischen« Machtbereich im Vertrauen auf die »Göttin der Vorsehung« weiter ausdehnte. Am 11. März 1938 holte Hitler seine österreichische Heimat »heim ins Reich«, am 1. Oktober folgte das Sudentenland. Damit war der Eroberungswille aber immer noch nicht gestillt, denn das Volk brauchte, wie ihm sein Lehrmeister Karl Haushofer bestätigte, Raum, und zwar im Osten.

Ehe der »Führer« diesbezüglich weitere Aktionen setzen ließ, wurden in der so genannten »Reichskristallnacht« vom 9. auf den 10. November 1938 jüdische Einrichtungen vernichtet und die Juden im gesellschaftlichen und wirtschaftlichen Leben praktisch »ausgeschaltet«. Die Konzentrationslager waren zu dieser Zeit bereits überfüllt, verseucht, Brutstätten des Terrors und der massenhaften Vernichtung missliebiger Menschen. Am 15. März 1939 marschierten deutsche Truppen in der »Rest-Tschechei« ein und schufen so die Voraussetzungen für die Errichtung des »Reichsprotektorats Böhmen und Mähren«. Acht Tage später holten die Nazis das Memelgebiet »heim ins Reich«. Doch als deutsche Truppen am 1. September gleichen Jahres dann auch noch über Polen herfielen, konnten und wollten die alliierten Mächte nicht mehr zusehen. Der Zweite Weltkrieg begann – dank des am 23. August geschlossenen Nichtangriffspakts mit der Sowjetunion für Nazi-Deutschland zunächst einseitig im Westen.

Dass Hitler am 8. November 1939 ein durch den Einzelgänger Georg Elser im Bürgerbräukeller durchgeführtes Attentat – es forderte insgesamt 8 Todesopfer und 63 Verletzte – unbeschadet überstand, bestärkte ihn in seinem Sendungsbewusstsein: »Wir sind uns […] bewusst, wie sehr die Vorsehung uns geholfen hat. Sie hat unsere Pläne richtig gestalten lassen und sie hat ihre Durchführung sichtbar gesegnet […] Wir sind daher des Glaubens, dass die Vorsehung das, was geschah, so gewollt hat!«[46]

Was die Vorsehung angeblich ebenfalls wollte, waren die raschen Erfolge der deutschen Wehrmacht – bis Juni 1940 kapitulierten nacheinander Dänemark, Norwegen, die Niederlande, Belgien und Frankreich. Am 27. September verbündete sich Hitler, wie von Karl Haushofer empfohlen, mit dem Reich des Tenno, des japanischen Sonnenkönigs.[47] Im darauf folgenden Frühjahr fielen Jugoslawien und Griechenland in die Hände der deutschen Truppen. Hitler hatte damit aber immer noch nicht genug und ließ seine Armee am 22. Juni 1941 in Russland einmarschieren. Der angeblich »größte Feldherr aller Zeiten« erwies sich damit endgültig als militärischer Fantast, dem jeglicher Sinn für Realität verloren gegangen war. Am 6. Dezember blieb die Wehrmacht vor Moskau im harten russischen Winter stecken. Auf die »Göttin der Vorsehung« vertrauend ließ Hitler Durchhalteparolen ausgeben und schickte damit Tausende seiner Soldaten in den Tod.[48]

Über die Gräuel in den besetzten Gebieten wurden später erschütternde Dokumente veröffentlicht. Was abseits dessen der Kern der NS-Bewegung für die Zukunft weltanschaulich plante, lässt sich quellenmäßig nur schwer belegen. Offensichtlich wollte sich Hitler nach dem Krieg als eine Art Welterlöser präsentieren und eine auf sich selbst zugeschnittene Religion begründen. Im »Vorschlag VI.« des Sitzungsberichtes vom 14. August 1943 über die »Religionspolitik nach dem Endsieg« wurde diesbezüglich gefordert: »Sofortige und bedingungslose Abschaffung sämtlicher Religionsbekenntnisse nach dem Endsieg […] mit gleichzeitiger Proklamierung Adolf Hitlers zum neuen Messias […] Der Führer ist dabei als ein Mittelding zwischen Erlöser und Befreier hinzustellen – jedenfalls aber als Gottgesandter, dem göttliche Ehren zustehen. Die vorhandenen Kirchen, Kapellen, Tempel und Kultstätten der verschiedenen Religionsbekenntnisse sind in ›Adolf Hitler Weihestätten‹ umzuwandeln […] Als Vorbild des Gottgesandten möge die Figur des Gralsritters Lohengrin dienen […] Durch entspre-

chende Propaganda müsste die Herkunft des Führers noch mehr als bisher verschleiert werden, so wie auch sein künftiger Abgang einmal spurlos und in vollständiges Dunkel zu erfolgen hätte.«[49]
Ganz im Sinn dieser von Parteigremien geplanten Maßnahmen wurde Hitler schon zu Lebzeiten nicht nur mit dem Heilsgruß bedacht, sondern auch – in Kunst, Dichtung und rituell ausgestalteten Parteiversammlungen – als Messias verehrt. Der SA-Dichter Herbert Böhme etwa schrieb über ihn: »Du schreitest in das Volk als Erlöser«, und: »Wir glauben an unseren Führer als an eine Offenbarung dieses Gesetzes für uns, sein Volk.«[50] Abseits seiner von der Vorsehung ihm angeblich zugedachten messianischen Rolle präsentierte sich Hitler gern als Prophet – und zwar als einer von der düstersten Sorte. Etwa in einer Rede vom 30. September 1942, in der er erklärte: »Die Juden haben einst auch in Deutschland über meine Prophezeiungen gelacht. Ich weiß nicht, ob sie auch heute noch lachen oder ob ihnen nicht das Lachen bereits vergangen ist. Ich kann aber auch jetzt nur versichern: Es wird ihnen das Lachen überall vergehen. Und ich werde auch mit diesen Prophezeiungen Recht behalten.«[51]
Unklar bleibt bei alledem, wie Hitler selbst zu okkulten Belangen stand. Aller Wahrscheinlichkeit nach hielt er sich anders als etwa Heinrich Himmler vom herkömmlichen Okkultismus fern. Nichtsdestotrotz gibt es diesbezüglich eine lange Reihe esoterischer Theorien, die den »Führer« des Dritten Reiches als vom Okkultismus Besessenen, Schwarzmagier oder gar satanistischen »Rex Mundi« präsentieren.[52] Bei genauerer Einsichtnahme erscheint Hitler vor allem als durchaus religiös denkender Egomane, der sich von der »Vorsehung« auf einen Weg getrieben sah, der nicht nur ihn, sondern auch sein ganzes Reich in den Untergang führen sollte.
Die von den Nazis am 20. Januar 1942 auf der so genannten Wannsee-Konferenz beschlossene »Endlösung« der Judenfrage kostete bis Mai 1945 rund sechs Millionen Menschen das Leben. Der Krieg insgesamt forderte fast zehnmal so viele Opfer. Die Rückschläge für die deutsche Armee begannen Ende 1942 in Nordafrika und erreichten einen ersten Höhepunkt am 2. Februar 1943 in Stalingrad, dem nachmaligen Wolgograd. Auch der am 18. Februar verkündete »totale Krieg« konnte das Blatt nicht mehr wenden. Am 25. Juli wurde Mussolini gestürzt und Italien schlug sich daraufhin auf die Seite der Alliierten. Am 6. Juni 1944 landeten deren Truppen in der Normandie und Deutschland

wurde daraufhin von allen Seiten in die Zange genommen. Unter Druck gesetzt, verlor Hitler endgültig jeglichen Sinn für strategische Planung. Besessen vom Glauben an die Vorsehung deutete er auch das Scheitern des zweiten, von Oberst Stauffenberg geplanten und am 20. Juli 1944 durchgeführten Attentats gegen ihn als »Zeichen«, dass er sich auf dem richtigen Weg befände.[53]

Der am 25. September gegründete »Volkssturm« bildete eine Art letztes Aufgebot des schwer bombardierten Deutschen Reiches. Die drei Monate später gestartete Ardennen-Offensive blieb jedoch das schon vom Ansatz her zum Scheitern verurteilte Aufflackern einer zermürbten Armee. Am 12. Januar 1945 brachen die Sowjets an der Weichsel durch, und als auch die Westalliierten immer weiter nach Deutschland vordrangen, befahl Hitler am 18. März »die Zerstörung aller für den Feind nützlichen Industrie- und Versorgungsanlagen«. Offensichtlich wurde dem »Führer« damals klar, dass seine Tage gezählt waren. Selbst enge Gefährten und Gefolgsleute wie Heinrich Himmler fielen von ihm ab – und verursachten durch ihren »Verrat« einen letzten Schub seiner gefürchteten Jähzornausbrüche. In dieser Situation diktierte er am 29. April 1945 im Berliner Reichsbunker sein Testament. Tags darauf erschoss er sich mitsamt seiner kurz zuvor geehelichten Geliebten Eva Braun. Angesichts der Dürftigkeit der Beweise für Hitlers Selbstmord hielten und halten sich Gerüchte über eine eventuelle Flucht bis auf den heutigen Tag.

Erste diesbezügliche Behauptungen tauchten schon kurz nach dem Krieg in Kreisen verkappter Nazis und überzeugter Ariosophen auf. So verkündete etwa der in Argentinien lebende gebürtige Ungar Ladislao Szabo 1947 per Buchtitel »Hitler está vivo!« – »Hitler lebt!«. Darin erklärte er, dass der »Führer« von einem geheimen Unterseeboot-Geleitzug in die Antarktis gebracht worden wäre und in einer 1938 von Kapitän Alfred Ritscher entdeckten warmen Oase im Bereich des Königin-Maud-Landes eine neue Heimat gefunden hätte. Der 1917 geborene chilenische Diplomat Miguel Serrano war von diesen Ideen begeistert und organisierte eine Expedition in die Antarktis. Dort hat er, wie er später schrieb, das »Geheimnis« um Hitler kennen gelernt und »viele Jahre lang gehütet; denn es war gefährlich, es zu enthüllen«.[54] Der Öffentlichkeit zur Kenntnis gebracht hat er es seit 1950 in zahlreichen Artikeln und Büchern wie dem 1987 veröffentlichten rechtsextremen Richtungsweiser »Das Goldene Band«. Serrano war von 1962 an Botschafter in Jugoslawien mit Zuständigkeit auch für Bulgarien und Rumänien, danach Botschafter in Österreich, von 1970 an diplomatischer Vertreter bei der Internationalen Atomenergiekommission in Wien und zuletzt Funktionär bei der Organisation der Vereinten Nationen für die Industrielle Entwicklung (UNUDI). Gemeinsam mit der Anglo-Griechin Savitri Devi (1905 bis 1982) schuf er in den 1970er-Jahren eine der radikalsten rechtsextrem-spirituellen Strömungen, den »esoterischen Hitlerismus«.[55]

Diese neonazistische Weltanschauung, in deren Mittelpunkt die Verehrung Hitlers als »Welterlöser« steht, geht davon aus, dass es der »Führer« 1945 dank überlegener Nazi-Ufo-Technik geschafft habe, ins antarktische Neuschwabenland zu entfliehen. Dort hätte er sich in die »Innere Erde« zurückgezogen und harre nun seiner Wiederkehr zwecks »Erlösung« der Menschheit. Hitler hatte laut Serrano gewusst, »dass er verloren hatte, dass er hier und jetzt besiegt werden würde, um am Ende der Zeiten triumphal wiederzukehren zu dem Zeitpunkt, wo sein Jahrtausend anbrechen wird. Deshalb muss der Kampf fortgesetzt werden ohne zu erlahmen, ohne Kapitulation, und es müssen die Augen derjenigen, die in dieser Welt noch zu sehen in der Lage sind, dadurch geöffnet werden, dass man sie über die metaphysischen Hintergründe des Krieges aufklärt und ihnen den Feind«, sprich die jüdisch-freimaurerischen Weltverschwörer, »entlarvt. Der Hitlerismus [...] hat seine Tugenden aufgebraucht und war dem Verschleiß unterworfen. Einzig und allein durch das Blut der Aufopferung kann er geläutert wieder aus der Asche entstehen in seiner ganzen esoterischen Reinheit.«[56]

Aus der Asche erstanden ist unter anderem ein gewisser »Christof Friedrich«, der in den 1980er-Jahren mit einem Buch über »geheime Nazi-Südpolexpeditionen« an die Öffentlichkeit trat.[57] Hinter dem Autorenpseudonym verbirgt sich der 1939 geborene, seit 1957 in Kanada lebende Auschwitz-Leugner Ernst Zündel. 1976 gründete er die »Samisdat Publishers«, einen Verlag, über den er neonazistische Schriften verbreitete. Mit im Programm führte er auch Produkte aus eigener Feder wie etwa »The Hitler We Loved and Why« oder »UFO's: Nazi Secret Weapon?«. In »Germany's Antarctic Claim« behauptete er, dass Hitler schon zeit seines Lebens sehr viel an der Antarktis als künftigem Lebensraum des deutschen Volkes gelegen war und dass er Ansprüche auf den ganzen siebten Kontinent gestellt hatte. In »Hitler am Südpol?«[58] ging er noch einen Schritt weiter und vermeldete, dass der »Führer« die Katastrophe des Dritten Reiches überlebt hätte und per Ufo in die Antarktis entflohen wäre, um, wie auch Serrano behauptete, eines Tages zwecks Errettung der Welt wiederzukehren. Hitler wurde in diesem Zusammenhang als »heiliger Mann« präsentiert, als »messianische Figur«, deren »Lehre vom weißen Herrenmenschen Deutschland erlöst hätte«.[59]

In eine ähnliche Kerbe schlugen Norbert Jürgen Ratthofer und Ralf Ettl mit ihren Nazi-Ufo-Videos »Ufo-Geheimnisse des Dritten Reichs« und »UFO – das Dritte Reich schlägt zurück«, ergänzt durch eine Schrift mit dem Titel »Lichtreiche auf Erden«.[60] Aufbauend auf einem umfassenden Menschheitsentwicklungsschema, in dem Vertreter der »nordischen Urrasse« als »Gottmenschen« erscheinen, entwickelte Ratthofer ein Weltbild, in dem rassereine Nordmenschen das kommende Lichtreich repräsentierten. Angesichts der drohenden Vernichtung hätte sich die »reichsdeutsche Ufo-Macht« als militärischer Flügel der lichtvollen Nordmenschheit mitsamt ihrem »Führer« Hitler ins antarktische Neuschwabenland zurückgezogen. Von dort führe sie bis heute »eine Art ›Geheimkrieg der schmerzhaften Nadelstiche‹ in Form von Flugscheiben-Einsätzen gegen militärische Ziele« der USA und UdSSR respektive Russlands.[61]

Einen anderen Weg der Verarbeitung der Niederlage Nazi-Deutschlands gingen die, die den Tod Hitlers zwar hinnahmen, den »Führer« aber dennoch nicht so einfach von der politisch-spirituellen Bühne verschwinden lassen wollten. Für sie wurde Hitler im Lauf der Zeit zu einer kosmischen Leitfigur. Erste Ansätze dazu fanden sich schon während des Krieges bei der Theosophin Alice Ann Bailey, die »Hitler, der die Verantwortung für ein unglückliches Volk auf sich nahm«, in kosmischen Sphären als Mitglied der »Großen Weißen Bruderschaft« erschaute.[62]

Ähnliche Ansichten waren und sind in Kreisen der 1957 vereinsmäßig organisierten, über lange Zeit hinweg von dem Reisebüroleiter Franz Hermann Roderich Musfeldt geführten Gemeinschaft der Goden zu hören. Sie ordneten Hitler in ihren mit »indo-arischem Weistum« untermauerten Arminius-Hermann-Kult ein und sahen in ihm eine Art Wiedergeburt des einst gegen die Römer zu Felde ziehenden Cheruskerfürsten Hermann. Eine noch extremere Form der Hitler-Verehrung findet sich bei der 1976 von Wolfgang Kantelberg gegründeten, über den »Odin Guard« international vernetzten Vereinigung der Gylfiliten. In ihrer Zeitschrift »Ordrörir« war unter anderem zu lesen, dass »nach unserer religiösen Ansicht auch Adolf Hitler an der Heldentafel Odins seinen herrlichen Platz bekommen« hat, und sie empfahlen, Gebete »An Gylfi zur Stärkung des Glaubens! An Hermann zur Reinheit Germaniens! An Adolf zur Einheit Deutschlands!« zu richten.[63] Vergleichbare Ideen finden sich bei dem 1983 von Gerd Ritter in München gegründeten »Mitgard-Bund im Arischen Licht-Orden«. Dieser verehrt laut Eigenbekenntnis »Adolf Hitler als göttliche Gestalt, belebt den Glauben an die germanischen Götter neu und führt das Hakenkreuz als uralt-indogermanisches Heilszeichen«.[64]

Abseits derartiger Vergöttlichungen wird Hitler in der rechtsextremen Literatur gern als esoterisch versierter Handlanger einer höheren Macht dargestellt. In diesem Sinne präsentierte ihn etwa »Trutz Hardo«, eigentlich Tom Hockemeyer, in dem 1996 veröffentlichten Roman »Jedem das Seine«, dessen Titel an die zynische Inschrift am Lagertor des KZs Buchenwald erinnert.[65] Laut Hardo hätte Hitler über sein Tun keine Gewalt gehabt, sondern wäre bloß das Werkzeug einer unbarmherzig wirkenden Vorsehung gewesen. In der »Thule«-Romantrilogie, die der Wiener Wilhelm Landig in den 1970er-Jahren verfasste, erscheint Hitler ebenfalls als der Vorsehung verpflichtete, im Leben jedoch tragisch gescheiterte Persönlichkeit.[66] Sein angeblich von den Freimaurern eingeschleuster Leibarzt Theodor Morell hätte ihn, so Landig, langsam zu Tode gespritzt. Der in Argentinien lebende ehemalige NS-Geheimdienstagent und bekennende Nationalsozialist Juan Maler, eigentlich Reinhard Kopps, behauptete, dass eine Geheimorganisation, die Verbindungen weit über die Freimaurer hinaus besäße, Hitler ermordet hätte.[67] Der Untergang des Dritten Reiches wäre also bösen Weltverschwörern zuzuschreiben – eine Ansicht, die bis heute in unterschiedlichsten Varianten von der rechtsextremen Szene verbreitet wird.

Eine besonders publikumsträchtige Variante hierzu, verknüpft mit Hitler-Ufo-Geschichten, entwarf Jan van Helsing alias Udo Holey, selbst ernannter Erretter der Welt vor dunklen Weltverschwörerbanden. Die 1993/95 erschienenen ersten beiden Bände über »Geheimgesellschaften« wurden in der Schweiz und in Deutschland wegen Verstoßes gegen das Antirassismusgesetz bzw. Volksverhetzung verboten. Hitler wird von Van Helsing als okkulte, von einer satanistischen »99er Loge« beherrschte Persönlichkeit beschrieben, die am 30. April 1945 per

Privatflugzeug in Richtung Südamerika entflohen wäre.[68] Satanistische Kreise, dunkle Logen und ein besonders blutrünstiger »Schwarzer Orden« finden sich in der NS-Verschwörungsliteratur immer wieder als im Hintergrund wirkende Kräfte, denen Hitler mehr oder weniger willenlos ausgeliefert gewesen wäre. So »weiß« etwa »E. R. Carmin«, dass »Hitler praktisch erst im Nachhinein zahlreiche Aktionen und Morde [...] mit seinem Namen deckte, die er nicht gewollt und nicht angeordnet hatte. Ob satanistisch oder dämonisch oder bloß religiös oder magisch: Im Schwarzen Orden hatten sich Kräfte und Mächte konzentriert, hatte sich eine Anderswelt manifestiert, mit der für den Normalmenschen eine geistige oder moralische Verständigung kaum möglich ist.«[69]

Eine etwas andere Theorie entwickelte Peter Kurt Weiß, der Gründer der Partei Bürgerschutz Österreich. In seinem Buch »Hitler lebt?!« stellt er Vermutungen darüber an, dass die Nachricht vom Tod des »Führers« von verschwörerischen Kräften in die Welt gesetzt worden wäre, Hitler aber in Wirklichkeit weitergelebt hätte. Untermalt durch Spekulationen über Nazi-Flugscheiben und SS-Wunderwaffen wird Adolf Hitler für ihn »zum absoluten Mythos und Phantom« und durch die Geschichte letztlich »zum ewigen Gedanken erhoben«. In diesem Sinne sei er »aus der physischen Welt – in eine feinstoffliche Welt entschlüpft und lebt für immer!«.[70]

Diesen Gedankengang fortsetzend sind andere Weltverschwörungstheoretiker der Meinung, dass Hitler in Wirklichkeit ein Verbündeter guter kosmischer Kräfte oder gar selbst ein Außerirdischer war, der eigentlich eine Art deutsches Lichtreich hatte schaffen und die »Weisen von Zion« von der Erde hatte tilgen wollen. Mit Hilfe blond-blauäugiger Aliens – Außerirdischer – wäre er 1945 per Ufo zum Stern Aldebaran entkommen, um von dort aus eines Tages zwecks Errettung der Welt von dunklen Verschwörermächten zurückzukehren.

Die Ereignisse des 11. September 2001 bildeten für manche Hitleristen den Auftakt für diese von ihnen ersehnte »Rückkehr des Führers«. Rechtsextremisten unterschiedlichster Couleur jedenfalls sind seitdem merkbar aktiver geworden. Billy Cooper, Hitler-Bewunderer und Chef der National Alliance, erklärte in diesem Zusammenhang via internet: »Jeder, der bereit ist, ein Flugzeug in ein Gebäude zu fliegen, um Juden zu töten, ist mir recht. Ich wünschte, unsere Mitglieder hätten nur halb so viel männliche Tapferkeit.«[71]

Die Verbindung zwischen neonazistischen Hitler-Verehrern und islamischen Fundamentalisten wurde bereits ein halbes Jahr vor den Anschlägen geknüpft. Am 18. Januar 2001 meldete der »Sonntagsblick«: »Schweizer Rechtsextreme blasen zum ›Heiligen Krieg‹«. Der Holocaust-Leugner Jürgen Graf plante damals ein Treffen europäischer, amerikanischer und arabischer »Antizionisten« in Beirut. Mit von der Partie war der 1928 geborene, zum Islam konvertierte Berner Ex-Journalist Ahmed Huber, der die Kader Osama Bin Ladens, mit denen er in der libanesischen Hauptstadt zusammentraf, als »sehr diskrete, gebildete, hochintelligente Leute« beschrieb.[72]

Huber ist Außenvertreter der 1990 von Andreas Grossweiler und Roger Wüthrich gegründeten völkisch-neuheidnischen Gemeinschaft »Avalon«. Diese 1991 um die »Wiking-Jugend Schweiz« erweiterte Gruppe versteht sich als »geistige Elite« und orientiert sich vor allem am deutschen »Thule-Seminar«. Huber hielt dort immer wieder Referate zu festlich begangenen Jahrestagen wie zum Beispiel »Hitlers Machtergreifung«[73]. Die Anschläge in New York und Washington bezeichnete er als »Gegen-Terror« und feierte sie gemeinsam »mit jungen Patrioten, die als Rechtsextreme bezeichnet werden«[74]. Dem »Sonntagsblick« gegenüber erklärte Huber: »Wir bauen ein weltweites Netz auf – europäische Skinheads, amerikanische Neonazis und radikale islamische Antizionisten werden gemeinsam kämpfen.«[75] Die Wahl der Mittel dabei scheint keine Grenzen zu kennen. So wird etwa vermutet, dass die nach den Terroranschlägen verschickten Anthrax-Briefe aus Kreisen dieser »Kämpfer« stammen.

Nachwort

»Wir aber wollen, dass die reine Welt unserer Vorväter wieder erstehe, nicht durch Rückkehr in die damalige Zeit, sondern geläutert durch die Erkenntnis unserer eigenen Schwächen, aber auch im Wissen um die unvergänglichen Quellen unserer Kraft [...] Wir rufen alle hoch gewachsenen, geraden Menschen mit reiner Seele und freiem Geist auf, in den Ländern, die uns stammverwandt sind [...] einig, einig, einig im Glauben, in der Gesittung, in der Tat für Deutschland, für Midgards heiliges Reich, jetzt und immerdar. Midgards Morgen naht!«[1]

*

Die in »Hitlers Visionären« und dem vorliegenden Band präsentierten Persönlichkeiten haben in unterschiedlicher Weise die im Nationalsozialismus gepflegte okkulte Weltsicht vorgeformt, mit geprägt und – im Falle der zuletzt beschriebenen – vollstreckt. Viele Nazis bis hinauf in höhere Ränge waren von der Ariosophie Lanz' und Lists und Übermenschfantasien à la Haeusser ebenso angetan wie von den Gralsideen Rahns oder der Welteislehre Hörbigers, von der Geopolitik Haushofers ebenso wie vom mythisch untermauerten Germanenglauben. Diese Ideen unterschiedlichster Art brachten offensichtlich Grundbedürfnisse der Zeit in mehr oder weniger pervertierter Form zum Ausdruck.

Mehr als andere politische Bewegungen hat der Nationalsozialismus mythische Elemente, esoterische Versatzstücke und okkulte Bezüge in sein Weltbild aufgenommen und für seinen politischen Kampf benutzt. Er hat die Sehnsucht der Menschen nach einer Sicht des Lebens, die über die rein materielle Ebene hinausgeht, gefördert und missbraucht. Seine endzeitlich germanomanische Esoterik diente der weltanschaulichen Untermauerung von Krieg und Massenvernichtung.

Die Kapitulation Nazi-Deutschlands im Mai 1945 bedeutete keineswegs das Ende jener okkulten Weltanschauung, die den Nationalsozialismus in seinen Wurzeln und Erscheinungsformen gekennzeichnet hatte. Bereits wenige Monate nach dem Krieg formierten sich die ersten germanengläubigen, okkult-deutschtümelnden Gruppen neu. Und es dauerte bloß vier Jahre, bis sich unter den Augen der Besatzungsmächte einzelne Gemeinschaften auch vereinsmäßig wieder konstituierten.

Seit Ende der 1960er-Jahre wächst die Szene wieder. Im Umfeld der New-Age-Bewegung, die in den 1980er-Jahren einen neuen Esoterik-Boom auslöste, fanden rechtsextrem-okkulte Gruppierungen, die zum Teil Ideen der in den beiden Bänden vorgestellten Personen aufgriffen und weiterentwickelten, einen guten Nährboden.
Die neue Rechte erkannte bereits früh die auch politisch bedeutsamen Gestaltungsmöglichkeiten, die sich hier auftaten. Der seit Mitte der 1990er-Jahre verstärkt wieder auflebende Weltverschwörungsglaube gab der Verknüpfung von Rechtsextremismus und Esoterik zusätzlich Nahrung. Diese Verknüpfung ist nicht von vornherein gegeben – dies zu behaupten würde all jenen unrecht tun, die auf der Suche nach spiritueller Erbauung politische Vernunft nicht über Bord werfen. Angesichts der in esoterischen Kreisen weit verbreiteten apolitischen Grundhaltung erscheint es jedoch nötig, Bewusstsein zu schaffen über jene Bereiche, in denen es zu solchen Verknüpfungen gekommen ist – und nach wie vor kommt.
Die Ereignisse des 11. September 2001 und der Folgezeit zeigen mit erschreckender Deutlichkeit die Aktualität dieses Anliegens. Spirituell, religiös untermauerter politischer Fanatismus beschränkte sich nicht auf das Nazi-Regime. Er lebt und lebt fort in fundamentalistischen Strömungen unterschiedlichster Couleurs – in der arabischen genauso wie in der nicht-arabischen Welt …

Literatur und Anmerkungen

Hanns Hörbiger

Literatur:

anonymous: A Bibliography of the Hoerbiger Theory (= Hoerbiger Monograph no. 2), London 1948.
Hans Wolfgang Behm: Hörbiger. Ein Schicksal, Leipzig 1930.
ders.: Welteis und Weltentwicklung. Leitfaden der Hörbigerschen Welteislehre, Leipzig 4. Aufl. 1931.
H[ans] S. Bellamy: Plato and Hoerbiger. A New Approach to the Atlantis Problem (= Hoerbiger Monograph no. 1), London 1948.
Ernst Bergmann: Der Mensch, das Werk, der Nachruhm, in: Schlüssel zum Weltgeschehen 11/1931, S. 359–374.
Richard Bie: Hanns Hörbiger und unsere Epoche, in: Schlüssel zum Weltgeschehen 10-11/1930, S. 373–375.
Elmar Brugg [= Rudolf von Elmayer-Vestenbrugg]: Spießbürger gegen Genie, Baden 1952.
C. R. Carmin: Das schwarze Reich. Geheimgesellschaften und Politik im 20. Jahrhundert, München 1994, S. 126 ff.
Helmut Dolezal: Hörbiger, Hanns, in: Historische Kommission bei der Bayerischen Akademie der Wissenschaften (Hg.): Neue Deutsche Biographie, Band 9, Berlin 1972, S. 352 f.
Rudolf von Elmayer-Vestenbrugg: Rätsel des Weltgeschehens, in: Kampfschriften der Obersten SA-Führung 4/1937.
ders.: Eingriffe aus dem Kosmos, Freiburg ³1977.
Walther von Etzdorf: Die Welteislehre als neue Weltschau und Grundlage neuer Lebenserkenntnis, in: Schlüssel zum Weltgeschehen 10-11/1930, S. 363–368.
Philipp Fauth: Mondesschicksal. Wie es ward und untergeht. Eine glazial-kosmogonische Studie, Leipzig 1925.
ders.: Der Mond und Hörbigers Welteislehre, Leipzig ²1938.
Hanns Fischer: Wunder des Welteises. Eine gemeinverständliche Einführung in die Welteislehre Hanns Hörbigers, Berlin ³1938.
Karl Hanzlicek: Das Schrifttum der Welteislehre, Karlsbad 1934.
Robert Henseling: Weltentwicklung und Welteislehre, Potsdam 1925.
Hans Heyck: Hanns Hörbiger 70 Jahre alt!, in: Schlüssel zum Weltgeschehen 10-11/1930, S. 371–373.
Georg Hinzpeter: Für und wider Hörbiger, Ohlau 1933.
ders.: Der Sieg der Welteislehre, Breslau/Ohlau 1936.
Hanns Hörbiger: Hörbigers Glazial-Kosmogonie. Entwicklungsgeschichte des Weltalls und des Sonnensystems, bearb. und hg. Philipp Fauth, Leipzig 1925.
ders.: Über Alter und Urheimat des Menschengeschlechts, in: Schlüssel zum Weltgeschehen 1-2/1929, S. 39–41.
Michael H. Kater: Das »Ahnenerbe« der SS 1935–1945. Ein Beitrag zur Kulturpolitik des Dritten Reiches, München 1997.
Edmund Kiß: Die oft verlästerte, von vielen gepriesene, von manchen schon vernichtete, aber zäh und kampfbereit weiterlebende Welt-Eis-Lehre, Leipzig ²1937.
ders.: Das Sonnentor von Thihuanaku und Hörbigers Welteislehre, Leipzig 1937.
Theodor Heinrich Mayer: Drei Wendepunkte in Hanns Hörbigers Leben, in: Schlüssel zum Weltgeschehen. Zeitschrift für Freunde der Welteislehre 1/1925, S. 4–9.
Brigitte Nagel: Die Welteislehre. Hörbigers Glazial-Kosmogonie im nationalsozialistischen Staat, in: Sterne und Weltraum. Zeitschrift für Astronomie 1/1987, S. 9–13.
dies.: Die Welteislehre. Ihre Geschichte und ihre Rolle im »Dritten Reich«, Berlin-Diepholz 2000.

Louis Pauwels / Jacques Bergier: Aufbruch ins Dritte Jahrtausend. Von der Zukunft der phantastischen Vernunft, München 1979, S. 311 ff. und 333 f.
Nigel Pennick: Hitler's Secret Sciences. His Quest for the Hidden Knowledge of the Ancients, Sudbury 1981, S. 79 ff. und 114 f.
E. Pigal: Die Welteislehre. Einführende Darstellung (= Mitteilungen des Hoerbiger-Instituts, Band 1, Heft 1), Wien 1933, S. 1–17.
A. Prey: Über Hörbigers Glazialkosmogonie, in: Die Naturwissenschaften 27/1922, S. 585–592.
Leo Santifaller (Hg.): Österreichisches Biographisches Lexikon, Band 2, Graz/Köln 1959, S. 364 f.
Maximilian Soeser: Zu Hanns Hoerbigers 10. Todestage (= Mitteilungen des Hoerbiger-Instituts, Band 2, Heft 1/3), Wien 1942, S. 1–11.
Egerton Sykes: The Moon Capture Theory of Hoerbiger after Fiftyfive Years, London 1936.
ders.: Hoerbiger and the March of Science, Brighton 1976.
Heinrich Voigt: Eis ein Weltenbaustoff. Gemeinfassliche Einführung in Ph. Fauths und Hörbigers Glazialkosmosgonie (Welteislehre), Berlin-Wilmersdorf 1920.
ders.: Die Welteislehre und ich, Leipzig 1923.

Anmerkungen:
1 Hörbiger, Glacial-Kosmogonie, S. 529.
2 Behm, Hörbiger, S. 15 ff.
3 ebd., S. 54 f.
4 Mayer, Wendepunkte, S. 4 f.
5 Behm, Hörbiger, S. 33 f. und 43 f.
6 ebd., S. 56 f.
7 ebd., S. 59.
8 Nagel, Welteislehre, S. 29.
9 Behm, Hörbiger, S. 66.
10 ebd., S. 333 f. (die Sache mit der »reinrassigen Slawin« wurde später von NS-Verehrern Hörbigers, auch von Behm, heftig bestritten), vgl. Dolezal, Hörbiger, S. 352.
11 Nagel, Welteislehre, S. 29.
12 Behm, Hörbiger, S. 86 ff.
13 Nagel, Welteislehre, S. 29 f.
14 ebd., S. 30, und Behm, Hörbiger, S. 89 f.
15 Nagel, Welteislehre, S. 30.
16 Mayer, Wendepunkte, S. 6 f.
17 Hörbiger, Glazial-Kosmogonie, S. 773.
18 ebd. und Behm, Hörbiger, S. 110.
19 Behm, Hörbiger, S. 119, Hörbiger, Glazial-Kosmogonie, S. VII, und Nagel, Welteislehre, S. 32.
20 Behm, Hörbiger, S. 120 f.
21 Nagel, Welteislehre, S. 37, nach Hörbiger, Glazial-Kosmogonie, S. 778 und Behm, Hörbiger, S. 121 f.
22 Behm, Hörbiger, S. 91 ff.
23 ebd., S. 93 f.
24 Nagel, Welteislehre, S. 37, nach Hörbiger, Glazial-Kosmogonie, S. 777 und Behm, Hörbiger, S. 162.
25 Behm, Hörbiger, S. 129.
26 ebd., S. 160.
27 Prey, Glazialkosmogonie, S. 522, vgl. Behm, Hörbiger, S. 165.
28 Behm, Hörbiger, S. 348.
29 zit. in ebd., S. 166.
30 Heyck, Hörbiger, S. 372.
31 zit. in Nagel, Welteislehre, S. 50.
32 Hörbiger, Glazial-Kosmogonie, S. 516 ff.

33 Bie, Hörbiger, S. 374.
34 Franz Spunda: Die Wiedergeburt des Nordens, in: Schlüssel zum Weltgeschehen 10-11/1930, S. 362.
35 Georg Hinzpeter: Weltzeitalter, in: Schlüssel zum Weltgeschehen 6/1927, S. 195–198; ders.: Die Überlieferung des Urwissens, in: Schlüssel zum Weltgeschehen 7/1927, S. 223–225; und ders.: Der Nordpol – eine Völkerheimat?, in: Schlüssel zum Weltgeschehen 8/1928, S. 264–268.
36 Etzdorf, Welteislehre, S. 363 f. und 367.
37 Hörbiger, Alter und Urheimat, S. 40 f.
38 Behm, Hörbiger, S. 337.
39 zit. bei Pauwels/Bergier, Aufbruch, S. 311, allerdings ohne Quellenangabe.
40 Dolezal, Hörbiger, S. 352.
41 Bergmann, Mensch, S. 374.
42 Ernst Bergmann: Deutschland, das Bildungsland der neuen Menschheit. Eine nationalsozialistische Kulturphilosophie, Breslau 1933.
43 Der entsprechende Artikel wurde 1937 im »Illustrierten Beobachter« veröffentlicht, vgl. Nagel, Welteislehre, S. 77 f. und 127.
44 Carmin. Reich, S. 127.
45 Pauwels/Bergier, Aufbruch, S. 333.
46 Kater, Ahnenerbe, S. 86 f.
47 Nagel, Welteislehre, S. 73 und 117 ff.
48 Soeser, Todestag, S. 10.
49 Delozal, Hörbiger, S. 353.

Jakob Wilhelm Hauer

Literatur:

Margarete Dierks: Jakob Wilhelm Hauer (1881–1962). Leben – Werk – Wirkung. Mit einer Gesamtbibliographie und zeitgeschichtlichen Bilddokumentation, Heidelberg 1986.
Hans Grunsky: Wilhelm Hauer. Zum Gedächtnis seines Todestages (18. 2. 1962), in: Wirklichkeit und Wahrheit Folge 1/April 1964, S., 24–33.
Annie Hauer / Margarete Dierks (Hg.): Über Religion und Religionsforschung. Texte von Jakob Wilhelm Hauer im Jahre seines 100. Geburtstages, Wiesbaden 1981.
Jakob Wilhelm Hauer: Die Anfänge der Yogapraxis im alten Indien. Eine Untersuchung über die Wurzeln der indischen Mystik nach Rgveda und Atharvaveda, Stuttgart 1921.
ders.: Werden und Wesen der Anthroposophie. Eine Wertung und eine Kritik. 4 Vorträge, 2 Bände, Stuttgart 1922.
ders.: Die Religionen, ihr Werden, ihr Sinn, ihre Wahrheit. 1. Buch, Stuttgart 1923.
ders.: Bund, Gemeinde, Volk, in: Unser Weg 4-5/1924, S. 35–55.
ders.: Das Vrâtya. Untersuchungen über die nichtbrahmanische Religion Altindiens, Stuttgart 1927.
ders.: Das Dhârani im nördlichen Buddhismus und ihre Parallelen in der so genannten Mithrasliturgie, Stuttgart 1927.
ders.: Indiens Kampf um das Reich, Stuttgart 1932.
ders.: Der Yoga als Heilweg. Nach den indischen Quellen dargestellt, Stuttgart 1932.
ders.: Unser Kampf um einen freien deutschen Glauben, Stuttgart 1933.
ders.: Verfassungsänderung oder Revolution der Kirche. Offener Brief an den Deutschen Evangelischen Kirchenausschuss und an die Reichsleitung der Glaubensbewegung »Deutsche Christen«, Stuttgart 1933.
ders.: Denkschrift an den Herrn Reichskanzler sowie an die Herrn Reichsinnenminister Dr. Frick und Reichskommissar Dr. Jäger, Tübingen 1933.
ders.: Eine indo-arische Metaphysik des Kampfes und der Tat. Die Bhagavadgitâ in neuer Sicht mit Übersetzungen, Stuttgart 1934.

ders.: Konfessionszwang oder freie religiöse Führung der deutschen Jugend?, Stuttgart 1934.
ders.: Deutsche Gottschau. Grundzüge eines deutschen Glaubens, Stuttgart [3]1935.
ders.: Was will die deutsche Glaubensbewegung?, neu bearbeitet von Herbert Grabert, Stuttgart 1935.
ders.: Skizzen aus meinem Leben, in: Zeitschrift Deutscher Glaube 1935, S. 5–11, 49–59, 101–108, 194–203, 241–254, 439–449 und 563–573.
ders.: Fest und Feier aus deutscher Art, Stuttgart 1936.
ders.: Die vergleichende Religionsgeschichte und das Indogermanenproblem, in: Festschrift für Hermann Hirt, Heidelberg 1936, S. 177–202.
ders.: Glaubensgeschichte der Indogermanen, Stuttgart 1937.
ders.: Ein arischer Christus? Eine Besinnung über deutsches Wesen und Christentum, Karlruhe 1939.
ders.: Die große Verpflichtung. Gedanken zur weltanschaulich-religiösen Bildung des deutschen Volkes, Karlsruhe 1939.
ders.: Religion und Rasse, Tübingen 1941.
ders.: Der Yoga. Ein indischer Weg zum Selbst, Stuttgart 1958.
ders.: Toleranz und Intoleranz in den nichtchristlichen Religionen. Beitrag zu einer weltgeschichtlichen Betrachtung der Religion, Stuttgart 1961.
ders.: Verfall oder Neugeburt der Religion? Ein Symposion über Menschsein, Glauben und Unglauben, Stuttgart 1961.
ders.: Der abendländische Mensch. Selbstverständnis und Selbstverwirklichung, Stuttgart 1964.
ders. (Hg.): Grundlinien einer deutschen Glaubensunterweisung, Stuttgart 1935.
ders. (Hg.): Urkunden und Gestalten der germanisch-deutschen Glaubensgeschichte, 3 Bände, Stuttgart 1940.
ders. (Hg.): Deutscher Glaube. Zeitschrift für arteigene Lebensgestaltung, Weltschau und Frömmigkeit in den germanischen Ländern, Karlsruhe 1941/44.
ders./Annie Hauer (Hg.): Das deutsche Born. Hausbuch für Besinnung und Feier. Gedichte, Sinnsprüche, Gedanken, München 1952.
Horst Junginger: Von der philologischen zur völkischen Religionswissenschaft. Das Fach Religionswissenschaft an der Universität Tübingen von der Mitte des 19. Jahrhunderts bis zum Ende des Dritten Reichs, Stuttgart 1999.
Alfred Miller: Völkerentartung unter dem Kreuz, Leipzig 1933.
Karl Rennstich: Der Deutsche Glaube. Jakob Wilhelm Hauer (1881–1962). Ein Ideologe des Nationalsozialismus (= EZW-Texte. Informationen Nr. 121), Stuttgart 1992.
Peter Sarasin: Jakob Wilhelm Hauer und die Deutsche Glaubensbewegung, in: Kirchenblatt für die reformierte Schweiz (Basel) Nr. 16/1934, S. 242–249.
Paul Simpendörfer: Zu Professor Hauers Werdegang. Persönliche Erinnerungen, in: Zeitbild 6/1934, S. 161–169.

Anmerkungen:
1 Julius Langbehn: Rembrandt als Erzieher. Von einem Deutschen, Leipzig 39. Aufl. 1891, S. 322.
2 ebd., S. 355.
3 zu Schönerer und der Alldeutschen Bewegung s. u.a. Andrew G. Whiteside: Georg Ritter von Schönerer. Alldeutschland und sein Prophet, Graz/Wien/Köln 1981.
4 Rennstich, Glaube, S. 3.
5 Dierks, Hauer, S. 19 f.
6 Hauer, Skizzen, S. 107.
7 ebd., S. 49 f.
8 Dierks, Hauer, S. 23.
9 ebd., S. 25.
10 ebd., S. 30.
11 Rennstich, Der Deutsche Glaube, S. 4.

12 Hauer, Skizzen, S. 441.
13 Dierks, Hauer, S. 38.
14 Rennstich, Der Deutsche Glaube, S. 4.
15 Hauer, Skizzen, S. 573.
16 Dierks, Hauer, S. 40 f.
17 Rennstich, Der Deutsche Glaube, S. 5.
18 Hauer, Skizzen, S. 573.
19 Dierks, Hauer, S. 70 ff.
20 ebd., S. 53 f.
21 ebd., S. 55.
22 ebd., S. 58 f.
23 vgl. hierzu Hans Christian Brandenburg / Rudolf Daur Hg.): Die Brücke zu Köngen. Fünfzig Jahre Bund der Köngener 1919–1969, Stuttgart [1969] sowie Dierks, Hauer, S. 128 ff.
24 Dierks, Hauer, S. 130.
25 vgl. ebd., S. 70 ff.
26 ebd., S. 124.
27 s. hierzu Rudolf Otto: Religiöser Menschheitsbund, Sonderdruck aus Deutsche Politik 9/1921.
28 Hauer, Bund, S. 36 ff.
29 Dierks, Hauer, S. 139.
30 ebd., S. 148 ff.
31 ebd., S. 140.
32 ebd., S. 200.
33 zit. in ebd., S. 210 f.
34 Hauer, Verfassungsänderung, S. 1 und 6.
35 Hauer, Fest und Feier; vgl. Klaus Vondung: Magie und Manipulation. Ideologischer Kult und politische Religion des Nationalsozialismus, Göttingen 1971, S. 27 ff.
36 Dierks, Hauer, S. 255 f.
37 Rennstich, Der Deutsche Glaube, S. 6.
38 Dierks, Hauer, S. 259.
39 ebd., S. 266.
40 ebd., S. 279.
41 Rennstich, Der Deutsche Glaube, S. 7 f.
42 zit. in Dierks, Hauer, S. 193.
43 ebd., S. 355.
44 s. hierzu u.a. Andreas Speit: Deutsche Unitarier Religionsgemeinschaft e.V., in: Jens Mecklenburg (hg.). Handbuch deutscher Rechtsextremismus, Berlin 1996, S. 378–380.
45 Hauer, Verfall, S. 166.
46 Glauben und Wirken 7-8/1994, zit. in: Michael Bauerschmidt u.a.: Bund Deutscher Unitarier, in: Mecklenburg, Handbuch, S. 373/374.

Louis Haeusser

Literatur:

Carl Dopf (Hg.): Häusser im Urteile seiner Zeitgenossen, Hamburg 1923.
Maximilian Haas: Louis Haeusser. Leben und Werk eines Bönnigheimers, in: Enz- und Metter-Bote 2. 2. 1966.
Haeusser Nr. 101–257, o.O. 1922/31.
Louis Haeusser: Der Übermensch von Morgen. Aus dem Nachlass ausgewählt und herausgegeben von Maximilian Haas, Heilbronn 1966.
ders.: Ich Bin der große Mittag, o.A.
Peter Klein: »Ich bin das Glück«. Ein skizzenhafter Versuch zur Deutung der Persönlichkeit

des »Propheten« Louis Haeusser, in: Mitteilungsblatt des Neuköllner Heimatvereins Nr. 12 vom April 1958, S. 177–181.
Emil Klotz: Irreführung wie bisher oder Führung seiner selbst?, Leipzig 1921.
A.V. Knack: Das Problem Häusser, in: Deutsche Zeitschrift für die gesamte gerichtliche Medizin 4/1924, S. 9–28.
Walter Kramer: Gestaute Flut. Roman, Stuttgart/Berlin 1941, S. 433 ff.
Ulrich Linse: Barfüßige Propheten. Erlöser der Zwanzigerjahre, Berlin 1983, S. 156 ff.
ders.: Ökopax und Anarchie. Eine Geschichte der ökologischen Bewegungen in Deutschland, München 1986, S. 131 ff.
Eduard Reiss: Ein Prophet der Keuschheit mit sexuell perverser Betätigung, in: Zeitschrift für Sexualwissenschaft 8/1921, S. 113–124.
Erhard Schlund: Neugermanisches Heidentum im heutigen Deutschland, München 1924, S. 51 ff.
Hermann Stehr: Droben Gnade Drunten Recht. Das Geschlecht der Maechler, München 1952.
Friedrich Spier: Häußer und »Die Wahrheit«. Eine abschließende Betrachtung, Wandsbek 1923.
Ders. Wahrheit in Gleichnissen und Gedanken, Wandsbek 1923.
ders.: Der letzte Schritt. Mitteilungen, Ergänzungen und Berichte über die »Wahrheit«, Wandsbek 1927.

Anmerkungen:
1 Haeusser, Ich Bin.
2 Linse, Propheten, S. 157, zit. wie folgend nach Haeusser, Übermensch.
3 Louis Haeusser: Brief aus dem Jahr 1925, zit. nach ebd.
4 zit. nach ebd.
5 ebd., S. 158.
6 ebd., S. 159.
7 zit. in ebd., S. 160.
8 s. hiezu Robert Landmann: Ascona – Monte Verità. Auf der Suche nach dem Paradies, Frankfurt/Berlin/Wien 1979, sowie Harald Szeemann (Hg.): Monte Verità, Mailand 1978.
9 Linse, Propheten, S. 163 f.
10 ebd., S. 165 und 189.
11 ebd., S. 168.
12 zu Leibold sh. u.a. Haeusser Nr. 127/1923.
13 Linse, Ökopax, S. 131.
14 Linse, Propheten, S. 169 f.
15 ebd., S. 172.
16 ebd., S. 169.
17 ebd., S. 174.
18 ebd., S. 174 und 177.
19 ebd., S. 178.
20 ebd., S. 176.
21 ebd., S. 179 und 248.
22 ebd., S. 192 ff.
23 zu Muck sh. u.a. Kurt Haufschild: Die Leuchtenburg als Treffpunkt der Jugendbewegung 1919–1933, Leuchtenburg 1975, und Linse, Propheten, S. 97 ff.
24 Linse, Propheten, S. 184 ff.
25 ebd., S. 197 f.
26 ebd., S. 199.
27 ebd., S. 231.

Literatur:

Peter Bahn / Heiner Gehring: Der Vril-Mythos. Eine geheimnisvolle Energieform in Esoterik, Technik und Therapie, Düsseldorf 1997, S. 79 ff.
Alain de Benoist: La géopolitique, in: Le Spectacle du Monde 8/1975 .
Dietrich Bronder: Bevor Hitler kam. Eine historische Studie, Genf [2]1975, S. 197 f. und 247 ff.
Kevin Coogan: Dreamer of the Day. Francis Parker Yockey and the Postwar Fascist International, Brooklyn NY 1999, S. 65 ff.
Dan Diner: »Grundbuch des Planeten«. Zur Geopolitik Karl Haushofers, in: Vierteljahrshefte für Zeitgeschichte 1/1984, S. 1–28.
Andreas Dorpalen, The World of General Haushofer. Geopolitics in Action, New York, 1942.
Frank Ebeling: Karl Haushofer und die deutsche Geopolitik 1919–1945. Lehre, Raumdenken und Großraumvorstellung, Hannover (Diss.) 1992.
Nicholas Goodrick-Clarke: Die okkulten Wurzeln des Nationalsozialismus, Graz 1997, S. 188 ff.
Karl-Eckhard Hahn: Haushofer, Karl, in: Caspar von Schrenck-Notzing (Hg.): Lexikon des Konservativismus, Graz/Stuttgart 1996, S. 233–235.
K. H. Harbeck: Die »Zeitschrift für Geopolitik« 1924–1944, Kiel (Diss.) 1963.
Heinz Haushofer: Haushofer. Traditionen, München 1979.
ders.: Mein Leben als Agrarier. Eine Autobiographie 1924–1978, München 1982.
Karl Haushofer: Der Kaiser von Japan, in: Süddeutsche Monatshefte Dez. 1912, S. 399–404.
ders.: Aus den Erfahrungen des ersten bayerischen Japan-Kommandos, in: Geist des Ostens 1/1913, S. 7–16, und 2/1913, S. 94–108.
ders.: Dai Nihon. Betrachtungen über Groß-Japans Wehrkraft, Weltstellung und Zukunft, Berlin 1913.
ders.: Der deutsche Anteil an der geographischen Erschließung Japans und des Subjapanischen Erdraums, und deren Förderung durch den Einfluss von Krieg und Wehrpolitik, Erlangen 1914.
ders.: Grundrichtungen in der japanischen Entwicklung des japanischen Reiches (1854 bis 1919), München (habil.) 1919.
ders.: Das Japanische Reich in seiner geographischen Entwicklung, Wien 1921.
ders.: Japan und die Japaner. Eine Landeskunde, Leipzig 1923.
ders.: Geopolitische Einflüsse bei den Verkörperungsversuchen von nationalem Sozialismus und sozialer Aristokratie, in: Zeitschrift für Geopolitik 3/1924, S. 127–134.
ders.: Das Dritte Reich, in: Oberland. Ziele und Wege des Bundes Oberland e.V., München 1926, S. 5–10.
ders.: Grenzen in ihrer geographischen und politischen Bedeutung, Grunewald 1927.
ders.: Japans Reichserneuerung. Strukturwandlungen von der Meiji-Ära bis heute, Berlin 1930.
ders.: Geopolitik der Pan-Ideen, Berlin 1931.
ders.: Wehr-Geopolitik. Geographische Grundlagen einer Wehrkunde, Berlin 1932.
ders.: Japans Werdegang als Weltmacht und Empire, Berlin/Leipzig 1933.
ders.: Der nationalsozialistische Gedanke in der Welt, München 1933.
ders.: Wehr-Geopolitik des III. Reichs, man. [München 1933].
ders.: Matsuhito, Kaiser von Japan, Lüneck 1933.
ders.: Weltpolitik von heute, Berlin 1934.
ders.: Wehrwille als Volksziel. Wehrkunde, Wehrgeographie und Wehrgeopolitik im Rahmen der Wehrwissenschaften, Stuttgart 1934.
ders.: Erdkunde, Geopolitik und Wehrwissenschaft. Rede zur Universitäts-Jubiläums-Feier, gehalten am 26. 6. 1934, München 1934.
ders.: Weltmeere und Weltmächte, Berlin 1937.
ders.: Geopolitischer Erntedank 1938, in: Zeitschrift für Geopolitik 10/1938, S. 781/782.
ders.: Geopolitische Grundlagen, in: Verwaltungs-Akademie (Hg.): Ein Handbuch für die Beamten im nationalsozialistischen Staat, Band I, Berlin/Wien [1940], S. 1–40.
ders.: Deutsche Soldaten als Sprachschöpfer, in: Deutsche Kultur im Leben der Völker April 1940, S. 2–16.

ders.: Der Kontinentalblock. Mitteleuropa-Eurasien-Japan (= Kriegsschriften der Reichsstudentenführung), München 1941.
ders.: Japan baut sein Reich, Berlin 1941.
ders.: Verpflichtung zum klaren Weltbild, in: Zeitschrift für Geopolitik 1/1943, S. 1–7.
ders.: Das Reich. Großdeutsches Werden im Abendland, Berlin 1943.
ders.: Apologie der deutschen Geopolitik, in: Edmund A. Walsh (Hg.): Wahre anstatt falsche Geopolitik für Deutschland, Frankfurt am Main 1946, S. 18–27.
Friedrich Paul Heller / Anton Maegerle: Thule. Vom völkischen Okkultismus bis zur Neuen Rechten, Stuttgart 1995, S. 42 ff.
Bruno Hipler: Hitlers Lehrmeister. Karl Haushofer als Vater der NS-Ideologie, St. Ottilien 1996.
Hans-Adolf Jacobsen: Karl Haushofer – Leben und Werk, 2 Bände, Boppard am Rhein 1979.
M. Korinman: Quand l'Allemagne pensait le monde. Grandeur et décadence d'une géopolitique, Paris 1990.
Ursula Laack-Michel: Albrecht Haushofer und der Nationalsozialismus, Stuttgart 1974.
Christoph Lindenberg: Die Technik des Bösen. Zur Vorgeschichte und Geschichte des Nationalsozialismus, Stuttgart ^{2}1979, S. 9 ff.
R. Matern: Karl Haushofer und die Geopolitik in den Jahren der Weimarer Republik und des Dritten Reiches, Karlsruhe 1978.
Josef März: Haushofer, Karl Ernst, in: Historische Kommission bei der Bayerischen Akademie der Wissenschaften (Hg.): Neue Deutsche Biographie, Band 8, Berlin 1969, S. 121/122.
Horst E. Miers: Lexikon des Geheimwissens, München 1986, S. 186.
Armin Mohler: Karl Haushofer, in: Criticón 56/1979.
Donald H. Norton: Karl Haushofer and the German Academy, 1925–1945, in: Central European History no. 1/March 1968, S. 80–99.
Peter Orzechowski: Schwarze Magie – Braune Macht, Ravensburg o.J., S. 120 ff.
Louis Pauwels / Jacques Bergier: Aufbruch ins dritte Jahrtausend. Von der Zukunft der phantastischen Vernunft, München 1979, S. 368 und 372 ff.
Detlev Rose: Die Thule-Gesellschaft. Legende, Mythos, Wirklichkeit, Tübingen 1994, S. 130 ff., 173 ff. und 256 ff.
Ange Sampieru: Le retour de la géopolitique de Haushofer, in: Vouloir, 31/Juillet 1986.
Edmund Aloysius Walsh: Die Tragödie Karl Haushofers, in: Neue Auslese aus dem Schrifttum der Gegenwart 3/1947, S. 19–29.
ders.: Total Power. A Footnote to History, New York 1949, S. 3 ff.
Ernst Winkler: Karl Haushofer und die deutsche Geopolitik, in: Schweizer Monatshefte 27/1 vom April 1947, S. 29–35.
Robert Wistrich: Wer war wer im Dritten Reich. Ein biographisches Lexikon, Frankfurt am Main 1987, S. 148 f.
Regina Zoller: Nationalsozialismus und Okkultismus? Die Thule-Gesellschaft, o.O. 1994 (nachlesbar auf www.relinfo.ch).
Stefan Zweig: Die Welt von Gestern. Erinnerungen eines Europäers, Wien 1952.

Anmerkungen:
1 Jacobsen, Haushofer I, S. 5.
2 ebd., S. 3 f. und Ebeling, Geopolitik, S. 43.
3 Jacobsen, Haushofer I, S. 7.
4 Karl Haushofer: Erinnerungen, zit. nach ebd., S. 11.
5 Ebeling, Geopolitik, S. 44.
6 Felix Dahn: Ein Kampf um Rom. Historischer Roman, Hanau 1999.
7 Hipler: Lehrmeister, S. 21.
8 Melanie Lehmann: Verleger J. F. Lehmann. Ein Leben im Kampf für Deutschland, München 1935, S. 18.
9 s. hiezu Friedrich Ratzel: Politische Geographie, Leipzig 1891.
10 Haushofer, Japan baut sein Reich, S. 318.
11 Jacobsen, Haushofer I, S. 11.

12 Hipler, Lehrmeister, S. 23.
13 Bronder, Bevor Hitler kam, S. 247, und Miers, Lexikon, S. 186; vgl. hiezu Zoller, Nationalsozialismus.
14 Hipler, Lehrmeister, S. 27 f.; vgl. Hipler, Lehrmeister, S. 63.
15 nach Karl Haushofer: Lebenslauf, zit. in ebd., S. 23; Rose, Thule-Gesellschaft, S. 176; sowie Jacobsen, Haushofer, S. 86 ff.
16 Stefan Zweig: Die Welt von Gestern, zit. in März, Haushofer, S. 121.
17 sh. hiezu Hipler, Lehrmeister, S. 24.
18 März, Haushofer, S. 121.
19 Jacobsen, Haushofer I, S. 143.
20 ebd., S. 116 und 119.
21 ebd., S. 123.
22 ebd., S. 153.
23 ebd., S. 137.
24 Hipler, Lehrmeister, S. 31.
25 Haushofer, Dai Nihon, S. 1.
26 erstmals zu finden in Haushofer, Das Japanische Reich, S. 93 f.
27 zit. nach Jacobsen, Haushofer I, S. 314.
28 zit. nach ebd., S. 157.
29 Karl Haushofer: Brief vom 29.1.1918, zit. in ebd., S. 148 f.
30 s. hiezu Hipler, Lehrmeister, S. 79 ff.
31 vgl. hiezu Eduard Gugenberger: Hitlers Visionäre. Die okkulten Wegbereiter des Dritten Reichs, Wien 2001, S. 85 ff.
32 Jacobsen, Haushofer I, S. 231 f.
33 Hipler, Lehrmeister, S. 137.
34 Jacobsen, Haushofer, S. 201.
35 Hipler, Lehrmeister, S. 102 f.
36 Jacobsen, Haushofer I, S. 225.
37 Hipler, Lehrmeister, S. 104.
38 ebd., S. 133 ff.
39 ebd., S. 158, und Jacobsen, Haushofer I, S. 239.
40 Jacobsen, Haushofer I, S. 225 f.
41 Hipler, Lehrmeister, S. 143.
42 Rudolf Heß: Briefe 1908–1933, hg. W. R. Heß, München/Wien 1987, S. 334.
43 s. hiezu Bahn/Gehring, Vril-Mythos, S. 76 und 79 ff.
44 Jacobsen, Haushofer I, S. 227.
45 zit. in ebd., S. 261, und Hipler, Lehrmeister, S. 168.
46 Jacobsen, Haushofer, S. 258.
47 s. hiezu Norton, Haushofer.
48 Jacobsen, Haushofer, S. 304.
49 Haushofer, Erdkunde, S. 11.
50 Jacobsen, Haushofer I, S. 449.
51 Haushofer, Erntedank, S. 781 f.
52 Haushofer, Apologie, S. 26.
53 Haushofer, Geopolitische Grundlagen, S. 40.
54 zit. in Ebeling, Geopoliti, S. 204.
55 Hahn, Haushofer, S. 234.
56 Albrecht Haushofer: Moabiter Sonette. Mit einem Nachwort von Ursula Laack-Michel, München 1976, S. 46.
57 Pauwels/Bergier, Aufbruch, S. 372.
58 Ebeling, Geopolitik, S. 219.
59 Jacobsen, Haushofer I, S. 447.
60 Heller/Maegerle, Thule, S. 47.

Literatur:
Alfred Baeumler (Hg.): Was bedeutet Herman Wirth für die Wissenschaft?, Leipzig 1932.
Klaus Bellmund / Kaarel Siniveer: Kulte, Führer, Lichtgestalten. Esoterik als Mittel rechtsradikaler Propaganda, München 1997, S. 69 ff. und 134 ff.
Andreas Ferch: Viermal Deutschland in einem Menschenleben. Werner Georg Haverbeck – Genie der Freundschaft, Dresden 2000, S. 15 ff.
Gerhard Gloege: Die Weltanschauung Herman Wirths, in: Walther Künneth / Helmuth Schreiner (Hg.): Die Nation vor Gott, Berlin 1934, S. 464–508.
Heide Göttner-Abendroth: Das Matriarchat I: Geschichte seiner Erforschung, Stuttgart 1988, S. 145 ff.
Eduard Gugenberger / Roman Schweidlenka: Mutter Erde, Magie und Politik. Zwischen Faschismus und neuer Gesellschaft, Wien [2]1989, S. 117 ff.
Roland Häke: Der Fall Herman Wirth 1978–1981 im Landkreis Kusel oder Das verschüttete Demokratiebewußtsein, Kaiserslautern 1981.
Arthur Hübner: Herman Wirth und die Ura-Linda-Chronik, Berlin 1934.
Michael H. Kater: Das »Ahnenerbe« der SS 1935–1945. Ein Beitrag zur Kulturpolitik des Dritten Reiches, München 1997.
Heinz Dieter Köhler: Studien zur Ura Linda-Chronik, Weimar 1936.
Franz Mandl: Das Erbe der Ahnen. Ernst Burgstaller / Herman Wirth und die österreichische Felsbildforschung, in: Archäologie und Felsbildforschung. Studien und Dokumentationen 1-2/1999, S. 41–67.
Jens Mecklenburg (Hg.): Handbuch deutscher Rechtsextremismus, Berlin 1996.
Sibylle Mulot: Wodin, Tunis und Inka. Die Ura-Linda-Chronik, in: Karl Corino (Hg.): Gefälscht! Betrug in Politik, Literatur, Wissenschaft, Kunst und Musik, Frankfurt am Main 1990, S. 263–275.
Werner Pieper (Hg.): Mein Leben ist immer geistige Revolutionsarbeit gewesen. Ein Gespräch mit Prof. Wirth, in: Humus 1/2 o.J., S. 128/129.
Stefanie von Schnurbein: Göttertrost in Wendezeiten. Neugermanisches Heidentum zwischen New Age und Rechtsradikalismus, München 1993, S. 74 ff.
Fritz Wiegers (Hg.): Herman Wirth und die deutsche Wissenschaft, München 1932.
Herman Wirth: Der Untergang des niederländischen Volksliedes, Nijhoff 1911.
ders.: Der Aufgang der Menschheit. Untersuchungen zur Geschichte der Religion, Symbolik und Schrift der atlantisch-nordischen Rasse, Jena 1928.
ders.: Was heißt Deutsch? Ein urgeistesgeschichtlicher Rückblick zur Selbstbesinnung, Jena 1931.
ders.: Die heilige Urschrift der Menschheit. Symbolgeschichtliche Untersuchungen diesseits und jenseits des Nordatlantik, 2 Bände, Leipzig 1931/36 [Neuauflage in 11 Bänden, Frauenberg 1979/81].
ders.: Die Ura-Linda Chronik, Leipzig 1933.
ders.: Vom Ursprung und Sinn des Hakenkreuzes, Leipzig 1933.
ders.: Führer durch die erste urreligionsgeschichtliche Ausstellung »Der Heilbringer«. Von Thule bis Galiläa und von Galiläa bis Thule, Berlin 1933.
ders.: Heilige Wende. Ein Zeitenspiel in 6 Aufzügen, Leipzig 1933.
ders.: Die Symbolhistorische Methode, in: Zeitschrift für Missions- und Religionswissenschaften 4/1955.
ders.: Um den Ursinn des Menschseins. Die Werdung einer neuen Geisteswissenschaft, Wien 1960.
ders.: Europäische Urreligion und die Externsteine, Wien 1969.
ders.: Zur Frage der Frauenberge, eine europäische Gegenwartsfrage, Marburg an der Lahn 1972.
ders.: Führer durch das Ur-Europa-Museum mit Einführung in die Ursymbolik und Urreligion, Marburg 1975.
Reinald Wolf [= Wolfram Sievers?]: Herman Wirth und seine Lehre, man. o.A.

Karl Felix Wolff: Um Herman Wirth, in: Natur und Kultur 1/1933.

Anmerkungen:
1 Wirth, Ursinn, S. 15.
2 Wirth, Wende, S. 152 und 5.
3 Kater, Ahnenerbe, S. 11 f., und Gloege, Weltanschauung, S. 464.
4 Personalakte Wirth des Berlin Document Center.
5 Kater, Ahnenerbe, S. 12.
6 Wirth, Ursinn, S. 15.
7 ebd., S. 16.
8 ebd., S. 20.
9 Jacob Grimm: Deutsche Mythologie, I. Band, Frankfurt/Berlin/Wien 1981, S. 169.
10 Häke, Wirth, S. 22 .
11 Kater, Ahnenerbe, S. 12 f. und 361.
12 Wirth, Aufgang, S. 15 ff.
13 Häke, Wirth, S. 28.
14 Wirth, Aufgang, S. 624.
15 Gloege, Weltanschauung, S. 465.
16 Wirth, Ursinn, S. 91 f.
17 Alfred Rosenberg: Letzte Aufzeichnungen. Ideale und Idole der nationalsozialistischen Revolution, Göttingen 1955, S. 95, vgl. auch Kater, Ahnenerbe, S. 16.
18 Wirth, Deutsch, auch zit. in Häke, Wirth, S. 19.
19 Wirth, Deutsch, vgl. auch Häke, Wirth, S. 29.
20 Baeumler, Wirth, wiedergegeben u.a. in Wiegers, Wirth, S. 12 und Kater, Ahnenerbe, S. 14.
21 Wirth, Urschrift, S. 66.
22 ebd., S. 7.
23 ebd., Band XI, S. 782 f.
24 ebd., S. 783.
25 s. hierzu Ferch, Viermal Deutschland, S. 21 ff.
26 Häke, Wirth, S. 18.
27 Kater, Ahnenerbe, S. 15.
28 Mulot, Wodin, S. 273.
29 ebd., S. 274.
30 Pieper, Leben, S. 128.
31 Wirth, Ursinn, S. 91.
32 Kater, Ahnenerbe, S. 26 f.
33 ebd., S. 27.
34 ebd., S. 42.
35 ebd., S. 42 f.
36 ebd., S. 62 ff., sowie Häke, Wirth, S. 30 ff.
37 Häke, S. 37 ff.
38 ebd., S. 41.
39 Pieper, Leben, S. 129.
40 Wirth, Ursinn, S. 50 f.
41 ebd., S. 92.
42 ebd., S. 39.
43 Wirth, Urreligion, S. 19.
44 Häke, Wirth, S. 7 f.
45 ebd., S. 12.
46 ebd., S. 334 ff., und Gugenberger/Schweidlenka, Mutter Erde, S. 119.
47 Brief Paul A. Rohkst an E.G., 4. 5. 2001.
48 Mandl, Erbe, S. 60 f.

Literatur:
Raimund Baumgärtner: Weltanschauungskampf im Dritten Reich. Die Auseinandersetzung der Kirchen mit Alfred Rosenberg, Mainz 1977.
Alfred Bäumler: Alfred Rosenberg und der Mythus des 20. Jahrhunderts, München 1943.
Reinhard Bollmus: Das Amt Rosenberg und seine Gegner. Zum Machtkampf im nationalsozialistischen Herrschaftssystem, Stuttgart 1970 und München [2]1999.
ders.: Alfred Rosenberg – ›Chefideologe‹ des Nationalsozialismus?, in: Ronald Smelser / Enrico Syring / Rainer Zitelmann (Hg.): Die braune Elite I. 22 biographische Skizzen, Darmstadt 4. Aufl. 1999, S. 223–235.
E. R. Carmin: Das schwarze Reich. Geheimgesellschaften und Politik im 20. Jahrhundert, München 1994, S. 64 ff. und 92 ff.
Robert Cecil: The Myth of the Master Race. Alfred Rosenberg and Nazi Ideology, London 1972.
Albert R. Chandler: Rosenberg's Nazi Myth, Ithaca etc. 1945.
Joachim C. Fest: Das Gesicht des Dritten Reiches, München/Zürich 1993, S. 225 ff.
Holger Germann: Alfred Rosenberg. Sein politischer Weg bis zur Neu-(Wieder-)Gründung der NSDAP im Jahre 1925, London/Worms 1988.
Franz Theodor Hart: Alfred Rosenberg. Der Mann und sein Werk, München 1939.
Heinrich Härtle (Hg.): Großdeutschland Traum und Tragödie. Rosenbergs Kritik am Hitlerismus, München 1970.
Konrad Heiden: Geschichte des Nationalsozialismus, Zürich 1933.
Friedrich Paul Heller / Anton Maegerle: Thule. Vom völkischen Okkultismus bis zur Neuen Rechten, Stuttgart 1995, S. 49 ff.
Wilhelm J. Kaiser: Das Rechts- und Staatsdenken Alfred Rosenbergs, Köln (Diss.) 1964.
Albert Krebs: Tendenzen und Gestalten der NSDAP. Erinnerungen an die Frühzeit der Partei, Stuttgart 1959.
Seppo Kuuisto: Alfred Rosenberg in der nationalsozialistischen Außenpolitik 1933–1939, Helsinki 1984.
Walter Künneth: Antwort auf den Mythus, Berlin 1935.
Serge Lang / Ernst von Schenck: Porträt eines Menschheitsverbrechers nach den hinterlassenen Memoiren des ehemaligen Reichsministers Alfred Rosenberg, Sankt Gallen 1947.
H. D. Loock: Quisling, Rosenberg und Terhoven, Stuttgart 1970.
Andreas Molau: Alfred Rosenberg. Der Ideologe des Nationalsozialismus. Eine politische Biographie, Koblenz 1993.
Fritz Nova: Alfred Rosenberg. Nazi Theorists of the Holocaust, New York 1986.
Albrecht Oepke: Der Mythus. Rosenbergs Betrachtung, Leipzig [2]1937.
Ernst Piper: Alfred Rosenberg – der Prophet des Seelenkrieges. Der gläubige Nazi in der Führungselite des nationalsozialistischen Staates, in: Michael Ley / Julius H. Schoeps (Hg.): Der Nationalsozialismus als politische Religion, Bodenheim bei Mainz 1997, S. 107–125.
Detlev Rose: Die Thule-Gesellschaft. Legende – Mythos – Wirklichkeit, Tübingen 1994, S. 120 ff.
Alfred Rosenberg: Die Spur des Juden im Wandel der Zeiten, München 1920.
ders.: Pest in Russland! Der Bolschewismus, seine Häupter, Handlanger und Opfer, München 1922.
ders.: Die Protokolle der Weisen von Zion und die jüdische Weltverschwörung, München 1923.
ders.: Wege einer deutschen Außenpolitik, München 1927.
ders.: Der Mythus des 20. Jahrhunderts. Eine Wertung der seelisch-geistigen Gestaltenkämpfe unserer Zeit, München 1930.
ders.: Der Sumpf. Querschnitte durch das »Geistes«leben der November-Demokratie, München 1930.
ders.: Der Deutsche Ordensstaat. Ein neuer Abschnitt in der Entwicklung des nationalen Staatsgedankens, München 1934.

ders.: An die Dunkelmänner unserer Zeit. Eine Antwort auf die Angriffe gegen den Mythus, München 1935.
ders.: Der Bolschewismus als Aktion einer fremden Rasse, München 1935.
ders.: Protestantische Rompilger. Der Verrat an Luther und der Mythus des 20. Jahrhunderts, München 1937.
ders.: Blut und Ehre. Ein Kampf um die deutsche Wiedergeburt. Reden und Aufsätze 1919–1933, hg. Thilo von Trotha, München 1938.
ders.: Kampf um die Macht. Aufsätze 1921–1923, hg. Thilo von Trotha, München 5. Aufl. 1938.
ders.: Schriften aus den Jahren 1917–1923. Mit einer Einleitung von Alfred Bäumler, 2 Bände, München 1943.
ders.: Tradition und Gegenwart. Reden und Aufsätze 1936–1940, hg. K.H. Rüdiger, München 5. Aufl. 1943.
ders.: Letzte Aufzeichnungen. Ideale und Idole der nationalsozialistischen Revolution, Göttingen 1955.
ders.: Die internationale Hochfinanz als Herrin der Arbeiterklasse in allen Ländern, München o.J.
ders. (Hg.): Dietrich Eckart. Ein Vermächtnis, München 1928.
Herbert Phillips Rothfeder: A Study of Alfred Rosenberg's Organization for National Socialist Ideology, Ann Arbor (thesis) 1963.
Karlheinz Rüdiger (Bearb.): Das Werk Alfred Rosenbergs. Eine Bibliographie, München [1941].
Günter Schubert: Die Anfänge der nationalsozialistischen Außenpolitik, Berlin (Diss.) 1961.
Hans-Günther Seraphim (Hg.): Das politische Tagebuch Alfred Rosenbergs aus den Jahren 1935/36 und 1939/40, Göttingen 1956.
S. D. Stein (comp.): Individual Responsibility of Defendants – Alfred Rosenberg, in: Nazi Conspiracy and Aggression, vol. II, Washington, D.C. 1946, S. 593–616.
James Bisker Whisker: The Social, Political and Religious Thought of Alfred Rosenberg, Washington, D.C. 1982.
Robert Wistrich: Wer war wer im Dritten Reich? Ein biographisches Lexikon, Frankfurt am Main 1987, S. 293 ff.

Anmerkungen:

1 zit. nach Molau, Rosenberg, S. 9, Allan Bullock: Hitler. Eine Studie über Tyrannei, Düsseldorf 1953, S. 73, William S. Shirer: Aufstieg und Fall des Dritten Reiches, Köln/Berlin 1961, S. 95, und Fest, Gesicht, S 234 und 229.
2 Heiden, Geschichte, S. 146.
3 vgl. hierzu Walter Laqueur: Deutschland und Russland, Berlin 1965, S. 62 ff., und Arved Freiherr von Traube / Erik Thomson: Die Deutschbalten. Schicksal und Erbe einer eigenständigen Gemeinschaft, Lüneburg [3]1991, S. 54 ff.
4 erstmals verbreitet vom Osservatore Romano 15. 9. 1937, wiedergegeben u.a. von Ernst Hanfstaengl: Zwischen Weißem und Braunem Haus. Memoiren eines politischen Außenseiters, München 1970, S. 34, und Piper, Rosenberg, S. 122.
5 Rosenberg, Aufzeichnungen, S. 14.
6 ebd., S. 22.
7 ebd., S. 15 ff., vgl. Molau, Rosenberg, S. 19.
8 Rosenberg, Aufzeichnungen, S. 26.
9 ebd., S. 28.
10 ebd., S. 29.
11 ebd., S. 47.
12 ebd., S. 66.
13 Rose, Thule-Gesellschaft, S. 121 f.
14 Rosenberg, Aufzeichnungen, S. 72 f.
15 z.B. in Carmin, Reich, S. 74; vgl. Cecil, S. 22 ff., und Rose, Thule-Gesellschaft, S. 122 ff.
16 Molau, Rosenberg, S. 24, Hart, Rosenberg, S. 43, und Alfred Bäumler in Rosenberg, Schriften, Band I, S. XV.

17 s. hierzu Hadassa Ben-Itto: »Die Protokolle der Weisen von Zion«. Anatomie einer Fälschung, Berlin 1998, sowie Eduard Gugenberger / Franko Petri / Roman Schweidlenka: Weltverschwörungstheorien. Die neue Gefahr von rechts, Wien 1998, S. 101 ff.
18 Fest, Gesicht, S. 233.
19 Krebs, Tendenzen, S. 177.
20 Schubert, Anfänge, S. 90.
21 Fest, Gesicht, S. 233, nach Rosenberg, Aufzeichnungen, S. 319.
22 Adolf Hitler: Reden, Schriften, Anordnungen. Februar 1925 bis Januar 1933, München 1992, S. 85, vgl. Piper, Rosenberg, S. 112.
23 Wistrich, Wer war wer, S. 294.
24 vgl. hierzu Molau, Rosenberg, S. 28, Heiden, Geschichte, S. 245, und Hart, Rosenberg, S. 45.
25 Rosenberg, Mythus, S. 114 und 14.
26 ebd., S. 453 ff., vgl. Molau, Rosenberg, S. 88 ff., Heller/Maegerle, Thule, S. 50 f., und Wistrich, Wer war wer, S. 294 f.
27 zit. in Fest, Gesicht, 232.
28 zit. u.a. bei Wistrich, Wer war wer, S. 295, und Molau, Rosenberg, S. 89 f.
29 Hart, Rosenberg, S. 46.
30 Molau, Rosenberg, S. 145.
31 Fest, Gesicht, S. 235.
32 Lang/Schenck, Porträt, S. 180; dazu Rosenberg, Aufzeichnungen, S. 327 f.
33 Molau, Rosenberg, S. 124.
34 Wistrich, Wer war wer, S. 297.
35 Fest, Gesicht, S. 240.
36 Stein, Responsibility, S. 613 ff.
37 Dietrich Heither / Gerhard Schäfer: Im rechtsextremen Netzwerk – Burschenschaften seit den Siebzigerjahren, in: dies. / Michael Gehler / Alexandra Kurth (Hg.): Blut und Paukboden. Eine Geschichte der Burschenschaften, Frankfurt 1997, S. 223–270, darin S. 236 f.
38 s. hierzu Kevin Coogan: How »Black« Is Black Metal, in: Hit List 1/1/1999, S. 31–50, sowie Alfred Schobert: Heidentum, Musik und Terror, ursprünglich in: Junge Welt 5.11.1996, S. 14, nachlesbar unter members.aol.com/dissdui/bi0026.html.

Rudolf Hess

Literatur:

Eugene K. Bird: The Loneliest Man in the World, London 1974.
ders.: Heß. Der »Stellvertreter des Führers«. Englandflug und britische Gefangenschaft, München 1974.
ders.: Prisoner No. 7. Rudolf Heß, New York 1984.
James Douglas-Hamilton: Geheimflug nach England. Der »Friedensbote« Rudolf Heß und seine Hintermänner, Düsseldorf 1973.
ders.: The Truth about Rudolf Heß, Edinburgh 1993.
Joachim C. Fest: Das Gesicht des Dritten Reiches, München 1993.
Manfred Görtemaker: Der Flug des Paladins, in: Der Spiegel Nr. 23 / 2. 6. 2001, S. 62–72.
Arno Gruen: Der Fremde in uns, Stuttgart 2000, S. 175 ff.
Friedrich Paul Heller / Anton Maegerle: Thule. Vom völkischen Okkultismus bis zur Neuen Rechten, Stuttgart 1995, S. 47 f.
Ilse Heß: Ein Schicksal in Briefen. England – Nürnberg – Spandau. Gefangener des Friedens. Antwort aus Zelle 7, Leoni am Starnberger See 1984.
Wolf Rüdiger Heß: Mord an Rudolf Heß? Der geheimnisvolle Tod meines Vaters in Spandau, Leoni am Starnberger See 1989.
ders.: Rudolf Heß – »Ich bereue nichts«, Graz/Stuttgart [3]1998.

ders. (Hg.): Rudolf Heß. Briefe 1908–1933. Mit einer Einführung und Kommentaren von Dirk Bavendamm, München/Wien 1987.
Rudolf Heß, Der Stellvertreter des Führers, Berlin 1933.
Bruno Hipler: Hitlers Lehrmeister. Karl Haushofer als Vater der NS-Ideologie, St. Ottilien 1996.
J. Douglas Home: Motive for a Mission. The Story behind Rudolf Heß' Secret Flight to Britain, New York 1987.
David Irving: Rudolf Heß – ein gescheiterter Friedensbote? Die Wahrheit über die unbekannten Jahre 1941–1945, Graz 1987.
ders.: Heß. The Missing Years, London 1988.
Ivone Kirkpatrick: The Inner Circle, London 1959, S. 169 ff.
James Leasor: Der utopische Friede. Der Englandflug von Rudolf Heß. Der Englandflug von Rudolf Heß, Bergisch Gladbach 1979.
Peter Longerich: Hitlers Stellvertreter. Führung der Partei und Kontrolle des Staatsapparates durch den Stab Heß und die Parteikanzlei Bormann, München u.a. 1992.
Dietrich Orlow: Rudolf Heß – »Stellvertreter des Führers«, in: Ronald Smelser / Enrico Syring / Rainer Zitelmann (Hg.): Die braune Elite I. 22 biographische Skizzen, Darmstadt 4. Aufl. 1999, S. 84–97.
Peter Orzechowski: Schwarze Magie – Braune Macht, Ravensburg o.J., S. 119 ff.
Peter Padfield: Heß. The Führer's Disciple, London 1991.
ders. (ed.): Flight for the Führer, London 1991.
Kurt Pätzold / Manfred Weißbecker: Rudolf Heß. Der Mann an Hitlers Seite, Leipzig 1999.
J. R. Rees (ed.): The Case of Rudolf Heß. A Problem in Diagnosis and Forensic Psychiatry, London 1947.
Detlev Rose: Die Thule-Gesellschaft. Legende – Mythos – Wirklichkeit, Tübingen 1994, S. 128 ff.
R. F. Schmidt: Rudolf Heß. Botengang eines Toren?, Düsseldorf 1997.
Wulf Schwarzwäller: Der »Stellvertreter des Führers« Rudolf Heß. Der Mann in Spandau, Wien 1974.
Alfred Seidl: Der Fall Rudolf Heß. Dokumentation des Verteidigers, München 1984.
ders.: Der verweigerte Friede. Deutschlands Parlamentär muss schweigen, München 1985.
Tony Le Tissier: Farewell to Spandau, Leatherhead 1994.
Robert Wistrich: Wer war wer im Dritten Reich? Ein biographisches Lexikon, Frankfurt am Main 1987, S. 155 ff.

Anmerkungen:
1 Pätzold/Weißbecker, Heß, S. 15.
2 ebd., S. 17.
3 Knopp, Helfer, S. 212 ff.
4 ebd., S. 214.
5 Pätzold/Weißbecker, Heß, S. 20.
6 Heß, Briefe, S. 84.
7 Heß selbst behauptete später, sich mit seiner freiwilligen Meldung gegen den Vater gestellt zu haben, vgl. Knopp, Helfer, S. 215. Diese Behauptung lässt sich jedoch anhand seines Briefwechsels klar widerlegen.
8 Heß, Briefe, S. 37 f., vgl. Pätzold/Weißbecker, Heß, S. 21 f.
9 Heß, Briefe, S. 148.
10 ebd., S. 145.
11 Pätzold/Weißbecker, Heß, S. 25 f.
12 ebd., S. 437, und Heß, Briefe, S. 174.
13 Pätzold/Weißbecker, Heß, S. 436 (die Klammerwerte stammen von Heß).
14 ebd., S. 27.
15 Heß, Briefe, S. 236.
16 Schwarzwäller, Stellvertreter, S. 58 ff.

17 Pätzold/Weißbecker, Heß, S. 70; vgl. hierzu Herfried Münkler / Wolfgang Storch: Sieg Frieden. Politik mit einem deutschen Mythos, Berlin 1988; sowie Walter Hansen: Die Spur der Helden. Die Gestalten des Nibelungenliedes in Sage und Geschichte, Bergisch Gladbach 1993, S. 89 ff.
18 zit. in Knopp, Helfer, S. 221.
19 Schwarzwäller, Stellvertreter, S. 81.
20 Hipler, Lehrmeister, S. 89.
21 Bird, Heß, S. 302.
22 Knopp, Helfer, S. 224.
23 ebd., S. 223.
24 zit. in Heß, Stellvertreter, S. 9 ff. und Albrecht Tyrell (Hg.): Führer befiehl ... Selbstzeugnisse aus der Kampfzeit der NSDAP. Dokumentation und Analyse, Düsseldorf 1969, S. 173 ff.; vgl. hierzu Wolfgang Horn: Der Marsch zur Machtergreifung. Die NSDAP bis 1933, Düsseldorf 1980, S. 43 f.
25 Hipler, Lehrmeister, S. 226 und 164.
26 Pätzold/Weißbecker, Heß, S. 49.
27 ebd., S. 52.
28 Knopp, Helfer, S. 229.
29 ebd., S. 230.
30 Heß, Briefe, S. 386.
31 Knopp, Helfer, S. 230 und 217.
32 ebd., S. 232.
33 ebd., S. 233.
34 Heß, Briefe, S. 425 f.
35 Knopp, Helfer, S. 208.
36 Norbert Deuchert: Der Kampf um die Waldorfschule im Nationalsozialismus, in: Flensburger Hefte Sonderheft 8/1991, S. 109–130, darin S. 113 f.
37 ebd., S. 115 ff.
38 Wistrich, Wer war wer, S. 156.
39 vgl. hierzu Knopp, Helfer, S. 244.
40 Pätzold/Weißbecker, Heß, S. 102.
41 Knopp, Helfer, S. 225.
42 Pätzold/Weißbecker, Heß, S. 149.
43 ebd., S. 151 f.
44 Elke Fröhlich (Hg.): Die Tagebücher von Joseph Goebbels. Sämtliche Fragmente, Teil I, Band 2, München/New York 1987, S. 710.
45 ebd., S. 610.
46 Pätzold/Weißbecker, Heß, S. 174 f.
47 Knopp, Helfer, S. 248.
48 vgl. hierzu Knopp, Helfer, S. 250 f., und Pätzold/Weißbecker, Heß, S. 212 f.
49 ebd., Heß, S. 222 ff.
50 Knopp, Helfer, S. 252.
51 zit. in ebd., S. 240.
52 s. hierzu Bird, Heß, und Pätzold/Weißbecker, Heß, S. 261 ff.
53 u.a. zit. in Knopp, Helfer, S. 260.
54 ebd., S. 247.
55 zit. in Pätzold/Weißbecker, Heß, S. 458 f.
56 Knopp, Helfer, S. 253.
57 Heß, Heß, S. 127 ff.
58 Knopp, Helfer, S. 264 f.
59 aus Der Bismarck-Deutsche 7-8/1988, zit. in Heller/Maegerle, Thule, S. 48.

Literatur:
Werner T. Angress / Bradley F. Smith: Diaries of Heinrich Himmler's Early Years, in: Journal of Modern History 31/1959.
Josef Ackermann: Heinrich Himmler als Ideologe, Göttingen/Zürich 1970.
ders.: Heinrich Himmler – »Reichführer SS«, in: Ronald Smelser / Enrico Syring / Rainer Zitelmann (Hg.): Die braune Elite I. 22 biographische Skizzen, Darmstadt 4. Aufl. 1999, S. 115–133.
Peter Black: Ernst Kaltenbrunner – Vasall Himmlers. Eine SS-Karriere, Paderborn 1991.
Margret Boveri: Himmler in seinen Briefen, in: Frankfurter Allgemeine Zeitung 15. 2. 1969.
Richard Breitmann: Heinrich Himmler. Der Architekt der »Endlösung«, Zürich/München [3]2000.
Edouard Calic: Himmler et son empire, Paris 1966.
Heinrich Fraenkel / Roger Manvell: Heinrich Himmler. Kleinbürger und Massenmörder, Berlin/Frankfurt 1965.
Willi Frischauer: Himmler. The Evil Genius of the Third Reich, New York 1962.
Hans Bernd Gisevius: Adolf Hitler. Eine Biographie. Versuch einer Deutung, München [2]1967, S. 256 ff.
George W. F. Hallgarten: Mein Mitschüler Heinrich Himmler, in: Germania Judaica 2/1960-61, S. 4–7.
Helmut Heiber (Hg.): Reichsführer! ... Briefe an und von Himmler, Stuttgart 1968.
Heinz Höhne: Der Orden unter dem Totenkopf. Die Geschichte der SS, Bindlach 1989.
Michael H. Kater: Das »Ahnenerbe« der SS. Ein Beitrag zur Kulturpolitik des Dritten Reiches, München 1997.
Felix Kersten: Totenkopf und Treue. Heinrich Himmler ohne Uniform. Aus den Tagebuchblättern des finnischen Medizinalrats, Hamburg 1952.
Guido Knopp: Hitlers Helfer, München 1998, S. 145 ff.
Eugen Kogon: Der SS-Staat. Das System der deutschen Konzentrationslager, München 1988.
Peter Loewenberg: The Unsuccessful Adolescence of Heinrich Himmler, in: American Historical Review 76/1971.
Sönke Lorenz / Dieter R. Bauer / Wolfgang Behringer / Jürgen Michael Schmidt (Hg.): Himmlers Hexenkatothek. Das Interesse des Nationalsozialismus an der Hexenverfolgung, Bielefeld [2]2000.
Franz Ritter: Heinrich Himmler und die Liebe zum Swing. Erinnerungen und Dokumente, Leipzig 1994.
Der Reichsführer-SS / SS-Hauptamt: Der Untermensch, Berlin 1942.
Wolfgang Scheffler: Himmler, Heinrich, in: Historische Kommission bei der Bayerischen Akademie der Wissenschaften (Hg.): Neue Deutsche Biographie, Band 9, Berlin 1972, S. 172–175.
Walter Schellenberg: Memoiren, Köln 1956.
Ernst-Günther Schenck: Sterben ohne Würde. Das Ende von Benito Mussolini, Heinrich Himmler und Adolf Hitler, München 1995.
Bradley F. Smith: Heinrich Himmler 1900–1926. Sein Weg in den deutschen Faschismus, München 1979.
ders. / Agnes F. Peterson (Hg.): Heinrich Himmler. Geheimreden 1933–1945 und andere Ansprachen, Frankfurt/Berlin/Wien 1974.
Reinhard Vogelsang: Der Freundeskreis Himmler, Göttingen/Zürich/Frankfurt 1972.
Udo Walendy: Lügen und Heinrich Himmler, Vlotho 1992.
Bruno Wasser: Himmlers Raumplanung im Osten. Der Generalplan Ost in Polen 1940–1944, Basel 1994.
Robert Wistrich: Wer war wer im Dritten Reich? Ein biographisches Lexikon, Frankfurt am Main 1987, S. 163 ff.
Joseph Wulf: Heinrich Himmler – Eine biographische Studie, Berlin-Grunewald 1960.
Wilhelm Th. H. Wulf: Tierkreis und Hakenkreuz. Als Astrologe an Himmlers Hof, Gütersloh 1968.

Alan Wyks: Reichsführer SS Himmler, Rastatt 1982.

Anmerkungen:
1 Smith, Himmler, S. 38 f.; Wulf, Himmler, S. 7 nennt fälschlicherweise die Liebigstraße, Knopp, Helfer, S. 150, die Wittelsbacherstraße.
2 Frischauer, Himmler, S. 16, und Hallgarten, Mitschüler, S. 6.
3 Smith, Himmler, S. 25.
4 Breitman, Himmler, S. 21.
5 Smith, Himmler, S. 47, nach Hallgarten, Mitschüler, S. 4 f.
6 Knopp, Helfer, S. 150.
7 akribisch vermerkt in Heinrich Himmlers Tagebuch, vgl. Smith, Himmler, S. 48 f.
8 Hallgarten, Mitschüler, S. 5 f.
9 Smith, Himmler, S. 50 ff.
10 ebd., S. 53; vgl. Wolfgang Falk Zipperer: Das Haberfeld-Treiben. Seine Geschichte und seine Deutung, Weimar 1938.
11 zit. in Smith, Himmler, S. 58.
12 ebd., S. 60 f.
13 ebd., S. 61 ff., und Breitman, Himmler, S. 23 f.
14 Smith, Himmler, S. 80.
15 Brief vom 10. 12. 1918, zit. in ebd., S. 88, und Breitman, Himmler, S. 31.
16 Knopp, Helfer, S. 152.
17 Smith, Himmler, S. 92.
18 zit. in ebd., S. 127.
19 ebd., S. 111 f.
20 ebd., S. 118.
21 Knopp, Helfer, S. 152 f.
22 zit. in Höhne, Orden, S. 34, und Smith, Himmler, S. 137.
23 zit. in Breitman, Himmler, S. 27.
24 ebd., S. 26.
25 Smith, Himmler, S. 151.
26 ebd., S. 172.
27 zit. in ebd., S. 183.
28 Breitman, Himmler, S. 29.
29 Schellenberg, Memoiren, S. 71.
30 Höhne, Orden, S. 34, und Smith, Himmler, S. 198 ff.
31 vgl. Knopp, Helfer, S. 156 f.
32 Ulrich Linse (Hg.): Zurück o Mensch zur Mutter Erde. Landkommunen in Deutschland 1890–1933, München 1983, S. 327 ff., und George L. Mosse: The Crisis of German Ideology, New York 1964, S. 116 ff.
33 Smith, Himmler, S. 211.
34 Linse, Zurück o Mensch, S. 331.
35 vgl. Höhne, Orden, S. 50, und Knopp, Helfer, S. 158 f.
36 Wulf, Himmler, S. 8 f.
37 Süddeutsche Zeitung 19. 6. 1961, zit. in Höhne, Orden, S. 155.
38 hierzu u.a. Breitman, Himmler, S. 56.
39 Kater, Ahnenerbe, S. 18 und 44.
40 Gisevius, Hitler, S. 257 f.
41 Geleitwort, in: Das Ahnenerbe (Hg.): Denkschrift. Die Forschungs- und Lehrgemeinschaft Das Ahnenerbe, Wilhelm-Klingspor-Schrift, Offenbach o.J., o.S.
42 Jörg Rudolph: »Geheime Reichskommando-Sache!« – Hexenjäger im Schwarzen Orden. Der H-Sonderauftrag des Reichsführers-SS, 1935–1944, in: Lorenz usw., Hexenkartothek, S. 47–98, darin S. 52 f.
43 u.a. zit. in Fest, Gesicht, S. 162.
44 Reichsführer-SS, Untermensch, o.S.

45 zit. in Knopp, Helfer, S. 161.
46 zu Kersten s. Achim Besgen: Der stille Befehl. Medizinalrat Kersten und das Dritte Reich, München 1960; Kersten, Totenkopf; Wulf, Tierkreis, S. 117 ff.; und Höhne, Orden, S. 517 ff.
47 Höhne, Orden, S. 388.
48 ebd., S. 516.
49 vgl. hierzu Schellenberg, Memoiren, S. 349 ff.; Höhne, Orden, S. 525 ff.: und Wistrich, Wer war wer, S. 167 f.
50 Hugh R. Trevor-Roper: Hitlers letzte Tage, Zürich 1946, S. 155.
51 Höhne, Orden, S. 537 f.

Adolf Hitler

Literatur:

Manfred Ach / Clemens Pentrop: Hitlers »Religion«. Pseudoreligiöse Elemente im nationalsozialistischen Sprachgebrauch (= Irmin-Edition 3), München 1977.
Götz Aly: Endlösung, Frankfurt am Main 1995.
Carl Amery: Hitler als Vorläufer. Auschwitz – der Beginn des 21. Jahrhunderts?, München 1998.
Walter Anger (Hg.): Das Dritte Reich in Dokumenten, Frankfurt am Main 1957.
Hellmuth Auerbach: Hitlers politische Lehrjahre und die Münchener Gesellschaft 1919–1923, in: Vierteljahrshefte für Zeitgeschichte 1/1977, S. 1–45.
Heinrich Bennecke: Hitler und die SA, München 1962.
Lew Besymenski: Der Tod des Adolf Hitler. Unbekannte Dokumente aus Moskauer Archiven, Hamburg 1968.
Rudolph H. Binion: »… dass ihr mich gefunden habt«. Hitler und die Deutschen. Eine Psychohistorie, Stuttgart 1978.
Karl Deitrich Bracher: Adolf Hitler, Bern u.a. 1964.
ders.: Die deutsche Diktatur. Entstehung, Struktur, Folgen des Nationalsozialismus, Köln 1969.
N. Bromberg / V. V. Small: Hitler's Psychopathology, New York 1983.
Martin Broszat: Der Staat Hitlers (= dtv-Weltgeschichte des 20. Jahrhunderts, Band 9), München 1969.
Gert Buchheit: Hitler, der Feldherr. Zerstörung einer Legende, Rastatt 1958.
Alan Bullock: Hitler. Eine Studie über Tyrannei, Düsseldorf 1953.
ders.: Hitler und Stalin, Berlin 1994.
Edouard Calic: Ohne Maske. Hitler – Breiting Geheimgespräche 1931, Frankfurt am Main 1968.
Paul Carel: Hitler's War on Russia, London 1964.
E. R. Carmin: »Guru« Hitler. Die Geburt des Nationalsozialismus aus dem Geiste von Mystik und Magie, Zürich 1985.
William Carr: Adolf Hitler. Persönlichkeit und politisches Handeln, Stuttgart 1980.
Gordon A. Craig: Deutsche Geschichte 1866–1945. Vom Norddeutschen Bund bis zum Ende des Dritten Reiches, München 1980.
Wilfried Daim: Der Mann, der Hitler die Ideen gab, Wien 1994.
León Degrelles: Hitler pour 1000 ans, Paris 1969.
Ernst Deuerlein: Hitler. Eine politische Biographie, München 1970.
ders.: Hitlers Eintritt in die Politik und die Reichswehr, in: Vierteljahrshefte für Zeitgeschichte 2/1959, S. 177–227.
ders. (Hg.): Der Aufstieg der NSDAP in Augenzeugenberichten, München 1974.
Otto Dietrich: Zwölf Jahre mit Hitler, München 1955.
Max Domarus: Hitler. Reden und Proklamationen 1932–1945, München 1965.
Hans-Jürgen Eitner: »Der Führer«. Hitler – Persönlichkeit und Charakter, München 1972.
Philipp W. Fabry: Mutmaßungen über Hitler. Urteile von Zeitgenossen, Düsseldorf 1967.

Joachim C. Fest: Das Gesicht des Dritten Reiches. Profile einer totalitären Herrschaft, München 1963.
ders.: Hitler. Eine Biographie, Berlin 1973.
Werner Filmer / Heribert Schwan: Was von Hitler blieb. 50 Jahre nach der Machtergreifung, Frankfurt/Berlin/Wien 1983.
Gerald Fleming: Hitler und die Endlösung. »Es ist des Führers Wunsch ...«, Wiesbaden/München 1982.
Georg Franz-Willing: Ursprung der Hitler-Bewegung 1919–1922, Preußisch Oldendorf 1974.
Hans Bernd Gisevius: Adolf Hitler. Eine Biographie. Versuch einer Deutung, München [2]1967.
Daniel Goldhagen: Hitlers willige Vollstrecker, Berlin 1996.
Nicholas Goodrick-Clarke: Die okkulten Wurzeln des Nationalsozialismus, Graz/Stuttgart 1997, S. 167 ff. und 195 ff.
Walter Görlitz: Adolf Hitler, Göttingen 1960.
ders. / Herbert Quint: Adolf Hitler. Eine Biographie, Stuttgart 1952.
Guido und Michael Grandt: Erlöser. Phantasten, Verführer und Vollstrecker, Aschaffenburg 1998, S. 116 ff.
Josef Greiner: Das Ende des Hitler-Mythos, Zürich/Leipzig/Wien 1947.
Detlev Grieswelle: Propaganda der Friedlosigkeit. Eine Studie zu Hitlers Rhetorik 1920–1932, Stuttgart 1972.
Otto Gritschneder: Bewährungsfrist für den Terroristen Adolf H. Der Hitler-Putsch und die bayerische Justiz, München 1990.
Arno Gruen: Der Fremde in uns, Stuttgart 2000, S. 63 ff.
Nerin E. Gun: Eva Braun-Hitler. Leben und Schicksal, Velbert 1968.
Friedrich-Wilhelm Haack: Wodans Wiederkehr. Blut-Boden- und Rasse-Religion, München 1981.
Sebastian Haffner: Anmerkungen zu Hitler, München 1978.
Brigitte Hamann: Hitlers Wien, München 1996.
E. Häckel: Hitlers Weltanschauung. Entwurf einer Herrschaft, Tübingen 1969.
Friedrich Heer: Der Glaube des Adolf Hitler. Anatomie einer politischen Religiosität, München 1968.
Helmut Heiber: Adolf Hitler. Eine Biographie, Berlin 1960.
Konrad Heiden: Adolf Hitler, 2 Bände, Zürich 1936.
Friedrich Paul Heller / Anton Maegerle: Thule. Vom völkischen Okkultismus bis zur Neuen Rechten, Stuttgart 1995.
Jan van Helsing: Geheimgesellschaften und ihre Macht im 20. Jahrhundert, Meppen 1993.
Theodor Heuss: Hitlers Weg, Stuttgart 1932.
Adolf Hitler: Mein Kampf, 2 Bände, München 1925/27.
ders.: Friede und Sicherheit. Rede des Reichskanzlers Adolf Hitler, gehalten am 17. Mai 1933 im deutschen Reichstag. Die Erhebung. Dokumente zur Zeitgeschichte, Berlin 1933.
ders.: Monologe im Führerhauptquartier 1941–1944, Hg. Wewrner Jochmann, Hamburg 1980.
Walther Hofer (Hg.): Der Nationalsozialismus. Dokumente 1933–1945, Frankfurt am Main 1977.
Peter Hoffmann: Die Sicherheit des Diktators. Hitlers Leibwachen, Schutzmaßnahmen, Residenzen, Hauptquartiere, München 1975.
Franziska Hundseder: Wotans Jünger. Neuheidnische Gruppen zwischen Esoterik und Rechtsradikalismus, München 1998.
David Irving: Hitlers Weg zum Krieg, München 1981.
Eberhard Jäckel: Hitlers Weltanschauung. Entwurf einer Herrschaft, Stuttgart repr. 1981.
ders.: Hitlers Herrschaft. Vollzug einer Weltanschauung, Stuttgart 1986.
ders. / Axel Kuhn (Hg.): Adolf Hitler. Sämtliche Aufzeichnungen 1905–1924, Stuttgart 1980.

William A. Jenks: Vienna and the Young Hitler, New York 1960.
Franz Jetzinger: Hitlers Jugend. Phantasien, Lügen – und die Wahrheit, Wien 1956.
Anton Joachimsthaler: Korrektur einer Biographie. Adolf Hitler 1908–1920, München 1989.
J. Sidney Jones: Hitler and Vienna 1907–1913. Clues to the Future, London 1983.
Gert Kalow: Hitler – das gesamtdeutsche Trauma. Zur Kritik des politischen Bewusstseins, München 1967.
Eleonore Kandl: Hitlers Österreichbild, Wien 1963.
Ian Kershaw: Der Hitler-Mythos. Volksmeinung und Propaganda im Dritten Reich, Stuttgart 1980.
ders.: Hitlers Macht. Das Profil der NS-Herrschaft, München 1992.
ders.: Der NS-Staat. Geschichtsinterpretationen und Kontroversen im Überblick, Reinbek bei Hamburg 1994.
Guido Knopp: Hitler. Eine Bilanz, München 1997.
August Kubizek: Adolf Hitler, mein Jugendfreund, Graz 1953.
Axel Kuhn: Hitlers außenpolitisches Programm. Entstehung und Entwicklung 1919–1939, Stuttgart 1970.
Karl Lange: Hitlers unbeachtete Maximen. »Mein Kampf« und die Öffentlichkeit, Stuttgart 1968.
Walter C. Langer: The Mind of Adolf Hitler. The Secret Wartime Report, New York 1972.
Walter Laqueur: Faschismus. Gestern – Heute – Morgen, Berlin 1997.
Michael Ley: Genozid und Heilserwartung, Wien 1993.
ders. / Julius H. Schoeps (Hg.): Der Nationalsozialismus als politische Religion, Bodenheim bei Mainz 1997.
K. Lüdecke: I Knew Hitler, London 1938.
Lothar Machtan: Hitlers Geheimnis. Das Doppelleben des Diktators, Berlin 2001.
Alec Maclellan: Die verlorene Welt von Agharti. Auf der Suche nach der Macht des Vril, Rottenburg 1998, S. 125 ff.
Anton Maegerle: Hitler im Ufo über der Antarktis, in: die tageszeitung 6. 7. 1993.
Werner Maser: Die Frühgeschichte der NSDAP. Hitlers Weg bis 1924, Frankfurt am Main 1965.
ders.: Adolf Hitler. Legende, Mythos, Wirklichkeit, München 1971.
ders.: Adolf Hitler – Mein Kampf. Der Fahrplan des Welteroberers. Geschichte – Auszüge – Kommentare, München 1974.
ders.: Adolf Hitler. Das Ende einer Führerlegende, Düsseldorf 1980.
ders. (Hg.): Mein Schüler Hitler. Das Tagebuch seines Lehrers Paul Devrient, Pfaffenhofen 1975.
Hermann Mau / Helmut Krausnick: Deutsche Geschichte der jüngsten Vergangenheit 1933–1945, Tübingen 1956.
Hans A. Mend: Adolf Hitler im Felde 1914–1918, Gießen 1931.
Alice Miller: Am Anfang war Erziehung, Frankfurt am Main 1980, S. 169 ff.
Hans Mommsen: Adolf Hitler als »Führer« der Nation, Tübingen 1984.
Klaus-Jürgen Müller: Das Heer und Hitler. Armee und nationalsozialistisches Regime 1933–1940, Stuttgart 1969.
Johannes von Müllern-Schönhausen: Die Lösung des Rätsels Adolf Hitler. Der Versuch einer Deutung der geheimnisvollsten Erscheinung der Weltgeschichte, Wien 1959.
Ernst Niekisch: Hitler – ein deutsches Verhängnis, Berlin 1931.
Rudolf Olden: Adolf Hitler, Amsterdam 1935.
Kurt Pätzold / Manfred Weißbecker: Geschichte der NSDAP 1920–1945, Köln 1981.
Louis Pauwels / Jacques Bergier: Aufbruch ins Dritte Jahrtausend. Von der Zukunft der phantastischen Vernunft, München 1979, S. 302 ff.
Nigel Pennick: Hitler's Secret Sciences. His Quest for the Hidden Knowledge of the Ancients, Sudbury 1981.
Henry Picker (Hg.): Hitlers Tischgespräche im Führerhauptquartier, Stuttgart 1976.

Suzanne und James Pool: Hitlers Wegbereiter zur Macht, Bern 1979.
Billy F. Price (Hg.): Adolf Hitler als Maler und Zeichner. Ein Werkkatalog der Ölgemälde, Aquarelle, Zeichnungen und Architekturskizzen, Zug 1983.
Hermann Rauschning: Gespräche mit Hitler, Wien [2]1988.
James M. Rhodes: The Hitler Movement. A Modern Millenarian Revolution, Stanford 1980.
Hans-Günter Richardi: Hitler und seine Hintermänner, München 1991.
Siegfried Richter: Adolf Hitler, der Meldegänger des Herrgotts zum deutschen Herzen, Steinberge man. 1938.
Michael Rissmann: Hitlers Gott. Vorsehungsglaube und Sendungsbewußtsein des deutschen Diktators, Zürich/München 2001.
R. Rosenbaum: Explaining Hitler. The Search for the Origins of his Evil, New York 1998.
D. Ross: Hitler und Dollfuß, Hamburg 1966.
Hans-Dietrich Röhrs: Hitler. Die Zerstörung einer Persönlichkeit. Grundlagen der Feststellung zum Krankheitsbild, Neckargemünd 1965.
Ernst Günter Schenck: Patient Hitler. Eine medizinische Biographie, Düsseldorf 1989.
Günther Scholdt: Autoren über Hitler, Bonn 1993.
Percy Ernst Schramm: Hitler als militärischer Führer. Erkenntnisse und Erfahrungen aus dem Kriegstagebuch des Oberkommandos der Wehrmacht, Frankfurt am Main 1962.
Rudolf Freiherr von Sebottendorff: Bevor Hitler kam, Bremen repr. 1982.
Miguel Serrano: Das Goldene Band. Esoterischer Hitlerismus, Wetter 1987.
Bradley F. Smith: Adolf Hitler. His Family, Childhood and Youth, Stanford 1967.
Albert Speer: Erinnerungen, Frankfurt/Berlin/Wien 1969.
Harald Steffahn: Adolf Hitler in Selbstzeugnissen und Bilddokumenten, Reinbek bei Hamburg 1983.
Marlies Steinert: Hitlers Krieg und die Deutschen. Stimmung und Haltung der deutschen Bevölkerung im Zweiten Weltkrieg, Düsseldorf 1970.
dies.: Hitler, München 1994.
J. P. Stern: Hitler. Der Führer und das Volk, München 1978.
Helm Stierlin: Adolf Hitler. Familienperspektiven, Frankfurt am Main 1975.
Otto Strasser: Hitler und ich, Buenos Aires [1940].
Hans-Jürgen Syberberg: Hitler – ein Film aus Deutschland, Hamburg 1978.
Enrico Syring: Hitler. Seine politische Utopie, Berlin 1994.
Ladislao Szabo: Hitler está vivo, Barcelona 1947.
Jochen Thies: Architekt der Weltherrschaft. Die Endziele Hitlers, Düsseldorf 1980.
John Toland: Adolf Hitler, Bergisch Gladbach 1977.
Hugh R. Trevor-Roper: Hitlers letzte Tage, Zürich 1948.
Otto Wagener: Über Hitler, Berlin 1982.
Robert G. L. Waite: The Psychopathic God – Adolf Hitler, New York 1977.
Harry Wilde: Die Reichskanzlei 1933–1945. Befehlszentrale des Dritten Reiches, Bergisch Gladbach 1978.
Robert Wistrich: Hitler's Apocalypse. Jews and the Nazi Legacy, London 1985.
Barbara Zehnpfennig: Hitlers Mein Kampf. Eine Interpretation, München 2000.
Eberhard Zeller: Geist der Freiheit. Der 20. Juli, München 1952.
Christian Zentner: Hitlers »Mein Kampf«. Eine kommentierte Auswahl, München 1974.
ders.: Adolf Hitler. Texte, Bilder, Dokumente, München 1979.
Rainer Zitelmann: Hitler. Selbstverständnis eines Revolutionärs, Stuttgart [3]1990.
Albert Zoller: Hitler privat. Erlebnisbericht seiner Geheimsekretärin, Düsseldorf 1949.

Anmerkungen:

1 Richter, Hitler, S. 20.

2 Wie immer wieder kolportiert, aber nie eindeutig nachgewiesen, soll Hitlers Großmutter im Haushalt eines Juden namens Frankenberger angestellt gewesen sein und von ihm über Jahre hinweg Alimente erhalten haben. S. hierzu kontrovers Fest, Gesicht, S. 18, Maser, Hitler, S. 26 ff., Miller, Anfang, S. 178 ff. und Steffahn, Hitler, S. 19.

3 Hitler, Mein Kampf, S. 2 und 16.
4 Toland, Hitler, S. 26.
5 Olden, Hitler, S. 12; kommentiert Miller, Anfang, S. 188 ff.
6 zit. in Stierlin, Hitler, S. 231.
7 Miller, Anfang, S. 181 ff., und Steffahn, Hitler, S. 21 ff.
8 Hitler, Mein Kampf, S. 6.
9 Deuerlein, Aufstieg der NSDAP, S. 68.
10 Miller, Anfang, 218 f.
11 Kubizek, Hitler, S. 127 f.
12 zit. in Steffahn, Hitler, S. 28.
13 Hitler, Mein Kampf, S. 19.
14 Steffahn, Hitler, S. 30; vgl. hierzu auch Gruen, Fremde, S. 67 f.
15 ebd., S. 31.
16 Hitler, Mein Kampf, S. 20 f.
17 So etwa finden sich Lanz'sche Ansätze in Hitlers programmatischer Rede auf einer NSDAP-Versammlung vom 13. Augsut 1920: »Warum sind wir Antisemiten?«, Jäckel/Kuhn, Hitler, S. 184 ff., vgl. auch Daim, Mann, S. 41 ff. und Hamann, Wien, S. 308 ff., Kontrovers rissmann, gott, S. 120 f.
18 Steffahn, Hitler, S. 39 f.
19 Maser, Hitler, S. 124.
20 Hitler, Mein Kampf, S. 178 f.
21 Heer, Glaube, S. 187.
22 Steffahn, Hitler, S. 43 ff.
23 Maser, Hitler, S. 165.
24 Steffahn, Hitler, S. 55.
25 s. hierzu Hermann Gilbhard: Die Thule-Gesellschaft. Vom okkulten Mummenschanz zum Hakenkreuz, München 1994, sowie von rechter Seite Detlev Rose: Die Thule-Gesellschaft. Legende – Mythos – Wirklichkeit, Tübingen 1994.
26 Rudolf von Sebottendorff: Bevor Hitler kam. Urkundliches aus der Frühzeit der nationalsozialistischen Bewegung, München 1933, S. 8.
27 s. hierzu Willing, Ursprung.
28 Steffahn, Hitler, S. 63 f.
29 Völkischer Beobachter 20. 4. 1923, zit. in Margarete Plewnia: Auf dem Weg zu Hitler. Der »völkische« Publizist Dietrich Eckart, Bremen 1970, S. 90.
30 zit. in Fest, Hitler, S. 207 f.
31 vgl. hierzu Gritschneder, Bewährungsfrist.
32 zit. in Steffahn, Hitler, S. 72.
33 Hitler, Mein Kampf, S. 70.
34 Hitler, Monologe, S. 227, vgl. Anna Maria Sigmund: Die Frauen der Nazis, Wien 1998, S. 202.
35 Deuerlein, Aufstieg der NSDAP, S. 265.
36 u.a. zit. in Knopp, Hitler, S. 143.
37 s. hierzu Anna Maria Sigmund: Die Frauen der Nazis, Wien 1998, S. 131 ff.; und Guido Knopp, Hitlers Frauen und Marlene, München 2001.
38 Domarus, Hitler – Reden, S. 208.
39 zit. in Richter, Hitler.
40 vgl. Klaus Vondung: Magie und Manipulation. Ideologischer Kult und politische Religion des Nationalsozialismus, Göttingen 1971; Rainer Stommer: Die inszenierte Volksgemeinschaft. Die »Thing-Bewegung« im Dritten Reich, Marburg 1985; sowie Eduard Gugenberger / Roman Schweidlenka: Die Fäden der Nornen. Zur Macht der Mythen in politischen Bewegungen, Wien 1993, S. 116 ff.
41 Eduard Gugenberger / Roman Schweidlenka: Mutter Erde, Magie und Politik. Zwischen Faschismus und neuer Gesellschaft, Wien 1987, S. 86.

42 vgl. Eduard Gugenberger: Hitlers Visionäre. Die okkulten Wegbereiter des Dritten Reichs, Wien 2001.
43 Richter, Hitler, S. 20.
44 Heer, Glaube, S. 307.
45 vgl. Albert Speer: Erinnerungen, Berlin 1969; und ders.: Spandauer Tagebücher, Berlin 1975.
46 Domarus, Hitler – Reden, S. 1413 f.
47 s. hierzu Karl Haushofer: Herbsten?, in: Zeitschrift für Geopolitik 10/1939, S. 741, vgl. Kapitel K. Haushofer.
48 Hofer, Nationalsozialismus, S. 252 ff.
49 zit. u.a. in Grandt, Erlöser, S. 143 f.
50 zit. in Haack, Wiederkehr, S. 48.
51 zit. in Domarus, Hitler – Reden, S. 1920.
52 z.B. Pennick, Secret Sciences, und Pauwels/Bergier, Aufbruch.
53 vgl. hierzu Zeller, Geist, sowie Heer, Glaube, S. 451 ff.
54 Serrano, Band, S. 37.
55 vgl. Kapitel über die okkulten Erben des Nationalsozialismus.
56 Serrano, Band, S. 35.
57 Christof Friedrich: Germany' Antarctic Claim. Secret Nazi Polar Expeditions, Toronto o.J.; vgl. Heller/Maegerle, Thule, S. 94.
58 Christof Friedrich: Hitler am Südpol?, Toronto o.J.
59 Dokumentationsarchiv des österreichischen Widerstandes Hg.): Netz des Hasses, Wien 1997, S. 158.
60 Norbert Jürgen Ratthofer: Lichtreiche auf Erden, Sierndorf o.J.
61 Eduard Gugenberger / Franko Petri / Roman Schweidlenka: Weltverschwörungstheorien. Die neue Gefahr von rechts, Wien 1998, S. 158 ff., und Heller/Maegerle, Thule, S. 146 f.
62 Alice Ann Bailey: Jüngerschaft im Neuen Zeitalter, Genf 1974, S. 592.
63 Ördrörir Nr. 28, zit. nach Haack, Wotans Wiederkehr, S. 117.
64 Neue Front Jan. 1984, zit. in Hundseder, Wotans Jünger, S. 161.
65 Klaus Bellmund / Kaarel Siniveer: Kulte, Führer, Lichtgestalten. Esoterik als Mittel rechtsradikaler Propaganda, München 1997, S. 203; vgl. Trutz Hardo: Jedem das Seine, Neuwied 1996.
66 Wilhelm Landig: Götzen gegen Thule. Ein Roman voller Wirklichkeit, Hannover o.J.; ders.: Wolfszeit um Thule, Wien 1980; und ders.: Rebellen gegen Thule. Das Erbe von Atlantis, Wien 1991.
67 Juan Maler: Das Jüngste Gericht, Buenos Aires 1985; ders.: Mit Freude, Stolz und Wehmut, Buenos Aires 1986; und ders.: Frieden, Krieg und »Frieden«, Buenos Aires 1987.
68 Jan van Helsing: Geheimgesellschaften und ihre Macht im 20. Jahrhundert, Meppen 1993, S. 118 ff.
69 Carmin, »Guru« Hitler, S. 216.
70 zuletzt zit. in: Gugenberger/Petri/Schweidlenka, Weltverschwörungstheorien, S. 257.
71 zit. in: Martin Milian / Dorothee Sippell: Die Arier und das Anthrax, in: Profil 5. 11. 2001, S. 132.
72 Verwaltungsrat Ahmed Huber: »Ich traf Bin Ladens Kaderleute in Beirut«, in: Blick 18. 9. 2001.
73 Antifa Worblaufen: Ein Wüth(e)rich aus der Agglomeration, in: Megaphon Juli 1999.
74 zit. in Blick, a.a.O.
75 Carl Just / Markus Steudler: Schweizer Rechtsaussen verbrüdern sich mit islamischen Fundamentalisten. Die neue Extremisten-Achse: Muri – Beirut – Teheran, in: Sonntagsblick 18. 1. 2001.

NACHWORT

1 Hans W. Hammerbacher: Midgards Morgen, Ellwangen ^{2}1977, S. 15 ff.

Bildnachweis

Bildarchiv der Österreichischen Nationalbibliothek: 9, 13, 59, 95, 105, 111, 131, 135, 145, 157, 167
UllsteinBild: 45, 79
Bundesarchiv Koblenz (Bild 146/95/85/2): 29

Der Verlag und der Autor haben sich bemüht, alle Rechteinhaber der Fotos ausfindig zu machen. In jenen Fällen, in denen dies nicht möglich war, bleiben berechtigte Ansprüche gewahrt.